上海文化发展系列蓝皮书
THE BLUE BOOK SERIES ON
SHANGHAI CULTURAL DEVELOPMENT

上海电影产业发展报告
（2019）

SHANGHAI FILM INDUSTRY DEVELOPMENT REPORT
(2019)

突显优势，全面提升上海电影产业品牌影响

主编／荣跃明

执行主编／刘轶　刘春

上海人民出版社

上海书店出版社

本 书 编 委 会

主　　编　荣跃明

执行主编　刘　春

编　　委　（按姓氏拼音排列）

　　　　　陈犀禾　冯　果　李建强　李亦中　厉震林

　　　　　刘海波　刘　轶　聂　伟　石　川　孙绍谊

　　　　　汪天云　王　晔　于志庆　周　斌

摘　要

　　2018年是中国电影产业在新时代电影产业大发展的背景下,充满机遇与挑战的一年;也是上海电影产业突显优势、全面提升上海电影产业品牌影响的一年。这一年电影艺术领域呈现出鲜明的现实主义回归,以往IP电影改编趋于沉寂,《我不是药神》《暴裂无声》《无名之辈》等一批国产电影佳作获得口碑与票房的全面丰收。电影产业保持高速发展之余,由于国家相关政策调整等原因,电影产业改革进入深水区,面临着新的变局。面对新形势新任务,本报告结合年度中国电影产业热点、年度电影、上海电影产业的新发展等,围绕"突显优势,全面提升上海电影产业品牌影响",策划、组稿了《上海电影产业发展报告(2019)》。全书由总报告和四个内容版块组成。

　　"总报告"以"上海电影产业资源转换与前景"这一研究方向为主题。改革开放四十周年以来,中国电影经过一系列的体制改革、机制创新与市场探索,取得了长足的进展和辉煌的成绩。纵观当代中国电影发展史,上海电影不仅留下了许多经典作品,推出了不少产业人才,其自身发展也具有深刻的产业启示。中国电影的强国之路,离不开上海电影的长足发展。总报告就此邀请相关领域专家,聚焦上海电影产业发展的历史、现状与前景。梳理回顾上海电影的历史文化资源,聚焦产业转化的驱动研究,并在市场发展、产业布局与资源整合等层面,分析回应不断涌现且具有挑战的产业现象和热点,助力实现上海电影的品牌提升与中国电影"走出去"。

　　产业热点版块,主要在改革开放四十年的历史背景下,讨论在这一波澜壮阔的历史进程中,中国电影版图疆界与未来发展格局的变化调整。经过改革开放四十年的风云变幻,随着综合国力的稳步增长,以电影为代表的我国文化产业必须要找到和我国与日俱增的政治、经济影响力相适应的自身特色和定位。无论对于中国电影而言,还是对于整体性的我国文化产业,我们将必须面对一个长周期、全方位的、历史性的文化挑战。针对这一问题,有的专家从资源优化配置、后发优势理论、产业链角度讨论改革开放以来中国电影制片公司发展的经验与启示。有的专家聚焦具体问题,从版权、税收、影游产业互动融合等维度展开分析。

年度电影版块,专家在中国电影改革开放四十年的历程下梳理本年度的电影理论批评,指出这一年度理论批评既注重总结发展经验,又不回避矛盾和问题,从宏观和微观的交叉、理论和实践的结合、当下与未来的衔接上,对国际国内电影的动态走向进行及时跟踪,予以深入探析,努力为中国电影在新时代的发展问诊切脉,发挥了理论批评特有的反馈作用,体现了理论批评应有的立场品格。在理论批评之外,本版块对于本年度电影投融资类型、风险与市场、现实主义动画与犯罪电影类型展开研究。

聚焦上海版块,对于 2018 年度上海电影制片与创作展开分析;讨论媒介实践、创意聚集与上海电影产业的能级提升;聚焦于新形势下上海影视产业园区的国际化、平台化发展策略;研究近年来上海都市空间的影像表达产业策略中的未来感与地方性。这一版块还从开展多样公益活动、推动市民文化建设的角度,邀请上海电影评论学会相关领导予以访谈。

多方视野版块,分析近年来中国电影海外传播这一热门产业话题。并以印度与港台地区的电影产业生态观察与研究为参照,在多方视野中把握电影产业发展。

全报告结合学界、业界研究力量,梳理和研究 2018 年度中国电影产业和上海电影产业的最新动态和突出现象,把握产业发展的重点问题,分析产业发展的新趋势,为产业发展提供决策参考和智力支持。

Abstract

Under the background of film industry development, Chinese film industry faced a lot of opportunities and challenges in 2018. It is also a year in which Shanghai film industry has comprehensively highlighted its advantages and enhanced the influence of Shanghai film brand. This year, IP film adaptations tend to be silent and realistic art films have shown a clear return. A number of excellent domestic film, such as *Dying to Survive*, *Wrath Of Silence*, *A Cool Fish*, have gained good reputation and high box office. Due to the adjustment of relevant national policies, Chinese film industry has maintained rapid development while the industry reform has entered a much profound stage and is facing a changing situation. Facing the new situation and new tasks, "Annual Report of Shanghai Film Industry Development (2019)" focuses on the subject of "emphasizing the advantages and comprehensively enhancing the influence of the brand of Shanghai film", includes topics as annual Chinese film industry hotspots, films of the year, the new development of the Shanghai film industry, etc. This report consists of a general report and four content sections.

The "General Report" is themed as "Conversion and Prospects of Shanghai Film Industry Resource". During the 40 years of reform and opening-up, Chinese film has made great progress and brilliant achievements through a series of institutional reforms, mechanism innovations and market explorations. Throughout the history of contemporary Chinese film development, Shanghai film produced many classic works and cultivated many industrial talents. Its development also has profound industrial enlightenment. There is an important relationship between the development of Chinese film and the rapid development of Shanghai film. The General Report focuses on the history, current situation and prospects of Shanghai film industry. Through reviewing the historical and cultural resources of Shanghai film, and analyzing the emerging industrial phenomena and hotspots in the aspects of market development, industrial distribution and resource integration, this report attempts to help with the promotion of Shanghai film brand and the exportation of Chinese movies.

The section of industry hotspots mainly discusses the changes of the boundaries of Chinese film and its future development pattern in the historical background of reform and opening up. With the steady growth of comprehensive national strength, Chinese cultural industry represented by film industry need to find its own characteristics and position that are compatible with this country's growing political and economic influence. Chinese film and Chinese cultural industry will have to face a long-term, all-around, and historical cultural challenge. In response to this situation, some experts probe into the experience and enlightenment of the development of Chinese film production, from the perspective of optimizing the distribution of resources, theory of advantage of backwardness and integration of industrial chain. Some experts focus on concrete issues, such as the dimensions of copyright, taxation, and integration of film and video industry.

In the section of "films of the year," some experts analyzed film theory and criticism of this year, they pointed out that theoretical criticism of this year does not only focus on summing up the experiences through the development, but also pay attention to the contradictions and problems. They tracked the dynamic trend of international and domestic films in a timely manner, from macro and micro intersections, combing theory and practice, connecting the present and the future, striving to inscribe the development of Chinese film in the new era. It gives full play to the feedback function of theoretical criticism and embodies the character of theoretical criticism. In addition, this section discusses film investment and financing, risk and market, realistic animation and crime film.

The section of "focus on Shanghai" analyzes the production and creation of 2018 Shanghai film; discuss media practice, creative convergence and improvement of industrial level of Shanghai film industry; focus on the internationalization and platform development strategy of Shanghai Film and television industrial park under the new situation; study the futuristic and local features of the strategy of image expression of Shanghai urban space in recent years. This section also interviewed relevant leaders of the Shanghai Film Comment Society from the perspective of carrying out various public benefit activities and promoting the construction of citizen culture.

The "Multiple Views" section analyzes the hot industry topic of Chinese film overseas communication in recent years. This section also takes the film industry in India, Hong Kong and Taiwan as references, in order to probe into the development of the film industry from a multi-view perspective.

This report tries to sort out and study the latest trend and outstanding phenomena of Chinese film industry and Shanghai film industry in 2018, to grasp the key issues of industrial development, to analyze the new trends of industrial development, so as to providedecision reference and intellectual support for industrial development.

目　录

总　报　告

产　业　热　点

年　度　电　影

聚 焦 上 海

多 方 视 野

CONTENTS

General Report

Industry hotspots

Annual Film

Focus on Shanghai

Multiple Views

总　报　告

上海电影产业资源转换与前景

编者按　改革开放四十周年以来,中国电影经过一系列的体制改革、机制创新
与市场探索,取得了长足的进展和辉煌的成绩。纵观当代中国电影
发展史,上海电影不仅留下了许多经典作品,推出了不少产业人才,
其自身发展也具有深刻的产业启示。中国电影的强国之路,离不开
上海电影的长足发展。2018年11月,由上海社会科学院文学研究所
上海电影产业发展研究中心发起并主办的"上海资源的影视转化和
研究"研讨会,邀请相关领域专家,聚焦上海电影产业发展的历史、现
状与前景。梳理回顾上海电影的历史文化资源,并在市场发展、产业
布局与资源整合等层面,分析回应不断涌现且具有挑战的产业现象
和热点。

本次蓝皮书总报告,以"上海电影产业资源转换与前景"这一研
究方向为主题,邀请与主题贴合的部分与会嘉宾将发言改为文章,既
有宏观分析,也有个案描述,从各个方面展开讨论。正如与会专家所
言,面向新时代,上海影视创作制作和影视产业要履行新使命,体现
新作为,展现新气象,要通过抓重点补短板、强弱项,要不断推动影视

创作生产创新创优,促使影视产业快速发展,从而为中国从影视大国向影视强国的转换,为更好地提高国家文化软实力和中华文化的影响力作出新的更大的贡献。

规范市场　提升质量　融合发展
——新时代中国电影发展的关键问题

(中国电影家协会秘书长　饶曙光)

电影强国梦:观念革新与构建共同体美学

2003 年以来,得益于政策的利好积累与有效扶持,中国电影以超过30%的复合性增长速度持续增长,市场与创作层面活力迸发,跨越式的发展曾给中国电影强国梦带来无限期许。不过,笔者个人对于这种高速增长的态势一直持保留意见,因为过度的高速增长往往导致后劲不足、创意匮乏、质量堪忧等瓶颈性问题,系列短板问题累积而成的冲击力必将成为中国电影提质增效的绊脚石。2016 年的增速放缓不仅是电影市场结构性矛盾和短板效应的集中爆发,也释放出中国电影需要转向内涵式、质量型增长的理性信号。到 2018 年的今天,我们还是希望再经过两三年的巩固,在解决导向问题的前提下,让电影产业有一个更好的发展。毕竟"电影强国"是无数当代中国电影人念兹在兹的信念,事实上,中国电影由"生产大国"向"生产强国"的转变,不仅涉及经济、文化层面的脉动,更是关乎文化软实力乃至综合国力的政治问题。其重点还在于其国际影响力、核心竞争力以及市场占有率之间的较量,由此"电影强国"衡量标准的制定不仅需要重视经济指标、票房指标,更要聚焦文化指标、精神指标和美学指标。

就当下而言,"电影强国"有两个不容忽视的方面:一是市场规模需要达到一定程度,2018 年第一季度我国电影票房达 202.18 亿元,超越北美成为世界第一大电影市场,截至 11 月 25 日,全国电影票房达到 559. 14 亿元,较去年同期增长超过 10%,按照当前的增长幅度,年底保守估计会超过 600 亿元,从中国电影市场规模来看暂时没有问题。二是国产影片市场占有率需要保持优势地位,尽管 2016 年为 58. 33%,2017 年为 53. 84%,2018 年占比已超过 60%,不过,略显优势的占比实则是通过严格控制来实现的。与国内电影市场诸种漂亮的数字相比,国际传播能力成为迄今为止难以解决的纠结点,我们到现在为止还难以提出定量的指标,也难以预估中国电影在国际上的占比目标,只能以定性指标的方式来呼吁中国电影走出去:不断扩大中国电影话语权、不断提高中国文化的软实力,定性目标和定量目标难以有效对接,这也是我们当前面临的严重困境和亟待解决的问题。

2018 年的国庆档票房报收仅 18. 95 亿元,同比下降 15. 36%,观影人次 5 368 万,同比下滑 23. 43%。据笔者调研,有些地方情况更不乐观,持续走低的现象已经出现。在这之前,业界不少人预期可能会因为取消电商票房,观众部分流失而导致下降 10% 的幅度,但到现在为止下降的幅度已经超过业界的保守预期。11 月几个周的周票房仅 5 亿左右,单天票房甚至维持在 4 000 万的水准,业内关于“影视寒冬”的声音此起彼伏。虽然这些论断尚待进一步观察,但有一点值得注意,今年的票房走低趋势与 2016 年的增速放缓并不一样,这个问题涉及工业水平、市场运作以及政策管理等方方面面的复杂因素,是电影界多种力量综合博弈的结果,需要在共同体视野下去审视、透析当下纷繁复杂的电影现象及发展问题,才能碰撞出行之有效、切中时弊的解决之道。

众所周知,当前中国电影发展的尴尬之处在于它的运作机制尚不透明,也没有完全实现产业化运作,既没有完善的电影工业体系,也没有形成规范的市场运作体系,加上各种分配比例的失衡,并未遵循严格的市场规律和经济规律,屡屡遭遇瓶颈问题似乎也在预料之中。事实上,如果严格按照当前国家的税率标准,90% 的国营和民营企业将会面临生存和发展难题。最近一段时间,电影行业与国家税务总局的对话让业界颇为欣喜,这种对话和沟通不仅能够让国家和社会意识到电影行业作为文化创意产业的重要性和特殊性,也旨在不断推动电影观念与时俱进地更新与完善,更充分地认识到电影在体制、市场、文化、美学以及创作等层面的多重面相。从这个层面上讲,能否更新观念、尊重市场规律和经济规律是关乎中国电影生死存亡、何去何从、困境突围的大问题。

不难发现,当前中国电影一个关键的问题在于观念的更新和转换问题,尤其是我们如何准确地定义电影作为一种创意产业,将很大程度上影响中国电影产业未来的发展思路。因为电影作为一种创意文化产业,创意是最根本和最核心的要素,创意作为竞争优势的决定性来源,是电影产业发展的原动力,它贯穿于整个电影产业链条,覆盖创作主体、运行机制及市场活动等各个层面。可以说,无论是题材拓展、技术突破,还是宣传营销、跨界融合,都需要创意能力和创新思维。此外,电影产业作为核心性的文化创意产业,需要注入持久的创造力和丰富的想象力,助力电影类型拓展、商业模式革新及工业体系建构,换言之,创意是实现电影产业包容式、差异化发展的核心力量,是加快电影文化、产业、市场与技术深度融合的关键点。"创意能力"作为电影生命力的象征,既是保障电影内容品质与产品质量的关键,也是实现价值表达与观念开发的引擎。

当下中国电影产业链条还是围绕票房为核心,并不是依靠创意来拉动,想象力、创造力的匮乏一直是中国电影的短板问题,而创意的贫瘠则源自创意人才的严重不足,缺乏培养专业人才的教育培训体制,这成为中国电影产业转型升级和结构性调整的制约因素,与时俱进地创建中国电影的创意体系成为解决当前中国电影发展短板的首要问题。如今,中国电影正处于从"产业的黄金十年"迈向"创作的黄金十年"的关键时期,也正处于结构性调整的艰难时刻,我们需要为这个行业的发展呼吁:加快提质增效,推动升级换代,实现结构优化,走出适合中国国情的内涵型、质量型、创意型道路。但是,我们不能因为一些不规范的市场现象而采取过于激烈、猛烈的调整,这种矫枉过正会为电影行业发展带来"不可承受之痛",毕竟在初期阶段摸索前行的中国电影尚处于成长阶段,无论是行业规模还是成熟度都亟待理性提升和科学发展。互联网+浪潮势头正猛的当下,诸多乱象此消彼长,各行各业更应该齐心协力去呵护正在茁壮成长的中国电影,既不揠苗助长也不放任自流,而是共同通过对话的方式为电影产业出谋划策，探求良言箴言，提供切实可行、行之有效的方法论体系。

进入 2018 年，笔者一直在呼吁要关注和探讨关于中国电影语言再现代化、新现代化的问题。众所周知，1979 年，张暖忻、李陀以《谈电影语言的现代化》一文响亮地提出了电影语言的现代化问题，这篇后来被推崇为"第四代美学旗帜"的文章从电影艺术表现形式的角度出发，探讨了中国电影落后于世界电影的原因，对戏剧化的电影模式及其观念提出了尖锐的批评，强烈呼吁要形成一种局面，一种风气，就要理直气壮地、大张旗鼓地大讲电影的艺术性，大讲电影的表现技巧，大讲电影美学，大讲电影语言，极大地推动了当时中国电影的发展。但因为诸种原因，中国电影语言的现代化逐渐被遗忘，成为未完成的启蒙。在经历 90 年代的市场化改革，再到新世纪以来的产业化、国际化、科技化、互联网化的发展趋势，都有必要再重新思索新语境下如何推进中国电影语言再现代化的问题，即在多媒介、多媒体融合发展的大趋势下，语言现代化如何促进中国电影产业发展，如何提升电影创作质量，包括如何为世界电影发展提供中国经验和中国智慧。

笔者与张卫先生、李彬女士关于"电影语言、电影理论再现代化"的对话讨论，将发表于 2019 年第 1 期的《当代电影》，在这场对话中我们有一个理论创新，就是提出要建立"共同体美学"。换言之，要真正实现电影语言的再现代化、新现代化，就是要建立以升级换代和结构调整为主调的、具有民族智慧和中国经验的"共同体美学"。我们希望把共同体美学作为一种发展思路、方法论和转型路径，将电影的作者、文本和接受三个层面打通，实现各个层面的对话和沟通，以期开拓中国电影的新局面和新空间。

在笔者看来，筑就中国电影强国梦和构建中国电影学派作为一种美好愿景，需要通过各个层面的对话和沟通去建构一种共同体，大片有大片的共同体，小片有小片的共同体，创作者与观众群体、国际传播等等都可以实现共同体建设，正所谓美美与共、天下大同，这一方法论在有效规避不少问题的同时，也使得许多难题有了破解的可能。比如随着高科技、互联网的发展，数字技术、互联网如何介入和改变电影美学体系，它究竟是颠覆性还是延展性的和拓展性的? 所有的话题都需要管理层、创作界、理论界等各个层面共同在对话中形成解决方案和良性机制。我们也只有在共同体思路的引导下去更新电影观念,激发各个层面的活力,信息互补、上通下达,实现利益最大化,形成具有针对性的、实实在在的方法论。在笔者看来,规范市场、质量提升和融合发展作为当下中国电影发展的关键性问题,更需要用共同体的方式去认知、理解和思考,才能在宏观和微观层面打通中国电影行业的任督二脉,强化和激活造血机制,焕发中国电影新活力。

当前中国电影发展的三大关键问题

首先要面对的是规范市场的问题,事实上,规范市场这个问题并不是新问题,甚至是老生常谈的话题,但是我们往往存在的误区就是认为只有先规模化发展起来之后再去解决市场规范的问题,并将之作为指导思想的立足点。殊不知,这种传统理念恰恰导致了市场规范层面失之于"宽"和"软",明星高报酬、幽灵场、偷票房、买票房等负面现象接连发生、屡禁不止,导致社会对电影行业的评价度和认可度非常低,屡屡陷入舆论漩涡,失却大众的信任,这种被动局面是值得反思的。必须承认,当前电影行业很大程度上是为房地产打工,在为各路流量明星打工,各行各业资本的进入也引致诸种失序和失范问题,加上产业基础异常薄弱,稍有风吹草动,便有牵一发而动全身之势。

此外,电影行业的劳动是高强度的,但是编剧的劳动却并未得到应有的尊重和重视,编剧低报酬和明星高收入的巨大落差彰显了整个行业的不成熟和不规范。事实上,这些问题应该是随着电影产业化的展开而同步解决的,在推进供给侧改革中同步推出加强市场规范的做法,但是情况并不理想,不少捞快钱式的逐利行为破坏了应有的原则、准则和底线。如今面对诸多乱象,我们却采取了一种强烈和过激的方式去处理,这种如同"一剂猛药"的方式会造成很多隐患问题,用力过猛往往会矫枉过正。笔者还是呼吁采取更为理性的市场手段和法制手段去逐步推进市场规范,可喜的是,电影管理部门开始意识到这一问题,并且在做相关的合理调整,这给处于寒冬中的中国电影业带来新的希冀。

众所周知,一个有生命力的完备的电影市场需要成熟的、专业化的市场规范体系,这是电影产业发展的基础,也是电影产业进行升级换代的重要方法论。如果没有相应的制度规范和透明的体制,电影行业将永远囿于小作坊式的发展困境中,无法实现整体意义上的升级换代和结构调整。只有规范运转的行业才能吸引更多的资本,当前大量正规的金融资本试图进入电影业,但却因为缺少透明的运作机制而对电影业望而却步,甚至敬而远之。当前,中国电影产业的工业体系建设、传播体系建设以及评价体系建设都需要建立透明和规范的电影体制来保驾护航。在笔者看来,我们需要有两到三年的时间进行科学的调整和理性的巩固,在不断地调整和巩固中探求电影强国建设的方法论,切不可急功近利。

当前中国电影产业需要在保障导向的前提下,让电影产业实现健康可持续繁荣发展,实现从高质量、高速度向更高质量、更好效益、更加公平、更可持续的升级,这是电影界的共识,也是通过努力可以实现的共同愿望。如何规范市场的前提是让大家对电影市场有更好的预期。现在业内出现了一些新的情况,多家电影院相继倒闭,浙江横店影视城的开工率很低,剧组较大幅度减少,开工拍摄的也都是些小成本电影、网络电影。出现这种现象的重要原因之一在于大家对市场的预期产生了各个层面的怀疑。所以笔者一直在强调的建立市场规范的意义不仅在于给社会带来良好的预期,吸引更多良性资金的进入,为电影产业提供更多的良性驱动机制。毕竟,规范市场本身并不是最终目的,重要的是为中国电影产业奠定更好的法治基础和市场基础,为从产业的黄金十年稳步迈向创作的黄金十年保驾护航,推出更多高品质作品满足当前市场和大众观影需求。

其次,是电影质量提升的问题,回眸产业化改革历程,不难发现,中国电影用几年时间走过了其他国家几十年才能完成的历史进程,高速增长和资本狂欢的背后不可避免地潜藏着泡沫危机和浮躁心态。随着电影产业化的深度推进,繁荣景观下的结构性危机、市场化矛盾及产业化短板问题愈发明显,制约着中国电影的升级换代与格局提升。尚处于初级阶段的中国电影市场,不仅出现电影数量与质量、口碑与票房、电影供给与消费需求、宏观调控与市场规律之间的不匹配问题,电影产业链条也在结构性调整中频现"软肋"。尤其是在创作层面还存在着过度娱乐化、同质化,创新力与想象力不足、原创力缺失,资源耗损严重等瘤疾,比如现在一些没有市场和观众基础的三四五线城市,许多电影院面临倒闭的风险,再如我国电影制片行业在 38%—43%之间浮动的分账比例,严重制约了制片领域的积极性,诸多问题的出现都与缺乏制度性建设而有关。近两年,电影界一直在呼吁提质增效,尤其是如何通过各种法律法规和政策调整为电影质量提升拓宽发展空间,成为中国电影产业发展的关键问题。

其中,电影创意体系的不完善导致中国电影创作陷入后劲不足的尴尬境地,其实在美国、法国、英国以及印度等国家的创意产业发展、项目开发体系等,已经有一整套完备的方法、规则和战略,正所谓他山之石可以攻玉,有些方法可以进行有效的本土化移植。但是在我国,对电影产业的认识尚处于初步阶段,对于电影运作机制、电影产业链条以及电影市场开发的认知依旧处于"盲区",更没有意识到创意对于电影产业发展的根本引导作用,以及创意本身蕴藏的经济价值、精神价值和文化价值。我们不仅对项目开发、创意开发的认识不到位,制度建设、顶层设计也没有跟上,导致电影创意产业沦为同质化、低水平的重复。尽管当前电影界强烈呼吁重视电影质量,但是却没有找到可行性的方法论,提质增效并没有落到实处。

所以我们有必要及时进行制度性建设,让制片领域分账比例达到50%,这是电影强国建设的题中之义,也是完善电影产业体系的必要路径。对于国营企业和民营企业,如果内容生产能力和制片分配比例跟不上,将对电影产业发展贻害无穷。比如拿到几十亿上市的资金,其中80%用来投资影院建设,很少一部分用来投资制片领域,资金的短缺导致制片在产业链条中的基础性地位不牢固,一旦制片和内容跟不上,供给侧改革就会陷入困顿中。时至今日,我们总共建设了 5.8 万块银幕,按照目前的速度,两年之后的速度会达到 8 万块甚至 10 万块,与此同时,银幕快速增长的同时也意味着需要我们提供更优质的作品,如果优质供给跟不上,也就意味只能为好莱坞引进大片做嫁衣裳,国产电影市场也会陷入被动局面。

所以,提升电影质量刻不容缓也势在必行,比如建立更完善的电影创意体系,注重电影的编剧环节,降低门槛,激发电影创作活力和生产力。再如电影创作素材不仅可以从博大精深的历史文化中汲取,还可以从丰富多彩的现实生活中加以提炼,在提高电影资源利用效率和优化电影资源配置的基础上,充分挖掘电影独特战略资源,积极践行中国电影的类型现代化、创意系统化和制作规范化。习总书记指出"要引导广大文化文艺工作者深入生活、扎根人民,把提高质量作为文艺作品的生命线。"那么这些如何来实现呢? 如果没有制度性、体制性保障,真正"深入生活、扎根人民"就难以实现,制片领域的投入不足,将会导致电影创作质量的低谷徘徊。必须承认,不仅是制片环节,电影产业链条的每个环节都存在质量问题,综观当下电影界,最好的编剧去当导演,最好的摄影也去当导演,而剩下的每个环节、每项工作都没有实现专业化。时下影视行业人才分配不均,表演、导演等专业人才过剩,后期制作、化妆、造型、灯光等技术性岗位却往往人手不足,专业素质良莠不齐。不少人都有切身的体会,剧组中多出现缺乏专业技能、未经专业培训的农民工以及接手摄制组先要"扫盲"的尴尬问题,因此影视界需要开办"蓝翔技校",解决中国电影最基础的问题,专门培养服装、化妆、道具、照明等专业的人才,培养电影摄制专业技工,提升中国的电影工业水平。但是我们缺少实实在在的制度性建设和政策性安排作为强大的后盾和支撑,不到位就实现不了。近几年,我国每年生产影片数量800部左右,笔者之前跟高等院校影视专业的相关人士了解过,我们现有的专业能力并不能完全支撑这些电影的专业化生产。换言之,也就意味着有大量的电影是由非专业性人员制作的,所以有些影片看起来比较尴尬,这些影片无法保证基本质量,沦为粗制滥作,严重浪费电影资源和质量信誉。

当前国家对电影体制的重大调整和安排,意在将提质增效的战略方针真正落到实处,对此,笔者一直强调要稳定数量、提升质量,电影生产的数量和质量之间是有机统一的辩证关系,缺一不可。在笔者看来,如果每年能够生产100部左右的高质量影片,赢得市场和观众的认可,整个中国电影市场的整体状态将焕然一新。我们中国电影发展的空间究竟有多大,主要取决于高质量作品的有效供给，用高质量的作品来满足当下观众日益多元化的需求，同时又激发观众新的观影期待和观影诉求，形成更加良性的循环，中国电影才能真正意义上迈向创作的黄金十年。

第三是实现融合发展的问题，近年来，高科技、全球化与互联网等力量强势渗透和影响中国电影产业，电影体制、电影结构、电影创作、电影市场等层面均发生巨大变化，甚至远远大于好莱坞电影之于中国电影的影响。上个世纪，好莱坞建立了相对规范和完善的电影工业体系以及电影运作机制，每一环节都是透明、高效且专业的，强大的工业基础为好莱坞电影的工业化发展、全球化传播以及衍生开发提供了坚实的后盾和相对稳定的平台。相较之下，我国电影市场规模比较小，工业基础薄弱，产业链条并不完善，这种尚不稳定的状态既是机遇又是挑战，互联网浪潮便是这种机缘，给予了我国电影产业弯道超车的机缘。由于互联网对中国电影的改变比对美国电影的改变大得多，它以更强势的力量改变着电影产业链条及运作方式、电影消费方式、电影传播方式。借力互联网东风，在电影设备、电影硬件设施等方面，中国电影很快形成了对美国电影的弯道超车，毕竟互联网世界一切皆有可能。此外，互联网时代观众群体也迅速更新换代，从 2016 年以后，90 后、95 后观众成为中国电影的市场主体，现在，00 后观众也正在崛起，作为"网生代"，他们评价一部影片更多地是依凭"网感"。包括互联网对中国电影叙事、电影语言的影响和渗透，在60、70 后看来是碎片化、不完整的，但在 90、00 后观众看来则没有任何障碍。从互联网电影的发展来看，互联网公司借助于网络优势实现了对传统电影业的野蛮入侵，这种野蛮入侵极大地影响了传统电影业的生存空间，线上销售不仅占到了 80% 以上，而且网上销售话语权都不在电影院，也不在传统的发行企业，几乎集中在互联网公司。据相关统计显示，现在人们到电影院停留的时间越来越短，电影院原来传统的卖品都受到了很大的抑制。在这样的情况下，传统的电影业能不能和互联网实现更好的融合发展，是摆在当前中国电影企业的挑战和机遇。

在笔者看来，如果中国能形成 20—30 家具有稳定生产能力的电影公司，将优质内容生产与多元网络渠道融合发展，每个企业能够生产 30 部以上的影片,那么,影片的质量就会得到相对的保障。当下中国电影市场上有 3 000 多家电影公司,但这种小作坊式的生产根本无法在更高层面上实现融合发展。要推进电影强国建设的进程,推进电影企业整体意义上的升级换代,就要实现传统电影企业与互联网企业的对话与沟通,建立更多的利益共同体、情感共同体和美学共同体,达成更高层面的融合发展,才能把握住观众的心理,走进观众的内心。

总的来说,新时代,规范市场、质量提升与融合发展是影响中国电影发展的关键问题,电影体制、电影创作、电影教育、电影市场、电影产业、电影文化、电影理论、电影美学等层面的问题都需要用共同体的方式去面对、协商和解决,在互动联通、信息畅通、上通下达的语境中构建中国电影学派、构建共同体美学,形成具有中国特色、中国气派的电影智库,在融合发展中实现多赢和共赢。当前处于由电影大国迈向电影强国的关键点上,现阶段推进中国电影共同体建设势在必行,也是题中之义。面对诸多市场乱象,电影行业方方面面的相关人士都应该发出自己的声音,包括电影管理层在内的部门及时更新电影观念,充分认识到电影作为创作产业的属性和特性。面对多元电影现象和丰富的电影创作,电影理论批评也理应有所作为,集结电影学人的理论智慧,为电影产业发展出谋划策。我们既要有文艺的高原,也要有文艺的高峰,既要有电影的数量,也要有电影的质量,推出高质量作品才是硬道理,实现内涵式、质量型、效益型发展道路才是硬道理。

上海电影产业转型发展的机遇与挑战

(上海电影集团原副总裁、艺委会常务副主任、上海电影家协会副主席、
上海视觉艺术学院基础学院院长　汪天云)

我们现在谈中国电影近年来的发展历程,这个话题很有意义,应该体现出我们上海的声音。简单梳理上海电影产业发展现状,主要想从当前遇到的挑战谈三个观点。

第一点，要注重维护电影活力。我认为中国电影实际上到了一个非常关键的时候，这几天应该说波涛不断。搞电影产业的人和搞电影理论的人、搞电影产业教育和宣传的人，实际上现在主要观点完全一致，因为电影产业遭到了前所未有的挑战。第一个挑战就是民族电影的问题，上海电影也是民族电影的一部分。我们现在民族电影形势很严峻，2013年来电影每年以30%的速度猛进，全世界都在看中国，觉得一个奇迹产生了，但是现在这个奇迹遭遇了挑战，要重新梳理，要再崛起，目前处在这样一个状态。现在很多搞电影产业的人都难以生存、难以为继、难以发展，这里面有几个问题值得我们注意。

1. 税收变化。现在的税收是以前没有遭遇过的，在税收这个问题上出现了扩大化，扩大化的结果就是制约了经济活力。作为研究产业的人必须看到这种制约的结果。我认为现在规范是必要的，但是否扩大还应该多考虑。比如说对于编剧、原创，要坚持高端开发。我们曾经有过一段弯路就是过于迷信IP，而且这个问题不是区域性的，不是上海、浙江、杭州、北京，而是全国都如此。电影产业的人和税务总局的人要有对话，要让他们了解所有的政策都是一种发展中的陪伴，政策好了才有改革开放四十年的今天，如果政策出现偏差，那么现在搞理论、搞教育、自己从事文化产业的人，就应该提出你的想法和观点，所以今年的蓝皮书应该有这样的内涵。我赞成我们要发展、要梳理，这两点不矛盾；我认为我们现在首先要发展的是民营企业，改革开放四十年电影有今天，非常重要的就是它打破了国营电影企业的垄断。就上海来说，上海出品的作品当中民营企业还是很多的，《我不是药神》就是民营企业做的。上海的民营企业在上海的电影发展中有极大的贡献，而且是不可取代的作用，所以我现在觉得还是要继续地支持民营企业，而不是削弱。民营企业的发展实际上是上海电影的活力所在，非常重要。

2. 门槛提高。面对目前的形势，我呼吁政策还是要向民营倾斜，向多元化的影视制作公司倾斜。民营企业不一定要大，有的可能很小，但是有它的活力以及存在的特殊性就可以了。我们的理论都是依托于实业，没有电影产业的蓬勃发展，你的理论实践也是空的。我们搞电影教育的人，如果没有电影的发展,将来的学生学了电影出来之后干什么,民营公司不招人,又进不去国营企业,这么多的人何去何从？这都是问题。包括院线,民营的院线也是要支持,现在几十条院线在兼并,有很多院线惨不忍睹。以前曾有过这样的状态,看电影就是看盗版录像,这样的日子不应该再出现。

提高门槛的意义在哪里,是提高质量,使得电影走出去。电影一定要完成国际化,尤其是上海。上海电影有这样的义务和表率,它应该走出去。电影局一位很重要的领导曾经说过,"电影是现在文化产业的主战场,我们的国营团队、民营团队是电影发展的主力军,电影产业的领头人又是电影产业的主推手。"在这个过程中要继续帮助、扶持民营企业,这是现在电影产业发展很重要的事,而不是简单的整治和梳理。

我们现在的市场形态非常好,人口红利的优势还在,上海有近三千万人,也培养起了收视习惯,我们现在一定不要把这样好的基础破坏了,所以我觉得我们的研讨会应该发出这样的声音,面对现实,提出策略。门槛的提高不一定是坏事,但是门槛的提高,以及很多政策的修订都要保障电影的活力。

第二点,注重人、本、财、物。民族电影发展到今天其实非常好,今天的成绩是前辈们没有企及的,在这个问题上,不管是搞技术还是艺术的,不管搞文学或者是搞制作,我们是一个共同体。简单来说电影不提倡独狼,它是马群,是一群一群整体出现,相互补充。今天我谈电影产业的转型发展的机遇和挑战,这是每个人都面临的,而且我们正在遭受前所未有的挑战。

我说的概括一点,实际上就是人、本、财、物。第一个要点是"人",就是从事电影行业的人。我指的人不仅仅是明星,也不仅仅是编导,更重要的是制片人。从电影产业的角度来说就是领军人物,领军人物就是总制片人,总制片人要管的东西不仅仅是电影艺术,还有电影经营以及其他的环节,这样的人物很可贵,我不一一列举。现在我们出现了一些著名的电影制片人,但是这一段时间电影被并购,谈影色变,没有这些人,这个产业的运作是有困难的。

第二个要点是"本",所谓本就是剧本。尤其是上海,在文学所开这个会,剧本我们更要重视。从上海电影的发展历史和世界电影发展历史来看,我们有过弯路,但是我们最后得出结论电影是离不开文学的。好的电影,经久不衰的作品,比如改革开放四十年的电影,不管是《天云山》《牧马人》或者是《芙蓉镇》,都有非常好的文学底子,所以经典能够持久。现在我们接受了一个国家任务,在拍摄《攀登者》,找来找去还是找的作家阿来,他得过茅盾文学奖,还是请他写。我觉得这个问题,通过这次梳理整顿之后达成了共识,即 IP 影视大餐这种短暂的娱乐刺激无法持久,最终还是要靠优秀的文学,我觉得我们的政策还是要向剧本原创倾斜。我不反对 IP,但是 IP 是一片蔓生的丛林,漫山遍野地生产,纯文学要与之嫁接,才能出优良品种。当时高满堂等纯文学作家和阿里影业副总裁徐远翔有过很大的争论,徐总说我再也不和你们文学家打交道,我就是用 IP。其实这是一个误区,但是这个弯路难免要走。我们曾经太迷信 IP 了,现在又说它祸害人民,其实对这个问题也不能扩大化。不能用一种倾向掩盖另一种倾向——这一点要在治理中高度重视。

第三个要素是"财"的问题。我们经常开会讨论是资本绑架了电影还是电影绑架了资本,其实电影离不开资本,没有资本的支持不行,现在很多资本一听说是电影就拐弯。曾经电影热钱浩浩荡荡,这样的岁月过去了。所以还有一个正本清源的过程。没有资本的支持也不行,全部不讲性价比,全部靠国家补贴也是不行的。

第四个要素就是"物"的问题,这个物实际上是高科技的支撑。上海在后期制作方面做的是落后的。现在要打造青浦产业园区,因为青浦是江浙沪的交界点,要把三地的政策汇集在这里做一个文化特区,首先要搞的就是高科技,就是制作高地。我们将来的电影不需要到泰国、韩国,甚至是美国、澳大利亚做,可以在本土做,这个机遇又来了。

第三点,坚持民主规范。现在做电影有一个很大的毛病,拼命地揣摩上面需要什么。你可以揣摩,但这不是唯一的,领导和我们说还是要有创新的意识,我认为创新的意识就是民主的意识。有规范,也要有活力,要不然影视企业就不能两个翅膀起飞,一个翅膀起飞就会倾斜。而且电影有超前性,创意的东西要一年或者是两年以后甚至是多年以后才能看到成果。我们的物理形态的电影院、院线、放映播映机构都已经建立了,很好,但是高速公路造好以后要有自己的车,我们有自己一流的民族电影,才有自己民族电影的产业。

进一步开掘上海影视资源,不断推进
影视创作和影视产业的繁荣发展

(复旦大学电影艺术研究中心主任、教授、博士生导师,
上海影视戏剧理论研究会会长　周　斌)

在中国电影电视发展史上,上海的影视产业和影视创作占据着十分重要的地位。特别是上海电影,曾有过辉煌的历史,想当年,上海不仅电影公司林立、电影人才荟萃,而且电影佳作倍出、电影剧院遍布,其影响深远,在中国电影史上书写了令人难忘的辉煌篇章,并由此奠定了中国电影的现实主义美学传统,这一优良传统延续至今,仍在传承和发展。

改革开放以来,上海的影视产业经历了改革的阵痛,进行了必要的调整,其影视创作制作和影视产业发展也紧跟时代步伐,在各个历史阶段都取得了一定的成绩,有了新的拓展。无疑,其变革发展的成就是应该充分肯定的。但是,与上海电影曾经有过的辉煌历史相比,目前上海影视创作制作和影视产业的发展状况还不尽如人意。尽管近年来政府主管部门出台了一系列政策,在影视创作制作与影视产业发展方面也已取得了一系列成绩;但是,这些成绩与广大观众对上海影视创作制作与影视产业的期望和诉求相比,还有较大的差距。因此,如何进一步开掘上海影视资源,讲好上海故事,并通过影视资源的开掘和影视故事的讲述更好地表现中国精神、弘扬中华文化,不断推进中国影视创作制作和影视产业的繁荣发展,这是当下所需要思考和解决的一个重要问题。对此,笔者有以下几方面的建议:

第一,上海影视创作制作和影视产业的繁荣发展仍然需要各项政策的引导、激励和推动。2017年,当《中华人民共和国电影产业促进法》颁布以后,上海及时制订出台了《关于加快本市文化创意产业创新发展的若干意见》("文创50条")来落实《电影产业促进法》。2018年上海又出台了《关于促进上海影视产业发展的实施办法》。自从"文创50条"和"实施办法"公布以后,特别

是设立了"促进上海电影发展专项资金"之后,这两年来无论是影视创作制作的繁荣还是影视产业的发展,都有了较明显的进步与拓展,一批好的影视项目及时得到了培育和扶持,一批优秀作品及其创作者得到了奖励和表彰,很好地鼓励和调动了广大影视创作人员和影视从业人员的积极性,由此可见,政策的引导、激励和推动作用是非常重要的。当下,上海影视主管部门应根据客观形势发展的需要和上海不断变化的实际情况,在一些具体领域和具体层面及时出台一些实施细则来调整和补充上海"文创 50 条"等的有关规定,从而使政策引导、激励和推动的涵盖面更广,使各项政策规定更加细致,操作性也更强。

第二,有了好的政策来引导、激励和推动影视创作制作和影视产业的发展以后,还要有一个强有力的职能部门来认真贯彻落实这些方针政策,使这些政策能切实发挥其应有的作用。从目前情况来看,上海文化发展基金会每年在抓影视项目的申报和资助方面花了很大的力气,在这方面做了许多很好的具体工作,其工作成效十分显著。例如,今年叫好又叫座的故事片《我不是药神》就曾获得过上海文化发展基金的资助。还有一些好的影视项目和影视作品也曾相继获得过扶持和资助,从而确保了这些作品的艺术质量和美学品位。为此,希望上海其他相关领导部门也能像上海文化发展基金会那样,进一步强化顶层设计和统筹协调,切实抓好各项方针政策的具体落实。关于上海影视创作制作和影视产业如何更好地发展,上海应该有一个总的领导、设计和协调部门来具体落实各项政策,并切实做好组织协调和管理服务工作。当下,随着国家影视管理体制的变动,上海也会随之在管理体制上有所变化,这个问题应该会得到妥善解决。

第三,要通过各种途径,采取多种措施,积极推动影视业界与学界的互动和交流,使之能相辅相成、携手共进。这里所说的影视业界,是指影视产业界、创作界,而学界则包括评论界、教育界等,两者应该经常加强互动交流。业界人士要善于听取学界人士的意见和建议,不断改进产业经营和创作制作等各方面的工作,努力提高影视作品的艺术质量,争取多出精品佳作;而学界人士也要真正了解业界的实际情况,很好地为之出谋划策,做到"言之有据、言之有理"，并根据业界的实际需要来培养和输送各种影视人才。显然，只有通过两者之间不断的互动交流、取长补短，才能更好地推动影视创作、影视产业和影视教育、影视理论批评的繁荣发展。

第四，在影视创作制作和影视产业发展等方面应切实抓好重点突破工作，从而使上海影视创作制作和影视产业能不断凸显亮点、受到关注、产生影响，并能由此带动全局发展。应该看到，一般号召和面面俱到可能很难见到显著成效，只有做好重点突破工作，才能"由点及面"，切实带动全局发展。首先，从影视创作制作来说，上海每年应该创作出品几部在国内外有较大影响、高质量的、叫好又叫座的影视精品，这些影视作品的确是由上海影视企业投资，并以上海的影视创作力量为主拍摄出来的影视作品；而不是上海的影视企业仅仅作为投资方之一拍摄出来的影视作品。此前一些冠名为上海出品的影视作品，实际上上海的影视企业并非主要投资者，而只是投资方之一，其主创力量也不是来自上海影视界，这样的影视作品很难被广大观众认同为上海拍摄出品的影视作品。若要真正带动上海影视创作制作的发展，必须要有上海影视企业为主要投资方，并由上海影视从业者为主创人员拍摄的高质量影视作品，每年要有几部这样的影视作品作为重点突破，并以此带动全局发展。其次，除了要充分发挥国营影视企业的骨干和标杆作用之外，还要切实培育和扶持几个在国内外有影响的、实力雄厚的民营影视企业，使之能发挥更大的作用。现在上海民营影视企业很多，据说在松江地区注册的有2 000多家民营影视企业，但实际上在全国有影响的民营影视企业却很少。为此，政府主管部门还是要重点培育和扶持几个有影响的民营影视企业，不断帮助和推动其创作生产更上台阶，成为在全国有影响的骨干企业。同时，也要切实抓好上海国营影视企业，因为它们的资源比较丰富，实力较为雄厚，应该要多出优秀产品，并真正做强做大，成为中国影视企业的标杆。

第五，要努力培育好一支人才队伍，这支队伍应该包括三个方面：一是创作制作队伍，二是产业经营管理队伍，三是理论批评队伍和学界后备力量队伍。应该看到，对于影视创作制作和影视产业发展来说，有了好的政策以后，是否有好的人才队伍乃是关键所在。上海影视界现在创作制作方面的人才队伍较薄弱,缺少在国内外有影响、在影视市场上有号召力的著名编剧、导演、演员、摄影、制片人等,这和以前上海电影界明星荟萃、群星闪耀的状况相比,落差很大。今天上海影视界的形象代言人仍然是高龄的秦怡老师等一些老艺术家,缺少中青年接班人,这种状况急需改变。同样,其他两方面的队伍建设也存在着各种各样的问题,在此不逐一评述。显然,只有把这样几方面的人才队伍培育好、建设好了,上海电影创作制作和电影产业的发展才能加快步伐,再创辉煌,才能和上海电影曾经有过的历史辉煌相媲美,也才能充分适应新时代和广大观众的审美娱乐需要。

总之,面向新时代,上海影视创作制作和影视产业要履行新使命,体现新作为,展现新气象,要通过抓重点、补短板、强弱项,不断推动影视创作生产创新创优,促使影视产业快速发展,从而为中国从影视大国向影视强国的转换,为更好地提高国家文化软实力和中华文化的影响力作出新的更大的贡献。

关于中国电影中的上海故事和
中国精神的几点思考

(上海大学上海电影学院教授、亚洲影视研究中心主任　陈犀禾)

这里的思考包含两个关键词,一个是上海故事,一个是中国精神。关于中国精神,习近平总书记在文艺座谈会中的讲话已经进行了纲领性的阐述。他一方面说到中国精神是社会主义文艺的灵魂,这一论述明确了中国精神在社会主义文艺中的地位;接着他讲到中国精神和社会主义核心价值观的关系,并指出其最根本的内涵是爱国主义,这是一个很明确的定义。习近平讲话也强调了社会主义文艺核心价值观和中国传统文化、和外来的优秀文化并不矛盾,使中国精神的内涵更加丰富。这是一个总体上的定性。

在中国精神之下谈上海电影和上海故事,更多的想把中国精神放在一个历史的维度上来看。从历史的维度上看,中国精神在某种意义上,或者用现在的理论术语来说其实是流动的,或者说是在历史的发展过程中其具体的表达是有所变化的。那么,在中国电影史上有哪些体现了中国精神的上海故事给我们留下了深刻的印象,至今仍然有它的魅力和价值?它们和当时时代的互动关系又是怎么样的呢?我想从这个角度来看看它们对当下上海电影发展的启示和意义。当然,我们今天的会议主题是集中于上海电影产业发展问题,但是这个产业发展链的上游正是集中于制片、创意和内容方面,所以对上海故事的思考是必要的。以下我就把上海电影和上海故事的历史放在中国精神这个背景之下谈谈。

美国作者罗伯特·斯克拉曾经写过一本颇有影响的书《电影造就的美国》,详细探讨了电影诞生一百年来好莱坞对美国文化的影响。对于 1949 年之前的上海我们也可以这样说,电影造就了上海、电影创造了上海,上海电影成为上海城市文化最具表征意义的一部分。如上海电影对上海城市空间以及上海故事的反映,其中成就了很多经典的作品,比如说《上海 24 小时》《十字街头》《马路天使》等等很多的优秀影片。在后来对这些影片和那个时代关系的解释,有两个重要的话语:一个是把它看作洋场文化,还有一个是强调它作为左翼文化的性质。我倾向于把这一时期的上海电影做更丰富的读解,在这两极之外把它看作中国现代文化发展的重要代表。这一段时间的上海电影之所以流传至今,之所以在今天仍影响至深,魅力不减,到现在还会反复去看,这其实就告诉我们对当时上海的电影文化很难去做一种简单的标签和界定。"上海洋场"这个词本身是有一点贬义的标签,但是它对上海文化及其代表的时代精神的概括并不准确。整个中国社会从晚清的封建社会进入现代社会以后,上海其实是在中国社会所有地区发展中走在最前面的。上海固然有租界和洋场,但是中国共产党第一次代表大会是在上海召开的,甚至中国共产党早期多次党代会都是在上海召开,上海红色文化的资源很丰富。还有上海的现代工业,城市的现代性,在现代转型中中国的传统文化如何适应现代发展,许多代表中国时代进步的元素在电影中都做了丰富的展示,这部分电影至今对我们仍然充满着魅力,这部分电影对所谓中国精神以及中国社会的发展做出了很好的回应,这些电影已经成为中国电影史上的经典。其实 1949 年以后也有很多很好的上海故事，像《霓虹灯下的哨兵》《不夜城》《女篮五号》《护士日记》《大李、小李和老李》等，这些电影对整个中国面临的历史转折、社会文化发生的重大变化，都做出了积极的回应，表达了那个时代的感情，其实这些影片拿到今天来看也仍然能够打动我们。这些电影对上海这样一个特定的城市，在1949年之后发生巨大的变化，用它特有的上海故事对那个时代做出了回应。

接下来比较集中地反映上海的"上海故事"其实就是在浦东开放以后。在20世纪90年代期间，一批中国一流的电影人如张艺谋、陈凯歌、叶大鹰、关锦鹏等拍摄了一批关于老上海的电影，如《外婆桥》《风月》《红色恋人》《阮玲玉》等。这些怀旧的电影虽然出现于中国电影市场的一个低潮阶段，票房可能无法和今天的大片相比，但是文化的影响力和它们所代表的"上海故事"的影响力却是实实在在的。一些最有影响的电影人热衷于讲"上海故事"，说明上海的这些故事有它的魅力。老上海故事的重新走红也和整个90年代上海的重新开放有关系，中国把上海作为一个向世界重新开放的门户，包括浦东的开发开放，激起了人们对上海这个城市很多的想象，也对开发的性质是什么样产生了很多的想象。许多即使不是上海的电影人都会来上海寻找电影题材，其实上海的题材对海外电影人也富于魅力，较早如《太阳帝国》、上影厂和外面合拍的《上海的伯爵夫人》等都对上海的故事有所反映。在上海的导演中，有一位女导演彭小莲拍摄了上海三部曲，从女性的角度反映上海，这个也和上海城市文化的性质有关系。我自己就有明显的感觉，很多外地学生考到上海来，特别是女生一到上海来不愿意走，这个和上海整个的城市文化气质相关。它和其他城市相比，上海的现代女性文化更鲜明，北京人们常常说是爷们文化。这里我想对上海的地域文化和中国精神的联系做一个更广泛的勾连，而不是僵化的理解。我想，在今天人们很自然会想到深圳精神也可以是中国精神的一部分。上海精神只要是符合时代发展潮流，它就是一种中国精神，虽然这中间带有自己地域特色的精神、价值和文化，其实也可以纳入中国精神的范围之内。记得世纪之交的时候也有一些写上海故事的电影如《美丽新世界》，说外地移民到了上海中了奖，得了房子等，还获得了爱情；还有《苏州河》等题材，都对现代上海多侧面进行了探索。

现在进入了新时代，究竟上海影像、上海故事、上海文化是什么样的，并不是一个固定的东西等待你发现，其实它和艺术家和文化工作者对上海未来发展的愿景、想象其实是互动的过程。也就是说，上海文化究竟是什么样，本身也是在建构的过程中。刚才蓝凡老师也谈到中央对上海的布局以及上海本身的发展，以及上海本身具有的很丰富的历史资源，还有上海本身所具有的无限可能性，在艺术家的创作中可以对上海的故事在新时代发展进行很多的创造性的想象，可以把上海故事讲得很精彩，而不仅仅是像《碟中谍》中那样作为一种纯景观的外景包装。要更深刻地反映上海文化特质的东西，如何能够在创作中，在一些有苗头的项目中给予支持，让这些项目成长起来。尽管我们说上海现在有贾樟柯导演，但是贾樟柯还是执着于山西的文化，以及城市和乡村的联结和落差。我想我们今天还是需要像谢晋这样优秀的导演，能够拍摄出很好的上海故事，同时符合这个新时代的中国精神。当然我们对"中国精神"不是做一个很狭隘的理解，我想习总书记在座谈会上的讲话也提到了"中国精神"的丰富内涵。我们从"上海故事"和其文化精神的历史发展中也可以看到这一点。

最后提一个具体的建议，我们是否可以建议上海国际电影节设立"上海电影"单元。这个上海单元参展和评奖的影片可以是上海题材影片，也可以是上海电影人创作的电影，也可以是上海资金投入的，甚至是国际上的导演拍摄的上海题材的影片，就像是《太阳帝国》或《上海的伯爵夫人》那样。这是为上海电影人和上海故事找到一个国际性的展示的平台，这会成为一个以"上海电影"为主题的比较高的展示平台。事实上，很多国际电影节除了大奖之外都有一些小单元，上海国际电影节可以有一个上海单元。这个上海单元究竟怎么界定，一定要讲上海故事吗，或者是以上海为主进行制作的电影都可以进入这个单元进行展示？我们还可以再思考。总之，我的意思是为推动上海电影产业发展创造一个更好的氛围和条件，因为这个平台本身就在上海。我们可以利用这个平台，使得上海文化、上海电影、上海故事找到一个国际性的展示空间。

当下电影生态薄弱环节刍议

（上海交通大学教授,中国高校影视学会副会长　李亦中）

中国电影业处在转型过程中,产量与银幕齐飞,票房共长天一色。截至2018年11月25日,中国电影票房达559亿元,一举超出2017年度总和。与此同时,电影产业面临新的挑战和结构性调整。据2017年底统计,新增银幕9 597块,总数达50 776块,稳居全球第一。银幕数量的增幅明显高于国内票房与观影人次增幅,导致单块银幕票房产出被稀释,单银幕平均年实现票房仅103万元,处于2011年以来最低值。居高不下的影院"空座率",凸显当下电影生态的薄弱环节。

2018年伊始,有关"重工业电影"的说辞横空出世,电影主管部门领导也提到要形成"重工业产品推进,轻工业产品跟进"的格局。顾名思义,"重工业产品"意味着大投资、大制作和大营销;与之对应,"轻工业产品"便是中小成本影片,在电影市场上大多认命"一日游"甚至零排片,出现票房逆袭的案例屈指可数,靠制片人给院线经理"下跪求排片"也难见第二例。中国电影产业"国退民进",已催生一大批民营制片公司,内中有不少小微企业,其产品面世大致经历"三步曲":第一步抓题材剧本,在广电总局立项公示;第二步剧组开机,现场氛围喜气洋洋;第三步新片杀青,隆重举行首映式。而后,片子在电影院的排片量却少到可以忽略不计,年终还有可能名列"炮灰排行榜"。业界人士曾归纳四类影片,即叫好又叫座、叫好不叫座、叫座不叫好、不叫座不叫好。进一步探究,"叫好"的动机、标准及实效是不一样的;而"叫座"的缘由也并非影片自身质地所决定,客观上确实存在排片比不公平的前提,在一定程度上也使观众观影的选择权受到限制。

从电影放映市场运营来看,排片比是指影院安排影片场次的比例,一般来说,低排片率高票房堪称黑马,高排片率低票房便属票房"毒药"。目前国内市场上,"重工业产品"财大气粗营销攻势猛,排片比高达60%—70%以上,严重挤压"轻工业产品"的生存空间。不妨比照法国电影业，法国明确规定任何一部影片在任何一家影院的排片比不能超过三分之一，也不能超过该影院总场次的三分之一。假若违规，政府主管部门就会干预。法国文化部部长菲利佩蒂称，"这是政府出于保护文化多样性的考虑所做出的硬性规定。市场经济不等于没有约束，不等于经营者可以不承担任何社会责任。"中国电影市场机制尚不健全，潜规则涌动，利益方对于票房的推崇比好莱坞有过之而无不及。我们考察电影涉及多个维度：电影作为艺术、电影作为娱乐、电影作为创意产业、电影作为意识形态、电影作为文化载体、电影作为传播媒介、电影作为国家软实力，等等。面对这么大一个系统，亟需第三方评估介入。在电影产业链上，制片方是上游，放映方是下游，还应该有无利益关联的第三方来发出理智公允的声音——叫好或不叫好。

2018 年岁末，上海电影资料馆和文艺电影推广机构"后窗放映"联合举办第五届青年导演海上影展。受邀参加本届影展的青年导演均为业界新秀，携来的作品在国内外多个电影节上都有斩获，包括霍猛导演的《过昭关》、杨弋枢导演的《之子于归》、藏族拉华加导演的母语电影《旺扎的雨靴》、杨明明自编自导自演的《柔情史》等。影展出票很快售罄，这 8 部影片在影城小厅各放一场，满打满算观众总数不足千名。尽管观众观影后与影片主创的交流相当热烈，但反响毕竟有限。小津安二郎有句名言，"电影以余味定输赢"。在我看来，有余味的影片大都是以刻画人性见长的艺术片。重工业产品恪守奇观电影套路，主要诉诸视听感官，很难深层次打动观众。因此，当下电影市场急需"精准扶贫"，为轻工业产品提供生存空间，最起码排片比要让目标观众有机会接触到。上海要建成国际文化大都市，这方面可以借鉴对标巴黎。巴黎全市拥有一百多家艺术影院，国际影坛上知名的艺术电影都有可能让影迷一睹为快。上海历史上是中国电影发祥地，如今也是全国四大票仓之一。20 世纪 80年代探索片最红火的时候，上海曾首创平安、胜利两家艺术影院，引来第五代导演的《黄土地》出口转内销，盛况空前，一票难求。如今时过境迁，辉煌不再。当务之急是在市中心再开辟几家标志性艺术影院，黄浦和静安两区开始着手打造演艺"戏剧谷"，电影行业不能袖手旁观。说到底，"为电影找观众，为观众找电影"，目标所指正是艺术电影。重工业产品市场承接力度大，毋须他人多操心，而轻工业产品始终有后顾之忧。艺术影院能够集结目标观众，为艺术电影的人文内涵、社会意义与审美价值喝彩。

艺术影院的片源主打艺术片，而艺术片同那些印数较少的纯文学作品、学术专著有相同境况，虽然受众面窄，但绝不等于缺乏知音。在整个电影市场超五万块银幕的资源中，艺术片应当享有一定比例。经营影院终究不是一般意义上的商业行为，首先是一种文化姿态。对多厅影院来说，与其听任空座率浪费资源，不如拿出几块银幕排映艺术片，赢得社会美誉度。当然，有些艺术片审美意趣偏阳春白雪，和者寡；有些影片因导演超前探索，有意冲决传统欣赏习惯，这类影片适合在艺术影院亮相以寻觅知音。不过，艺术影院并非所有低拷贝影片的归宿，那些由非专业人士炮制的"伪艺术片"理当剔除。总之，盘活过剩的银幕资源，可望促进艺术电影从创作、传播到接受的良性循环。戛纳国际电影节艺术总监福茂对此有切身体会，"有时候边际利润和小众也能带来不少钱"。

上海成功举办了首届中国国际进口博览会，之后将打造"6天+365天"进口交易平台，全年都能进行采购交易，成为"永不落幕的进博会"。由此联想到，1993年创办的上海国际电影节作为上海文化品牌，影响力辐射半径直抵长三角区域，每年6月吸引江浙影迷来沪观影。设想上海电影节拥有专属放映厅，在电影节闭幕后留住那些口碑片，形成永不落幕的电影节放映点。可以不断策划推出专题影展，比如"一带一路"沿线国家的优秀影片展映，以此开阔观众的视野，培养观众多样化欣赏口味，避免偏食好莱坞重工业影片，推动我们的电影创作更加繁荣，电影生态充满勃勃生机。

在三个文化品牌基础上的上海影视创新之路

（上海大学上海电影学院教授　蓝　凡）

上海的经济发展和整体城市竞争力的提升，随着上海文化品牌三年行动计划和上海"文创50条"的推进,上海的文化迎来了一个大发展的机遇,城市文化力也将得到一个显著的提高。尤其是"进博会"之后,党中央对上海提出了三个新要求:扩大自贸区建设、科创版和注册制的创新实验和将长三角一体化发展提升为国家战略,扩大了上海三个文化品牌——红色文化、海派文化和江南文化的内涵,赋予了其更新的时代要求。

自20世纪70年代以来,随着影视产业的稳定发展和网络艺术的兴起,世界的人文社科界,对艺术在本体性上的分类逐渐达成共识——表演艺术、造型艺术和影像艺术,成为艺术本体性上的最基本的三大类别。

自改革开放四十年来,上海在这三大艺术类别上的发展和演进,应该说是齐头并进并各有千秋的。

上海国际艺术节、上海当代艺术展和上海国际电影,成为上海的表演艺术、造型艺术和影像艺术的三个重要标志,并各自占据了相当的高度。其相对应的指标:上海的各类舞台表演场所已达100余所,舞台表演影响力已从长三角走向全国,并走向世界,中外的舞台表演交流已几乎遍及世界各国,正在努力打造一个亚洲的演艺之都,这是第一个一百;在造型艺术方面,上海正在打造一个全新的国际艺术品交易中心,上海举办的各类艺术展已直追国际上的威尼斯双年展和德国的卡塞尔文献展,正如英国伦敦泰特现代美术馆馆长弗朗西斯莫里斯所说:"欧洲艺术产业百年才走过的发展道路,中国十几二十年就完成了",这是第二个一百;而在影像业上,以上海国际电影节为龙头的各类电影、电视和广播等艺术节办得风生水起,上海国际电影节也正向国际A类电影节的前三迈进,特别值得关注的是,"上海出品"电影2018年度累计票房已突破100亿元,这是第三个一百。

当然,如果与上海的经济和整体城市发展相比较,尤其是与党中央对上海的三个新要求相对照,上海的三大艺术类别的现状和发展仍存在一定的差距和不足。譬如:纽约现有各类舞台表演场所400余个,伦敦300余个,巴黎200余个;上海的艺术品交易量还不是很大,所占世界艺术品交易量很小,艺术文献展的定位还不太清晰,没有本土特色等。

而就影像业而言,以电影为例,与表演业和造型业相比,其差距和不足有着更大的复杂性和更强的特殊性。

仅就面上来说,全国影视业发展的不足是非常明显的。特别是在各种负面新闻屡爆的状况下,资本杠杆泡沫、机制运作泡沫和数量生产泡沫得到了一定程度的放大。这三个方面的泡沫化,虽然在供给侧改革和全国金融整顿中得到一定程度的消除,但就整体而言,问题依然存在。

就上海的影像业来说,以三个文化品牌的创新来要求,我认为,除了是否存在不同程度的这三个方面的泡沫化外,至少存在以下三个方面有待改进,或者说是明显的不足,即作品的存优率还不够高,人员的知名度还不够大,整体的创新性还不够强。

截至 10 月底,2018 年在上海备案立项的影片达到 244 项,约占全国 10%;完片 70 部,其中 20 余部"上海出品"进入院线。但在这 20 余部中,依优秀作品"站得住,留得下,传得开"的标准衡量,比例还很低;上海影视业的今天,还缺乏从费穆、谢晋到阮玲玉、白杨,以及一大批的管理等具有全国乃至世界影响力的顶级人才;以《我不是药神》和《动物世界》为例,虽然影片受到了观众的欢迎,但在形态表现上,创新度不强,美国好莱坞风格甚至元素的"模仿"仍然不小。

当然,如何在三个文化品牌基础上走上海影视的创新之路,在宏观、中观和微观的三个不同层面上,从不同的角度切入,林林总总,方法和措施会很多。我个人的想法,从上海的实际情况出发,可以先从这两方面着手:一,深化对上海三个文化品牌的理解,以理念创新带动上海影像业的创新;二,从影像业的管理入手,以管理的创新,带动上海影像业的创新。

第一,上海三个文化品牌建设,是全方位的,对其要有新的理念认识。红色文化、海派文化和江南文化并不仅仅是一种素材,也不仅仅是一种文化的传承,而更是一种精神的存在。

用党中央对上海的三个新要求来衡量,红色文化是一种社会效益第一的精神,海派文化是一种不断创新发展的精神,江南文化则是一种扎根本土,面向大海的精神。

在这里,红色文化、海派文化和江南文化成为上海文化精神的指代词。同时,也是作为国家战略层面的长三角一体协同发展的文化精神所在。

在今年的第二十届国际艺术节上,上海提出舞台表演艺术的"世界舞台、中国故事、上海制造",可以看作是对三个文化品牌建设的一种对应性发展策略。对上海的影像艺术业的发展,应该是有参照和借鉴意义的。

而对影像艺术业来说,将上海三个文化品牌精神,首先落实在影视业的管理上,这是由影视业的特殊性所决定的。

所以,第二,从影像艺术业的管理入手,以管理的创新,带动上海影像艺术业的创新,可以说是深化对上海三个文化品牌理解的实践延伸。

这是因为,与表演艺术业和造型艺术业相比较,影像艺术业的特殊性和影视艺术产业的特殊性决定了其管理的重要性。作为产业,影视业的特殊性有:高风险与高收益的并存,社会效益与票房效益的并存和世俗审美与精英审美的并存,这三个特殊性是表演艺术业和造型艺术业所相对不具备或者说相对不显著的。

影像艺术业的这种特殊性,从生产的各种要素到观众的最终消费,以及其生产本身的科技性,使得管理在其整体的产业链中发挥了至关重要的作用。可以这样说,现代意义上的"管理"概念,与影像艺术作为现代意义上的艺术类别,其本源是一致的。

就这种意义上说,建立在三个文化品牌基础上的上海影像创新,为我们带来了从管理创新进入的可能性和必然性。换句话说,以管理创新作为契机,以管理创新作为抓手,整体推进上海影像艺术业的创新发展,是由影像艺术业的特殊性所决定的。

以管理创新为契机,也就是将社会效益第一,不断创新发展和扎根本土,面向大海的精神,首先发力在具有特殊行业特征的影视业的管理上,探索影视管理上海经验的构建发展,并进而将这种上海经验作为构建中国学派影视管理的"自贸区",一种先行实验的创新,从而为构建中国学派的影视管理体系作出上海的贡献。

中国学派影视管理体系,也就是有中国特色的社会主义影视管理体系。

当然,中国学派影视管理体系分为实践和理论两大块。作为学术理论界,我认为,上海可以率先启动中国学派影视管理理论体系的尝试和建构。依托上海的影视历史资源和当代实践经验,梳理和总结上海自晚清以来的这方面的"管理"经验得失,从史论两方面进行构建中国学派影视管理理论体系建设的尝试。

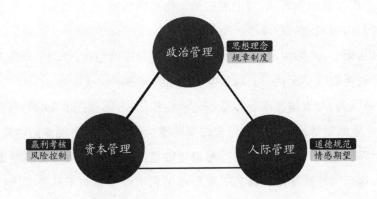

中国学派艺术管理理论,就是具有中国特色的社会主义艺术管理理论,也就是具备特殊性的艺术管理理论。

中国学派影视管理理论体系的丰富性、多元性和复杂性,显示了其在整体艺术管理理论体系中的特殊性。三大艺术管理类别中的政治管理、资本管理和人际管理,包括思想理念、规章制度、盈利考核、风险控制、道德规范和情感期望,与表演艺术管理和造型艺术管理不同,对资本为先的影视艺术管理来说,具有非常特殊的意义。

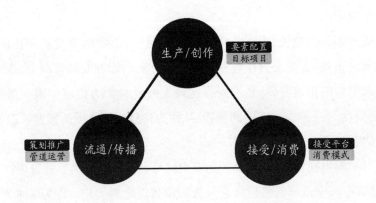

更进而在生产/创作、流通/传播和接受/消费三个管理阶段中,从要素配置、目标项目、策划推广、管道运营、接受平台到最终的消费模式,影视管理显示了其最特殊化的一面,即其与科技的千丝万缕的精密联动。所以,对影视管理来说,资本与技术和艺术的紧密镶嵌和互动,是影视艺术作为工业社会产物的必然结果,也是其特有的管理特殊性所在的根本原因。

但有一条非常重要。作为产业化的影像业,其内含的意识形态性又是无所不在的。这给影视管理带来了特有的难题和复杂性,但我们就是要在这种复杂性中,找出一条行之有效的适合中国实践的管理理论,这恰恰是有中国特色的社会主义影视管理理论的根本——中国学派影视管理理论所必须解决的问题之一。

其实,早在中央苏区(中央苏维埃区域)时期,中国共产党和政府就产生了新民主主义革命艺术的管理,至延安抗日革命根据地时期,党和政府已经有了一套比较完整的新民主主义时期艺术管理的规章制度和管理经验。中华人民共和国成立以后,至1956年公私合营改造完成,中国进入了社会主义建设时期。1978年改革开放后转入以经济建设为中心,中国更进入了有中国特色的社会主义建设时期。艺术管理同时也迈入了新时期。

特别是随着改革开放,伴随文化自信的进程中,总结改革开放四十年艺术管理方面的经验,批判吸收西方的管理理论,建设有中国特色的中国学派艺术管理理论,特别是影视管理理论,就成为建设新时代社会主义文化的需要和必然趋势。

建设有中国特色的社会主义影视管理理论,这是中国学派艺术管理学的刚性原则,这一刚性原则和结构基础的规定性是:以马克思主义为导向、社会主义性质、适应中国影视的生产、传播和消费的管理。就这种意义上而言,中国学派影视管理理论与国外(主要是西方)影视管理理论的差异,主要体现在文化上的、制度上的和实践上的三个方面,即影视管理理论中的中国传统文化的基础性作用;影视管理理论中的中国现行制度的指导性作用;影视管理理论中的中国当下实践的决定性作用。

我们相信,发扬协同合作精神,从上海经验出发,中国学派影视管理理论一定能构建成功。

上海商业动画生产为何一蹶不振

(华东师范大学传播学院教授　聂欣如)

　　众所周知,上海生产的动画片曾经是我国的骄傲,但是从 20 世纪 90 年代至今,上海动画在走向市场和商业的过程中,二十多年来江河日下,几乎没有抬起过头。自从"十二五"发展纲要提出了"国家文化软实力"的说法之后,商业动画作为其中一个重要的方面受到了重视,紧接着国家各部委出台文件对动画进行扶持,但遗憾的是扶持到现在十多年了,没有显著的效果。当然,要说一部好作品也没有,也不是事实,但总体来说不尽如人意。为什么会存在这么一个尴尬的局面,这里把自己的一些想法与大家分享。

　　第一,我们知道电影生产是一个系统性的工程,其中最关键的就是制片和导演,它是影像生产的核心部分,无论对于动画片还是故事片都是如此。这个问题在"文革"之后已经被意识到了,特伟(上海美术电影制片厂厂长)指出我国动画导演都是美术"行伍"出身,是说中国动画片的导演们大部分都毕业于美术院校,他们精于美术,而对文学叙事类动画电影的把控能力不足。既然如此,为什么 1949 年之后中国动画会有一个非常辉煌的时期?1949 年之后出名的导演和优秀的作品也都是美术"行伍"出身的人做的,为什么他们能取得这么好的成就?我觉得这实际上是当时的社会造成的。在 1949 年之前的上海,尽管商业繁荣,但却没有任何动画生产的基础,进行商业动画生产非常困难,制作者没有生活保障,没有固定的经济来源,也没有一个合适的成长环境,那时在上海专职做动画的,大部分都是入不敷出,许多人都兼营其他工作(万氏兄弟也是如此),不少人最后不得不改行了事。大浪淘沙,从那个时代挣扎着不放弃动画直到新中国成立之后的人,确实是有特殊的才能,是从心底里喜爱动画艺术。

　　第二,这些从新中国成立前过来的人,已经是身经百战,在动画的各个方面都有自己非常独特的领悟,这是恶劣社会环境淘汰机制所造成的。在新中国成长起来的一代导演,也就是我们自己培养出来的导演们就不可能经历如此严峻的社会生存机制的淘汰,因而在能力方面,特别是在综合性的叙事能力方面表现得参差不齐,在这些人中,有一些是比较全面的,比如阿达、王树忱、詹同、钱运达、林文肖等,其他人则各有所长,特伟所说的"行伍"出身,指的就是这一代人。这一代人退出之后情况更加糟糕,不要说全面的、叙事的能力,就连动画技术层面的能力也有所下降。

第三,新时期改革开放带来的冲击。当市场化、商业化的大潮"淹没"电影业的时候,全国的电影业都不知所措,许多电影制片厂停止了生产。日后中国电影凭借自身的叙事能力重新崛起那是后话。对于当时的美术电影来说,要紧的是要"活下去"。比较有标志性的事件是1995年前后金国平上台当厂长",这是上海美术电影制片厂建厂以来第一个非专家型的厂长,这位厂长完全听命于上面的指令,基本上没有自己对于艺术的想象。这样来说金国平可能不公平,因为这不是个人的问题,而是历史的选择。那个时候上海美术电影制片厂与电视台合作,或者说隶属于电视台的领导,电视的要求迫使上海美术电影制片厂从过去的精心打造美术片变成粗制滥造,因为电视台需要更多的动画播出时间,而制作经费却下降到了历史的最低点,过去制作一本动画片(10分钟)的能力和成本,现在要求做出50分钟,100分钟的动画片,结果可想而知。上海美术电影制片厂尽管活下来了,但代价却是"武功尽废",优秀人才流散。当时国内所有动画制作单位的主创几乎都是上海美术电影制片厂的老人。金国平之后的厂长,基本上保持了无所作为的态势,直到今天。与金国平厂长相比,他们对于动画的理解可能更加等而下之。

前面说的是上海动画从辉煌到衰落的原因,如何重建辉煌,再造辉煌?关键在于对领导者对动画艺术的了解,对于叙事艺术的重视。

对比美国和日本的动画制作,可以看到我们与它们之间根本的差别所在。比如美国的迪士尼、梦工厂这些大型动画制作公司,都是最上层的 CEO 直接关心剧本(参见斯图尔特:《迪斯尼战争》),因为一部动画片投资动辄几千万、上亿,直接关系到企业的生死存亡,如果老板不关心剧本的话,企业就无法生存。当然也不是说这样做了就可以每一部都能够盈利，但是这些大公司制作的影片，不论成功与否，至少在叙事上和制作水准上都保持了一个较高的水准。在一个较高的水准上，成功的几率无疑能够得到提高。

再看日本。日本的情况跟美国不太一样，它们不是大公司的 CEO 直接管控影片剧作，他们的制片人和导演往往对叙事有相当好的把握。最近我国翻译出版了一批日本制片人写的书，确实令人眼界大开，因为这些出名的制片人往往都毕业于名校，是日本最好高校的高材生，他们并不一定是学电影、动画的，而是来自各个不同的学科，有学法律、学医的，是因为真正喜欢动画才转行来做动画，他们对动画的理解达到了相当的水准和深度。2018 年我看到了一本翻译过来的书：《龙猫的肚子为什么软绵绵》（川上量生），这本书的名字一点也不学术，但是里面探讨的问题却是动画美学最根本的问题，这位作者（制片人）的眼光可能是现在国内很多研究动画的理论家、专家都未能达到的。可想而知，我们对于动画艺术的理解，或者领导们对于动画艺术的理解，与日本相比还有较大的距离。

而且，日本有一套比较成熟的人才选拔机制，他们有各种各样的动画比赛，年轻人能够从这些比赛中崭露头角，然后便有机会转向商业动画片的制作，这样就保证了商业动画制作人选基本上是具有较强能力的，有能力才能够出头。这样的机制我们没有，我们的比赛没有专业性，没有学术性，没有门槛，谁都可以来做，最后把比赛做"烂"，导致现在禁止比赛。动画比赛与商业制作之间的良性互动始终没有被建立起来，谁来做动画，做什么样的动画，只能听天由命。比较一下就能知道，近几年来我国最好的几部动画片比如说《大鱼海棠》《大圣归来》《大护法》等，在叙事上都有显而易见的问题。对比 2015 年出品的日本动画片《妖怪之子》，该片表现的主题是青少年进入亚文化的环境中，但是主人公仍要不断地回归主流，这是一个脱离家庭和脱离学校的孩子，但是最后还是要读书，要回家，要回到主流的社会生活中来。这是面对青少年的动画作品的基本要求，亚文化存在是现实，但不是理想。对比差不多同时的《大鱼海棠》，主人公就是要从主流社会中脱离出来，按照自我的方式来行动，完全不顾及他人，把亚文化当成了理想，当成了追求的目标。许多人对此提出了严厉的批评,认为这部影片不能帮助青少年树立良好的三观(参见谢仁敏、陈宇瀚:《〈大鱼海棠〉的义利观及其潜在影响——兼谈动漫作品的价值导向问题》)。尽管这部影片一时收到了较好的票房,但不可能以这样主题为续。《大圣归来》的模仿痕迹特别重,以致有人将其称为本质上的美国动画片(参见夏莹:《中国动漫电影的民族性话语构建:困境及其出路》)。《大护法》只有事件,没有人物,或者说不塑造人物。这些影片在近年来还算是比较成功的,但在叙事上都有明显短板,说明我们的制片和导演在叙事上缺乏一定的修养和能力。

结论是,我国目前动画生产的这一套机制基本上是失序的,没有目标和理想的(如果不把"钱"看成理想的话),即便是成功也充满了偶然性,日本动画已经在社会中形成了一种良好的互动,制片人和导演大多属于有热情、有理想的职业动画人,如果我们不能从根本上改变中国动画生产的无序和任性,不能从根本上(不是皮相上)学习外国动画成功的经验,中国动画的"起飞"永远只能是一个美丽的梦。根本的原因不是物,不是技术,不是某种方法、主题,而是人。

上海电影发展需要精准施策

(上海温哥华电影学院常务副院长、教授　刘海波)

四个原因让我们不能把上海电影的发展单纯甩锅给市场。

首先是电影的属性,在我们国家,电影不仅仅是商品,甚至不主要是商品。电影是艺术、是文化、是意识形态载体。也就是说,当我们创作生产电影时,我们有商品之外的要求,有区别于市场的逻辑。实现这些要求,单纯依赖市场行不通,做不到。

其次是单纯的电影市场总体上看不是一个高盈利的领域,相反是个高风险的领域。即便成熟如美国,如果没有一定程度的垄断、没有全产业链的布局,也就是说没有衍生产品对电影 IP 的有效再利用,即便在某些阶段有些投机资本涌入这个行业,它也注定不会形成一个良性的市场。

其三是上海电影产业处在长时间低谷后的恢复期,如果没有有效的保护和激励,按照市场规律,处在竞争劣势,电影产业不仅不会得到恢复和发展,还会加剧衰落。

其四是近三十年的市场实践已经证明了,只依赖于市场,放任市场自主发展,上海电影不可能得到振兴,资源按照最优原则配置,短期内只能流出。所以不能再迷信市场。

上海,乃至中国电影产业发展,都不能简单地放置在单一的经济维度去看待,而是要从增强国家文化软实力、塑造国家形象、满足人民文化消费需求、经营城市等广阔的维度上去思考。所以,上海电影作为文化集群的龙头必须得到发展,这是一项政治任务和文化任务。

特别是自 2014 年以来,上海已经出台了一系列鼓励和支持电影产业的政策,并取得了有目共睹的成效。2015 年注册在上海的电影公司作为第一出品方的完片数量是 40 多部,16 年 80 多部,17 年 82 部,今年的数据还没有出来,估计在 80—100 部左右的完片量,其中大概有 40 部上映。然而,也毋庸讳言,出品这些影片的公司,很大一部分仅仅是注册在上海,其办公和生产在北京或者别的地方,他们是受到了上海奖励政策的吸引,在上海成立的单片公司。当办公和制作不在上海,上海的电影产业就不可能得到真正复苏,上海也不可能形成自己的创作和制作队伍,当优惠和鼓励政策取消,或者被其他地区更优惠的政策对冲后,上海电影振兴的局面(泡沫)也会随之消失。

基于此,我认为接下来上海应该精准施策,瞄准培养上海的创作和制作队伍,以实现上海电影的真正振兴和持续。这支队伍,首先是创作和制作人才,其次是这些人才和项目的载体影视制作公司。

就此,我建议:1. 主管电影的市委宣传部应尽快组建一支内行的管理团队来负责此事,所谓内行就是既了解国家需求和政策,又懂电影创作、制作乃至市场的人;2. 尽快梳理统计近年来上海活跃(如五年内有作品)的编剧队伍、导演队伍、制片队伍,掌握完整名单,对人才家底心中有数,同时创设一些机制,鼓励、支持他们的创作;3. 通过负责人才培养的高校,掌握一支有潜力的准编剧、准导演、准制片人队伍,并创设有效的机制,源源不断地为上海创作输送新鲜力量,帮助新人进入行业;4. 梳理近年来主控或者参与过电影出品、投资、制作的影视公司,掌握有经验或者有意向的影视公司名单,创设一种机制,协助、支持他们的创作,对于重点人才和重点公司的重点作品予以重点关注。

所谓精准施策,不再是面上的政策引导,而是精准掌握了服务对象,了解他们的各自阶段和诉求后,为他们精准调动资源、配置资源,确保创作、制作乃至经营的有效实现。当然属于市场主体的行为由市场去解决,但是鉴于政府掌握更多资讯和资源,政府不能回避、退场、推卸责任。精准施策,首先是有利于队伍建设和发展、项目实现和完成、产业可持续良性发展的体制机制的建立。如相关俱乐部、协会、行业组织、联盟的建立和发挥作用,如相关交流会、通气会、创投会、论证会、对接会、比赛的建立,如相关线下活动空间、场所、线上交流平台的建设与安排等。这些工作都需要有人扎扎实实去做,以前或许有些大型企业公司内部会有人负责,但由于当前环境下,中国特别是上海的公司还没有强大成熟到足以独立完成,上海的实际是成熟的创作队伍是稀缺的,龙头制片公司是稀缺的,所以在全市的层面上应该有团队来实施这些工作,来发掘关怀组织新创作群体,来扶持陪伴中小影视公司成长壮大。

上海的创作和制作队伍有了,我们才能开展上海故事资源的影视转化。上海当然有丰富的故事资源,但是要创作出政治、艺术和市场都成功的电影作品,却并不简单。例如,对三四十年代上海存在两种叙事,一种是洋场叙事,重在炫耀、猎奇或者怀旧洋场,另一种是左翼叙事,即对底层上海、工人上海和革命上海做革命叙事,但这两种故事形态在当下的语境中都比较尴尬,需要用心琢磨多元的观众心理和国家文化诉求,精心调和。再比如如何讲述共和国时期的上海?甚至如何讲述改革开放的上海,都有一个观众接受度的问题。上海以什么样的形象出现?是以改革开放先锋者的形象出现吗?有没有全国性的典型案例,可以塑造被普遍认同的典型形象?这需要挖掘和研究。当然,这些年以上海为故事空间,也形成了具有广泛接受度的故事类型了,例如都市白领剧、都市家庭剧等。但上海显然不满足于此,希望展现更丰富的城市形象,开掘更多故事资源。这需要业界、学者加管理层多一些围绕创作的讨论会,需要学界通过研究提炼出一些经验和理论,给管理层和创作界一些指导和参考,发挥应有的作用。

江南文化与谢晋电影《芙蓉镇》

(上海大学上海电影学院教授　冯　果)

这个题目缘起首先是因为近年来看这么多上海电影,上海题材或者上海拍摄的影片,但是很少有特别打动我的,前几天我又看了一遍《芙蓉镇》,看了以后觉得真是一部很好的电影,这么多年过去,今天来看依然很有魅力,在这个基础上,我想什么原因呢?它的魅力到底在哪里?

其次,我一直觉得上海属于江南文化,刚才很多学者说我们上海有红色资源——左翼电影,又比如说第一次、第二次党代会都在江南召开,这里红色资源很多,理当成为电影的中心等等,但是再往下想想所谓党领导的左翼电影,其实并不是当时主流电影,那个时候共产党还未执政。所以上海今天到底还有没有可能成为中国电影的中心?什么样的电影能引领今天中国的电影文化?我对此很好奇,于是我就想江南文化在中国历史上曾经很长一段时间成为中国的主流文化,能不能从这儿入手,思考我的问题。我对江南文化有一个非常粗浅的了解,就以此来重新阅读、理解谢晋导演的《芙蓉镇》,我从下面几个方面讲述。

首先说一下人物,谢晋的电影为什么那么有魅力?当年对"谢晋模式"进行批判的时候说到女性在其电影中的作用,说他用一个"地母"一般的女性拯救了受难男性知识分子,以此规避了直面政治和文化的冲突,可是在中国文明起源的传说中,北方的英雄多是男神,南方的英雄却多是女神,如果从文化传承的角度看待谢晋电影中的女性,会不会有不同的读解呢?这种女性形象不仅是政治治愈的手段,会不会也是江南文化中女性形象的一种延续?胡玉音身上还有很艳情的一面,出身娼家,周旋在各种男人之间,艳情在江南文化中也是一个被反复描写的情愫。我们知道宫体诗,最早是南朝梁宫太子玩的一种诗体,是一种非常艳情的诗,后来宫体诗在文人之间广为流传。比如"知君亦荡子,贱妾自娼家"——吴均(《鼓瑟曲有所思》)、"春风别有意,密处也寻香"——李义府(《堂词》)、"众中俱不笑,座上莫相撩"——邓鉴(《奉和夜听妓声》)等等,明清时期秦淮八艳与文人才子之间的故事也反复书写,艳情在江南文化中扮演了一个很重要的角色。我这里也列举了一些女性,既是出身娼家又是书画家,书画诗都很厉害的,在历史上也留下了很多作品,比如董小宛的作品、柳如是的绘画作品。在谢晋的电影中可以看到胡玉音是神性和艳情的结合体。

我们还可以看到,中国人的形象在江南文化中还有一个很重要的表述,就是瘦和病。我们知道在唐朝是以胖为美,从宋开始审美形象就不再只是丰腴、健康,而是越来越瘦,一直到林黛玉的这种病态审美。这里有倪瓒的作品,可以看到树都是非常干瘦的,还有徽宗的瘦金体,文学作品中描写书生多是文弱的、小姐就是病态的,"瘦"甚至成为一些文人拿来用在名字中的字;比如周瘦鹃、秦瘦鸥等。《芙蓉镇》里这些男性的形象也是非常病弱的,无论秦书田、桂桂、满庚外形上都是弱的,王秋赦是一个非常慵懒的人,谷燕山虽然外表健硕,可却是一个无生殖能力的病人,这种人物形象的描述非常贴切江南文化中对病弱、枯败、慵懒的审美意向。

另外在《芙蓉镇》中,我们也可以看到很多江南物相的表达,比如说江水、船这些江南水乡的重要标识。我们知道中国是农耕社会,历朝历代拥有土地是要课税的,于是为了摆脱税收对自己的束缚,行一叶小舟、与山水为伴、在水上漂游,成了自由的象征,我们在文人画中看到很多这样的画面。雨和雾在《芙蓉镇》里出现很多次,山林薄雾中,石板雨滴巷,男女主人公在此发生了缠绵的情愫。雨雾在我们古诗词中是一个寄托情感的物相,"清明时节雨纷纷""好雨知时节,当春乃发生"等等。另外,山林多是文人的精神的家园,因为江南和中原有一个很大的不一样,它是道家比较流行的地方,据说"竹林七贤"阮籍的墓在苏州附近,就是因为江南山林多,又是鱼米之乡,这样退隐山林、循自然之道,是很多出仕受阻文人的精神家园。还有,江南多绿植和花卉,在《芙蓉镇》里随处可见,看着花开花谢、绿意盎然、自然之博大,我们可以随处感受到时间流逝和人力渺小,生活在江南的人们更会珍惜生命的馈赠,注重生活质感,影片中精致的米豆腐、漂亮的木屋、雕花的门楼等等,讴歌了江南人民生活的自然之态。

其实江南文化是儒家文化的一个补充,《论语》中孔子对颜回的夸赞:"一箪食,一瓢饮,在陋巷,人不堪其忧,回也不改其乐。贤哉回也!"儒家文化其实比较排斥市井生活,江南文化和儒家文化若即若离,比如说在宋朝,迁都江南,这时候江南文化发展繁荣。事实上,只有当中原文化发展到某种极致之后,对人禁锢非常严重之时,江南文化开始活跃,一旦江南文化成为主流文化时,又会受到儒家文化抑制,主流文化重新回归到中原文化上。

最后我要说的是我们在这里谈论江南文化、江南电影,在北京的电影学者又在谈论中国电影和中国电影学派,我们面对的是北京;北京面对的是西方。我们今天坐在这里讨论江南文化、上海电影,天然的就已经把我们的讨论作为一个政治文本展现了出来,如何在这样一个地方文化视域下寻找文化突破,从某种意义上来说这也是一种悲哀。

产 业 热 点

四十年改革开放历史进程中的中国电影

孙佳山*

摘　要　经过改革开放四十年的风云变幻,欧洲三大国际电影节、香港电影和
好莱坞电影,曾经构成中国电影"外部"空间的三个基本坐标,已经发
生了结构性的调整。与此同时,数以亿计的"小镇青年",作为中国电
影的新观众,正在构成中国电影"内部"的新坐标。随着综合国力的
稳步增长,以电影为代表的我国文化产业必须要找到和我国与日俱
增的政治、经济影响力相适应的自身特色和定位,批量生产具有稳定
质量、品质合格的以电影为代表的文化工业产品。这不仅是中国电
影在新时代中国特色社会主义这一新的历史周期的中心任务,对于
我国文化产业的其他领域同样具有强烈可参照的示范意义。因为即

*　孙佳山,北京大学中文系毕业,中国艺术研究院马克思主义文艺理论研究所当代文艺批评中
心主任、副研究员,中国文艺评论家协会青年工作委员会委员,北京大学国家战略传播研究院
专家委员会委员,中国艺术研究院"青年文艺论坛"召集人。出版专著《"镀金时代"的中国影
像》,《文艺:热点与前沿》(年刊)主编。多项国家级、省部级课题负责人,近年来相继在党和
国家的主流媒体、学术核心期刊上发表过一百余篇文章;多次受邀作为官方代表出席国际学
术会议和政府间文化交流活动。

便是放置于整个世界电影史、世界文化产业史而言，这都是一项前所未有的历史命题。无疑，新一轮文化周期的历史闸门已经正式开启。无论对于中国电影而言，还是对于整体性的我国文化产业，我们将必须面对一个长周期、全方位的、历史性的文化挑战。

关键词 主旋律 现实题材 FIRST 青年电影展 小镇青年 香港电影

毫无疑问，改革开放的历史帷幕的开启，在深刻地改变了中国和世界历史的同时，中国电影的内涵和外延也在这一波澜壮阔、波诡云谲的历史进程中，不断地变化和调整。这种内部结构、外部空间的变迁，不仅直接影响着中国电影版图的疆界，对于中国电影的未来发展格局，也同样产生着既是润物细无声，也是蝴蝶效应式的影响。

新的华语电影人才培养机制正在形成

欧洲三大国际电影节、好莱坞电影、香港电影，这三者共同构成了标定中国电影"外部"的三个基本坐标，它们在改革开放已经走过的四十年伟大历程中的不同历史阶段，对于中国电影的内涵和外延产生了复杂的作用和影响。因此，就作为中国电影的"外部"坐标的欧洲三大国际电影节、好莱坞电影、香港电影，进行重新回望和梳理，对于从整体上重新审视和反思中国电影，在四十年改革开放历程中的历史经验和历史教训，以及预判和展望下一历史周期的发展方向，就有着十分重要的借鉴和警示意义。

1988 年，《红高粱》获第 38 届柏林国际电影节金熊奖，是中国电影获得的第一个国际 A 类电影节的顶级奖项；但其在给中国电影的"第五代""加官进爵"的同时，也为"第五代"做了"盖棺定论"。因为历史已经残酷地证明，他们的起点也是终点。尽管欧洲三大国际电影节对于中国电影的无意识影响大幕从那时候起就此拉开，中国电影人哪怕是在欧洲三大国际电影节的红毯上制造出些许风吹草动,都会引起中国电影界的骚动;但"第五代"自身的艺术经验和其所依托的特殊的历史时期的不可复制性,不仅没能再维系"第 X 代"这种虚妄的代际传承,同时也没有在随后的 1993 年、2000 年、2002 年,中国电影在制作、发行、放映等领域不断加快的市场化、产业化、院线制改革步伐等不同历史节点,拓展任何具有现实操作性的艺术探索的有效空间。而且,更为难堪的是,在与好莱坞电影,也就是在与文化产业意义上的商业类型电影,有些水火不相容的欧洲三大国际电影节上,显赫一时的"第五代"中国电影人;却在世纪之交的市场化、产业化改革中,被赋予了支撑起中国电影产业的历史重任——这种荒谬的悖论和尴尬的吊诡,即便在世界电影史的视野下,恐怕都是屈指可数。

随着改革开放进程的全方位深入,中国电影"外部"坐标也不可避免地发生着时代性的变迁,并直接影响着其内部结构的重新整合,这种尴尬的局面在新世纪的第二个十年之后终于有所改善。2011 年之后在西宁开始成为稳定沿袭和规模的 FIRST 青年电影展,成为打破了这一结构的引爆点,而且这一引爆点的动力结构正是来自"外部"空间的牵引。由于"提名—入围"等专业评价体系的建立和完善,选片范围的广泛拓展,《心迷宫》《八月》等高品质代表作的不断涌现,FIRST 青年电影展"意外"地成为了汇集海峡两岸众多青年导演、编剧、演员的中国艺术电影创作实践的枢纽。而且这种影响和辐射是双向和均等的,来自台湾的《川流之岛》《强尼·凯克》,也正是通过在 FIRST 青年电影展崭露头角,才在台湾金马奖获得华语电影主流的进一步认可。

在改革开放这一风起云涌的大的时代浪潮中,中国电影市场化、产业化改革在二十年左右的盲目摸索之后,也在快速的新陈代谢和更新换代,并终于为在其市场化、产业化的初叶曾有着浓墨重彩一笔的艺术电影的创作实践,找到了一个相对符合自身国情和特点的,并能够为整体性的产业结构所接受和吸纳的内部循环机制。

香港电影在弥补中国电影的商业类型片短板

在 20 世纪 80 年代末、90 年代初一度成为世界第二大电影出口基地、世界第三大的电影制作中心，也更接内地"地气儿"的香港电影，则借助着改革开放的春风，尤其是伴随着在今天已经成为古董，但在 80 年代却为内地城市家庭所狂热追求的录像机的普及，开始星火燎原地涌入到内地的广阔天地。对于回归前的香港电影在那一历史时期对内地电影的内在结构所产生的多义的文化影响，我们其实一直都缺乏全面、充分的评估和评价，因为即便是改革开放四十年后的天翻地覆，其在今天仍然迸发出令我们错愕不已的强劲文化势能。

1997 年香港回归祖国之后，由于地缘格局和话语空间的结构性历史变迁，尤其是 2003 年《内地与香港关于建立更紧密经贸关系的安排》等一系列协议、协定的制度性框架，香港电影曾经的表意策略和文化功能也不可避免地发生了很大的变化和调整。香港电影与中国电影的内外关系，也发生了时代性的翻转。近两年来的《湄公河行动》《非凡任务》《红海行动》这些新阶段的主旋律影片，在吸收了香港电影的成功商业类型元素之后，反而可以更好地讲述这个年代的中国故事，弘扬主旋律，传播正能量，因此 10 亿、20 亿、30 亿的票房蛋糕自然也就水到渠成。从目前看，香港电影在已经完成了持续十年左右的阶段性调整之后，依托内地"坐二望一"的巨大市场空间，以港式警匪片、港式武侠片、港式爱情片等为代表的几种成熟的类型影片，开始逐渐摸索出了适合自己的发展模式和路径。不知不觉间，在中国电影票房的前 300 名当中，香港电影已占据了 20%。

不难发现，香港电影在 1980 年代到 1990 年代中叶这十五年左右的时间里，所积累的符合大中华区风土人情的丰富的商业类型片经验，在内地电影票房自新世纪初触底反弹，并在新世纪第二个十年迅速放量增长到 600 亿左右的规模这一历史周期内，极大地弥补了中国电影妄图以艺术电影的班底无缝切换到好莱坞特效大片，但实际上严重缺乏商业类型片基础，这一结构性的短板缺失。

好莱坞正处于新一轮阶段性调整

1994 年 8 月 1 日，广电部出台了 348 号文件，决定自 1995 年起，由中影公司每年以国际通行的分账发行的方式进口 10 部"基本反映世界优秀文明成果和当代电影艺术、技术成就"的电影,也就是后来被转译为"大片"的 10 部进口影片。[①] 在这 10 部进口大片中,除了些许回归前的香港电影之外,好莱坞电影占据了统治性的地位。这一事件在当时引起了极为强烈的社会反响,无论各自立场差异有多悬殊,不同群体在这一问题却达成了惊人的一致,都认定"狼来了"的好莱坞电影,将给中国电影带来灭顶之灾,对中国电影的前景纷纷作出了极为悲观的预测。好莱坞电影作为中国电影的"外部"的最大忧患,对中国电影的内在自我所造成的恐惧和压抑,绵延了至少整整二十多年。

时过境迁,就像并不存在一个本质化的好莱坞电影一样,好莱坞电影内部也并非一个同质化的整体,其也有鲜明的周期性发展的特征,在漫长的历史长河中他们也并没有始终都在统治着世界电影票房,也存在着阶段性的内部调整和整合。也同样是在 2010 年前后,内置于世界政治、经济版图的轮转和重塑,美国国家意识形态话语也随着美国国力的兴衰而亦步亦趋,在《拆弹部队》等影片之后,好莱坞电影的表现力和影响力出现了全球性的日渐衰退。好莱坞电影进入到新一轮调整周期的标志,正在于以奥斯卡金像奖为代表的,即"高举高打"式的《黑鹰坠落》《拯救大兵瑞恩》等我们曾耳熟能详的风格、套路,开始逐步调整到眼下的无论是《水形物语》《三块广告牌》,还是《请以你的名字呼唤我》《逃出绝命镇》等,从女性题材到同性恋题材以及种族主义题材等一部部反思式、悲情式的,带着浓厚艺术电影气息的影片矩阵。长久以来,好莱坞电影一直与欧洲三大国际电影节有着商业与艺术的明显区隔;但近年来,在奥斯卡金像奖中却出现了明确的艺术电影的苗头。这也从另一个侧面说明,好莱坞电影正在调整和校正自己的表意区间。

毋庸多言,作为中国电影最为强劲的"外部"忧患的好莱坞电影的这种周期性盘整,对于中国电影而言将有着更为复杂、深远的影响,中国电影的内在自我结构和外在呈现都将不可避免地受到不同程度的直接改变,尤其是对于一个动辄以千亿票房为目标的电影市场来说,这更不是一个学理上的各式各

---

① 杨天东:《"分账大片"十四年》,《电影》2008 年 12 月 1 日。

样的可能性问题。

中国电影产业化改革进入深水区

众所周知,新中国电影与旧中国电影的最大差别就在于,不同于只局限在上海、北京、长春等少数大城市的极其有限的电影生产、发行、放映的模式,新中国成立之后在几十年的时间里,在全国自上而下地建立了与省、市、县各级行政单位平行的电影发行单位,并几乎覆盖到全国各地的每一个角落,即使是新疆、西藏等偏远地区,也有基层电影放映队在尽力排除各种主客观困难,为老少边穷地区群众和少数民族专门免费播放电影。[①] 这也是为什么到了1979年,居然可以创造出293亿人次的中国电影观影人次的最高纪录,放眼整个世界电影史这都是浓墨重彩的一笔。

在这个意义上,在高歌猛进的百亿票房年代,尽管2017年近15亿的观影人次与世纪之交的尴尬窘境相比已经是天壤之别——在1979年,也就是改革开放四十年的历史纵深里,这仍实在是太过沧海一粟。而且,更有参照价值的是,尽管北美2017年的观影人次仅为12.39亿,是其二十五年来最低的一年,但考虑到北美人口只有我国的零头,这种差距之悬殊可谓是不言而喻。在中国电影院线制改革之前的历史发展周期,电影还差不多是全民都可以共享的文化娱乐方式,在剧场、在露天观看电影是一种高度普及的群众文化活动。然而由于种种原因,在1980年代中后期,中国电影的观影人次急速下降。1991年中国电影的总观影人次从1979年最高峰的293亿下降到144亿,而到了1992年观影人次又下滑至105亿,呈现出断崖式下跌的趋势,原有的省、市、县的垂直式的生产、发行、放映模式开始分崩离析,到了世纪之交几近难以为继。这也构成了中国电影产业化改革的史前史。[②]

经过改革开放四十年的发展,中国电影的内部正在发生着结构性的变迁,

---

① 胡谱忠等:《小镇青年、粉丝文化——当下文化消费中的焦点问题》,《文艺理论与批评》2016年第四期。
② 郑中砥:《主旋律影片在开放竞争中不断赢得观众》,《中国电影报》2018年8月22日。

并演进到新一轮"新变"周期。四十年的改革开放的内在文化逻辑,也在这一历史进程中发生着无声无息的时代性嬗变。因为到了2010年之后,中国电影市场发生了显著的根本性的变化。在票房突破百亿门槛之后的摧城拔寨的过程中,来自三四线城市和广大县级市的,40岁以下的,未经受过高等教育,收入不高,也并没有稳定工作的海量"小镇青年"群体,由于商业地产不断向三四线城市和广大县级市下沉,开始走进电影院,成为中国电影的新观众。伴随着新一代"小镇青年"电影观众持续登上历史舞台,在今天,观众、明星甚至电影的本体概念,都正在被由他们所构成的,具有清晰时代区隔特征的文化娱乐消费诉求所改写。这种具有时代分水岭意义的新变化,对于中国电影的影响恐怕也远超今天这个时代的认知容量。

正在生成的中国经验,只能也必须超越好莱坞

21世纪以来,表面上妄图对标1990年代中后期之后,再度收割全球票房的好莱坞特效大片,实则来自只在欧洲三大国际电影节上得到一定认可的,中国式艺术电影导演、编剧所操弄的中国式古装特效大片,他们所讲述的如何从认同江湖、武侠走向认同宫廷、王朝的故事,那种以"无名"的江湖、武侠的自我牺牲、自我阉割,或主动或被迫地认同于宫廷、王朝的权力秩序的纠结表达,显然太不适合三四线城市和广大县级市的"小镇青年"。对外部世界还充满兴趣的"小镇青年",但凡存在一丝选择和空间,都恐怕宁肯选择《小时代》系列,也不可能对越来越僵化的中国式古装特效大片,和在世纪之交诞生并专注于表达一线城市文化经验的冯氏喜剧贺岁片产生真正的兴趣。

但是如果我们仅仅将中国电影的内在品质的缺失归咎于"小镇青年",那就显然不仅是一种来自阶层、地域、城乡差异的道德歧视,更是掩盖了中国电影自身的结构性缺陷:中国电影,尤其是院线制改革以来的中国电影,只创造出了中国式古装特效大片和冯氏喜剧贺岁片等屈指可数的,有限几种经得住市场检验的商业电影类型,而且还仅仅只能满足一二线城市和东部地区的有限观众。

而无论是"黄金时代"，还是"新好莱坞"，好莱坞电影都有着扎实的商业类型片积淀，可以为不同年代的电影观众提供合格的文化娱乐消费产品。坚实的商业类型片基础，是好莱坞特效大片能够在20世纪90年代末期以来，不断收割全球票房的真正土壤。对于改革开放走到第四十个年头的中国电影而言，我们正面临着一个前所未有的文化情境：这些来自三四线城市和广大县级市的，40岁以下的，未经受过高等教育，收入不高，也并没有稳定工作的"小镇青年"，既不是相对精英的迷影文化主体，也不是适用于好莱坞电影框架的新兴中产阶级。90年代中期以来的好莱坞特效大片，对于21世纪第二个十年浮出历史地表的"小镇青年"，也并不具有90年代中期，中国电影产业化大幕开启之际，所曾预想的"狼来了"式的摧枯拉朽的杀伤力。所以毋宁说，好莱坞也未曾处理过如此复杂的文化情境。

因此，以电影为代表的我国文化产业，显然不能仅仅停留在模仿好莱坞的初级阶段，充分重视中国电影内部结构的这种新的历史生成，及其在当下所面临的时代挑战，对于站在改革开放四十周年历史节点上的中国电影而言，就将有着面向未来的重大历史意义。因为即便是放置于整个世界电影史而言，这都是一项前所未有的文化挑战。

电影观众的内涵和外延正在发生改变

毋庸多言，"小镇青年"，正逐渐被纳入我国以电影为代表的文化产业格局中，成为新的电影观众，并扮演着前所未有的增量角色。但"小镇青年"究竟是一个怎样的群体，他们有着什么样的特征，其在实际生活中的具体文化娱乐消费诉求到底是什么，是否自动就会成为中国电影乃至我国文化产业的增量？这些问题长期以来都始终未能被深入有效剖析，而这些问题对于中国电影的未来发展而言，事实上有着可以说是关系到生死存亡的重大意义，是我们讨论当前国产电影内在危机和挑战的最直接抓手。

因此描摹"小镇青年"的群体特征，就成为在改革开放四十年之际，直面这一系列追问所无法逃避的一个关键环节。根据我国目前仍然非常有限的相关数据统计资料显示：截至 2017 年，在我国 7.67 亿的城镇人口中，影院观众仅有 3.3 亿，占城镇人口的 43%；在这其中，18 岁至 39 岁的青年群体是我国影院观众的中坚力量，占比高达 71%；包括兼职、自由职业、在校学生、无业、退休在内的事实性无正式工作人群占比则高达 67%。而在城镇人口中另外的 41% 的非影院观众，则通过其他渠道，在过去 3 个月人均看了 12 部影片。①

"小镇青年"的这一数据特征，也得到了来自互联网领域的数据统计的旁证。截至 2018 年 1 月，我国网民规模达到 7.72 亿。其中 40 岁以下的网民占据了 73%，本科学历以下的网民高达 88.8%，包括兼职、自由职业、在校学生、无业、退休在内的事实性无正式工作的网民多至 58.8%，单是月收入 3 000 元以下的网民就有 56.5%，8 000 元以下的更是达到了 91.5%，农村网民已增至 27%；而且，迄今为止，依然有 1.18 亿网民在通过网吧上网，也就是每 6 个网民中就有 1 人还在走进网吧。②

不难看出，这两组来自两个不同领域的数据统计，有着相当程度的重合，而且融会贯通之后，对于从"小镇青年"进入到当代中国电影的内在危机和挑战的讨论，具有着非常现实的启示意义。因为和过去的迷影文化的影迷，抑或新兴中产阶级这种传统意义上的文化娱乐消费者相比，"小镇青年"，也就是构成中国电影强劲增量的三四线城市和广大县级市的新的青年电影观众，他们几乎完全不具备传统意义上的迷影文化的影迷，抑或新兴中产阶级的教育程度、审美趣味、经济收入、社会身份和政治地位。这自然会带来电影生产、传播逻辑的结构性变迁：他们已经实质性地改变了过去电影观众的外延，并开始一步步渗透，甚至正在改变过去我们所习以为常的、天经地义的电影本体本身的内涵。

这就既充分解释了近些年来，由这些全新的文化娱乐消费诉求，所引发的一系列惊人文化现象，及其一系列连锁反应；也深刻地说明了当代中国电影是

---

① 画外、凡影、复旦大学经济学院：《中国电影市场专题研究（2012—2016）——受众、渠道与产品》。

② 《第 41 次中国互联网络发展状况统计报告》，中国互联网信息中心，http://www.cnnic.net.cn/hlwfzyj/hlwxzbg/hlwtjbg/201803/t20180305_70249.htm。

依托和生长在怎样的现实土壤——超过所有既往的预期，真正将海量的"小镇青年"，转化为中国电影实实在在的票房增量的最大文化公约数，并不是好莱坞大片，竟是以爱国主义为基调的"主旋律"影片。这也是从《湄公河行动》到《战狼2》《红海行动》，在这一波中国电影新变周期的"主旋律"，不断具象化为各种商业类型的真切历史情境。

结语：四十周年历史节点与新的文化挑战

欧洲三大国际电影节、香港电影和好莱坞电影，这曾构成中国电影"外部"空间的三个基本坐标，尽管在过去四十年的改革开放的时代大潮的冲刷下，已经发生了结构性的调整，但这三者依然是观察和剖析中国电影的世纪变迁的有效切口。通过 FIRST 青年电影展和台湾金马奖搭建华语电影的艺术—商业内生循环机制，培养富有创造力的青年电影人才队伍，初步形成有中国特色的电影人才培养机制；在吸收、消化香港电影的商业类型经验之后，中国电影产业能否抓住好莱坞正在盘整的战略机遇期，在内部实现商业类型规模化的突破，通过对不同题材进行不断类型化的推陈出新，向我国三四线城市和广大县级市的，数以亿计的 40 岁以下的，未经受过高等教育，收入不高，也并没有稳定工作的，却在新世纪第二个十年成为中国电影的新观众，并还在不断增长的海量"小镇青年"，批量生产具有稳定质量、品质合格的电影文化工业产品——就不仅是中国电影在新时代中国特色社会主义这一新的历史周期的中心任务，对于我国文化产业的其他领域同样具有强烈可参照的示范意义——因为即便是放置于整个世界电影史而言，这都是一项前所未有的文化挑战。

综上，经过改革开放四十年的风云变幻，随着综合国力的稳步增长，以电影为代表的我国文化产业必须要找到和我国与日俱增的政治、经济影响力相适应的自身特色和定位。数以亿计的"小镇青年"，这些中国电影的新观众，正在构成中国电影"内部"的新坐标，这一轮文化周期的历史闸门已经正式开启。无论对于中国电影而言，还是对于整体性的我国文化产业，我们将必须面对一个长周期、全方位的、历史性的文化挑战。

改革开放以来中国电影
制片公司发展经验与启示

刘 藩*

摘 要 本文从全面国营时期、以国营为主,民营参与、国营、民营同台竞技、
国营衰落,民营企业占据市场优势地位等几个阶段,全面梳理中国电
影制片业发展历史,并在此基础上以经济学视角总结电影制片公司
发展经验和教训,从资源优化配置、后发优势理论、产业链等角度,讨
论改革开放以来中国电影制片公司发展的经验与启示。

关键词 制片业 国营 民营 资源优化配置 后发优势 产业链

改革开放主要分为对现有体制的改革以及对外开放两个方面。从 1978
到 2018,中国改革开放四十年,社会的方方面面都发生着革新。中国电影制片
业的改革滞后于其他方面,从农业、工业领域吸取了大量经验,实现了从完全
国营到市场化的转变。电影是一种创意产品,制片公司是生产创意产品的特
殊企业,其特点是高风险、高回报,社会效益与经济效益不一定匹配。改革开
放前,电影制片公司片面强调电影的政治宣传、社会教化功能,忽略了电影的
娱乐性,制片厂的经济效益被忽视。改革开放以来中国电影制片业在国家渐
进改革和渐进开放的政策引导下,在各类制片企业的竞争中,呈现出如今蓬勃
向上的态势。

---

* 刘藩,中国艺术研究院副研究员,著有《电影产业经济学》《电影产业链》《电影编剧讲义》。

一、中国电影制片业发展历史

(一) 对内改革

中国电影制片业的对内改革可粗略地分为四个阶段。每个阶段的社会历史条件不同,电影制片公司也具有不同特点。

1. 全面国营时期

20世纪70年代末80年代初,人民群众的娱乐产品极其单一,观影成为人们主要的娱乐方式。与红火的电影市场背道而驰的是电影体制的滞后。当时中国电影行业仍效仿着苏联模式,即国家规定制片厂拍摄影片的数量和题材等任务,制片厂按要求严格执行。全国唯一的发行单位中影公司以固定价格统一收购影片,再将收购的影片洗印发行到各省、市、县等基层放映单位。

这种模式削弱了制片业和市场、观众的联系,制片厂追求的不是受众满意,影片盈利,而是完成上级部门下放的任务,获得领导认可。中影公司定额收购影片,制片厂在影片被收购时,即完成使命,无法形成以市场反馈促进影片再创作的生态体系。制片厂在整个电影系统中不用承担风险,但获利较少,难以满足设备更新需求,难以对制片人员形成有效激励。

面对不合理的电影管理体制,电影业多次进行了国有体制框架内的小修小补。1980年起,中影公司不再以固定价格统一收购影片,开始按照影片的印制、拷贝数量乘以一定单价结算。表面上看,制片厂的收入开始与市场挂钩,可以稍微缓解影片成本不断提高而制片业获利微薄,甚至利润倒挂的尴尬。然而,这实际上仍然是统购统销的变形。印制拷贝量以历年电影拷贝数的平均值为标准,有上限和下限,采用了平均主义原则,电影拍摄质量的优劣和制片厂的盈利关系不大,制片业和发行放映业利润相差悬殊。

1980年中央宣传部通过的电影体制改革方案,除了对影片发行方式改革外,还包括对北影、上影、长影等六家制片厂实行"在国家计划指导下,独立核算,向国家征税,自负盈亏"的改革,企业有了生产自主权和资金支配权,并对影片有版权和销售自主权。1985 年,电影局提出要按照简政放权,政企分开,扩大制片企业和发行企业的经营自主权的精神改革发行体制的意见。① 作为企业,就需要电影产业以实现利润的最大化和资源的优化配置为目标,然而很多企业在思想和行动上未能很好落实。1987 年,制片厂试图与省级发行单位直接联系,改变中影公司统购统销的做法,但是未能真正实现。制片业改革反反复复,小步迈进,未曾出现大的跨越。

70 年代末到 90 年代初,全国得到法律承认的故事制片厂只有十六家,均为国有制片厂。这些制片厂呈现"大而全""小而全"的机构设置,他们不仅是一个艺术创作单位,更是一个小社会,里面不仅有各科室部门,甚至有幼儿园、粮店、储存所等。② 制片厂内管理人员、工人所占比例大,员工的福利支出成为了制片厂沉重的负担。

电影制片厂一方面改革体制,扩大营收,另一方面繁琐的机构设置,国有体制的惯性又使人员不断增加,大量的非生产人员提高了创作成本。以 50 岁到 60 岁人员为主,老龄化严重的创作团队,对青年观众需求认知不清,造成了供需脱节。另外,改革始终没有大幅度地增加制片企业的合法利润,设备老旧难以更新,技术进步无法实现,制片企业缺乏前进动力和必要条件。制片、发行放映利润分配不均,发行放映业因为优质影片获得巨额利润,影片的创作者反被置于利润划分之外,市场不能有效反哺制片,制片企业资金回收困难。

2. 以国营为主,民营参与

90 年代初期,随着电视的广泛普及,人们娱乐方式逐步多元化,观影不再是娱乐形式的唯一选择。电影体制改革滞后的弊端显现出来,在电影经济大滑坡的情况下,国家给予了政策扶助。1993 年元月下发了"广电字(3)号文件",宣布制片厂可以直接向国内各级发行、放映单位和国外发行影片,并进行收入分成。此举打破了中影公司的垄断,给电影业带来很大的震动。

为适应改革开放的时代环境,改变自身入不敷出难以为继的情况,制片厂

---

① 李少白:《中国电影史》,高等教育出版社,第 218 页,2006 年版。
② 于丽:《中国电影专业史研究:电影制片、发行、放映卷》,中国电影出版社,第 140 页,2006 年版。

效仿其他行业采取了一系列改革措施。(1)在国有体制内进行修补,实行承包制。1978年,安徽凤阳小岗村"包产到户"改革之后,"承包责任制"的呼声响彻中国大地,改革缓慢的电影制片业在许久后才明悟其效用,开始了自己的承包制改革。上影厂规定各部门独立核算,向厂方承包,上缴利润;长影厂则分成了三个艺术分厂,总厂向其拨款,分厂接受影片拍摄任务,向总厂缴纳管理费和一部分利润。① 这种方法提高了厂内积极性,形成厂内竞争,避免"大锅饭"造成的人浮于事。(2)在国有垄断下,民营企业以社会资本的方式参与影片拍摄。全国十六家国营电影制片厂垄断了拍摄电影的权力,任何民营制片企业只有和这十六家制片厂合作才能拍摄影片,合作方式一般为购买厂标,购买厂标也意味着承认国有制片厂的垄断地位,接受国家监管。对拍摄指标严格管理和限制在社会环境较为混乱的时候,有利于政府进行经济和内容监管,避免私营企业制片扰乱市场秩序。但是在市场经济条件下,指标管理就显得与市场需求扞格不入。一些企业有资金,但是缺少拍摄指标,无法进入电影市场。有指标的电影制片厂则缺少资金,常形成低投资,低成本,低质量,拷贝量降低的恶性循环。缺少资金的电影人寻求投资者,有意向的投资方以30万元为管理费向制片厂购买拍摄指标,若盈利,制片厂与投资人再进行分成。这样的合作在很大程度上改善了制片厂资金短缺的情况。然而,卖厂标收入是制片厂因非市场经济的特权所得,一旦制片指标放开,社会投资人可以自由拍摄影片,这项营收就不复存在。(3)以副产品生产补充电影。许多制片厂开拓制片业以外的副业生产,比如拍摄广告、制作录音带、出售化妆品、做房地产开发等,或者与旅游公司合作,开拓影视城旅游等第三产业。制片厂利用副业生产的盈利转化为影视资本,投入制片生产。

3. 国营、民营同台竞技

第三阶段主要分为国企改革和民企崛起。国营电影厂进行了体制内的大改革,实行股份制,引入多元股东。民营企业得到承认,并且迅速经历了从诞生到可以与国营企业同台竞技的快速发展。

---

① 于丽:《中国电影专业史研究:电影制片、发行、放映卷》,中国电影出版社,第146页,2006年版。

国有企业改革。2001 年中国加入 WTO，面临国际化的新局势，效率低、人员冗杂的国有制片企业面临着更多的发展阻力，不得不实行集团化改革。2000 年下发《关于进一步深化电影业改革的若干意见》，其中国有企业深入改革主要表现在两方面：一是规范组建企业集团，加快建立影视录盘一体化，制片发行放映一条龙的电影企业集团。二是试行股份制，调整产权结构。① 早在 1980 年，厉以宁就提出了股份制改革的设想，之后在国有工商企业的改革中逐步积累了经验。一直到世纪之交，在吸收了工商业股份制改革的成功经验后，电影制片业才实行了股份制改革。

民营公司崛起。2001 年 12 月 12 日国务院通过《电影管理条例》，于 2002 年 2 月 1 日起实施，《电影管理条例》以法律形式肯定了民营企业进入电影制片业的合法地位。电影许可证制度以及相应的电影审查制度从此实行，降低了行业准入门槛，国营以外的电影制片公司被允许成立。华谊兄弟、北京新画面、博纳等民营公司迅速发展，成为和国营厂竞争的重要力量。

4. 国营衰落，民营企业占据市场优势地位

从民营公司获得合法地位之后，他们在电影制片业中攻城拔寨，逐步扩大市场份额，取代了国有企业的一线地位。2009 年，华谊兄弟成为中国影视娱乐行业首家上市公司，可以视作民营制片公司稳居制片业一线地位的标志。在 2009 年前后的几年里，每年票房排行榜前十的影片几乎被民营公司包揽，民营公司逐渐取代了曾经的国有制片厂的市场优势。同时，国营企业因为已形成的僵化的制片传统，臃肿的机构，低效率等原因，难以适应由计划经济向市场经济的观念转变，走向衰落。

民营企业本身从无到有，更容易适应时代的需求，它们实现了资源的有效配置，吸纳了国营厂培养的一大批创作人才，在国家政策的扶持和自身努力下，满足市场经济转型的需要，培育了强大的竞争力。就 2018 年的情况看，国内主要的电影制片公司包括：中国电影集团公司、光线传媒、华谊兄弟、博纳影业、上海电影公司、万达影视公司、乐视影业、香港寰亚影视、安乐影业、嘉映

---

① 广电总局文化部：《关于进一步深化电影业改革的若干意见》，2000 年 6 月 6 日，广发影字（2000）320 号。

影业等。除中国电影集团公司和上海电影公司为国企外,多为民营企业。

股份制在这时期得到更充分发展,艺术家的创造性劳动的价值通过股权的方式得到承认。制片公司为了吸引一线明星、导演、编剧入驻,往往在上市前许之以股份,在上市后使之身价暴增。艺术创作人员成为公司股东,在获利的同时,也提升了公司决策的科学性。比如,在华谊兄弟的股份构成中,导演冯小刚持有 288 万股,制片人张纪中持有 216 万股,演员黄晓明持有 180 万股。[①] 一线创作人员的品牌效应有利于提高企业的估值,提升制片公司的创作力量,带动企业良性发展。

(二)对外开放

现有体制改革不断深入的同时,我国也在不断加大对外开放的程度,改革和开放双头并下,才能使中国社会更好地与国际社会相接轨。开放,在电影制片领域主要表现为中外合拍片和中外合资公司。

1. 合拍片

在统购统销时期,海外影片进口业务、国产影片出口的代办业务由中影公司负责,国内外电影沟通较少。合拍片的早期形态以协拍为主,中国制片厂协助欧美等国拍摄了《太阳帝国》《一盘没有下完的棋》和《末代皇帝》等影片。这些影片虽然是中国与欧美合拍,但欧美处于主导地位,中国公司只是协助拍摄。

此后中国大陆制片业更多的是与香港合拍。与香港导演李翰祥合作了《火烧圆明园》《垂帘听政》等,中制公司投资过半,一再让利,带动了港台与大陆合拍的热潮。最初,大陆只是出租廉价的制片资源,但是随着"第五代"导演的作品陆续在各大国际电影节上斩获奖项,出现"台湾的资金,香港的技术,大陆的人才"相组合的新关系,大陆制片业的地位一再提高。[②] 1993 年合拍片热达到高峰,创纪录拍摄 56 部。其中,北影厂全年拍摄 18 部,13 部均为合拍片,市场口碑双丰收的《狮王争霸》是北影厂与徐克电影工作室合拍的影片,《东

① 朱春杭、马斯风:《华谊兄弟股权结构曝光　招股书三大关键词解读》,《都市快报》2009 年 9 月 25 日。

② 沈芸:《中国电影产业史》,中国电影出版社,第 227 页,2005 年版。

邪西毒》是北影厂和台湾学者有限公司、香港泽东制作有限公司三方的合作。此时,合拍是一种联合,大陆与港台多处于一种平等的地位。双方合作中,大陆学习了港台的制片经验和拍摄技术,缓解了经济上的压力,也为港台制片公司带来更广阔的电影市场。

我国制片厂的国际合作也在持续展开。比如《可可西里》就是华谊兄弟与哥伦比亚电影制作有限公司共同合作的产品,华谊兄弟从与美国团队合作中积累了国际制片经验,提升了自身的实力。

新世纪,合拍片进入新的阶段,团队更专业,分账更公平,中方话语权更大。"华语电影"的概念兴起,成为合拍片中的主打产品。比如2010年的《功夫梦》,由哥伦比亚影业公司和中影集团合拍。再如《狼图腾》,是一部中法合拍片,由中影股份有限公司、紫禁城影业和法国荷贝拉艺公司联合出品,其中,中方占有较大话语权。

近年来,许多合拍片都出现了高开低走的情况,中法合拍片《夜孔雀》以3千余万元惨淡收场,中国观众贡献了一半以上的票房数字仍然不能挽救《魔兽》亏本的命运,国际资源整合怎样在制片中找到平衡点仍然是需不断探讨的问题。然而不可否认,合拍片给中国电影制片业带来了可供参考的范本。合拍片合作方可共享对方的资金、制作资源、电影经验等,降低成本的同时提高品质和收益。[①] 此外,合拍片提高了制片公司的专业能力,可逐步累积为市场中的竞争优势。

2. 合资公司

体现中国对外开放政策的不仅包括制作资金、技术共享的合拍片,还包括跨国资本联合的影视公司。

中国制片公司引入国际资本,在国内组建合资公司,已经有多个案例。民营企业在资金的吸纳和整合中,扩大了产业规模,优化了股权结构,吸纳了专业资源。中国第一家在美国上市的影视公司博纳影业,于2012年同美国传媒巨头新闻集团签署战略投资协议,新闻集团买入博纳19.9%的流通股,成为博纳影业集团的投资伙伴。了解中国市场的博纳和拥有先进管理制片经验的新

---

① 刘藩:《电影产业经济学》,文化艺术出版社,第246页,2010年版。

闻集团联合,能更好地满足中国观众对中国题材电影大片的需求,增加博纳影业在国内制片市场的竞争力。

相对于引进国际资金,更为成熟的开放则是中国企业走出国门参与到国际竞争中。2016 年,华谊兄弟在美国的全资孙公司华谊美国与美国罗素兄弟在美成立一家合资公司,华谊美国占 60%股份。作为中国民营制片企业领头羊之一的华谊公司,在提升自身实力,获得国内竞争优势之后,开始了与好莱坞合作的新探索。

愈发开放的中国电影市场使中国电影制片公司面临更加严峻的挑战。未来,中国进口片份额或将进一步增加,国外成熟的电影产品将大量涌入。这就要求中国电影制片公司必须下大力气提高内容生产力,提供更加优质的、适销对路的产品。开放促进发展,过去如此,将来还会如此。

二、从经济学视角看电影制片公司发展经验和教训

以史为镜,可以明得失。梳理改革开放四十年中国制片公司的发展历程,我们不只为了回顾过去,更要面向未来,从制片公司成功与失败的探索中,得到教训和启示。

(一)改革开放以来中国电影制片公司发展的教训

1. 从公地悲剧分析电影制片承包制的不适应性

为了改变国营制片厂生产产品效率低、成本高的情况,国营厂做出了多项努力,其中包括以承包制的方式制片。1988 年皇甫可人导演的《荒原杀手》是当代中国电影史上第一部采用承包制方式制作的影片。生产该影片的北影被认为是打破大锅饭生产体制,实行独立制片人承包拍片的试点。《荒原杀手》由独立制片人承包,投资方将所需资金给予制片人,制片人安排资金的使用情况,包括自身所留利润以及影片拍摄成本,然而当这两者并存时,公地悲剧不可避免。

公地悲剧是指当所有人都是理性人,希望自己的收益最大化时,会尽可能地侵占共有资产,因为公共资产产权难以界定,每个人都有使用权,抢夺占用

会增大自己的收益,而损害公共的利益。《荒原杀手》13天拍摄完成,摄制方尽可能地压缩拍摄周期,降低成本以扩大自身利润,所制成片结果可想而知,粗制滥造,效果不佳。把个人收入和影片制作成本捆绑在一起的做法,不是标准工业体系的框架,承包制或许可以在别的行业发挥优势,但是在制片业并不可行,制片公司需要寻找符合市场经济规律,与工业体系相契合的组织方式。当然,承包制在当时的历史环境下,确实起到了修补国有体制的作用,它提高了制作人员的积极性,减少了不必要的成本,方便社会资本投入电影制作,成为改变电影制片业低收益、低效率的助力。

2. 从股权激励机制看国有制片企业的衰落

随着民营公司的崛起,国有制片公司除了中国电影集团公司和上海电影公司外,大多被市场淘汰。而中国电影集团公司表现平平,上海电影公司勉力维持。

中国电影集团公司是我国唯一拥有影片进口权的上市公司,占有垄断性资源,控制大量的银幕,具有很大的市场话语权。与中影公司占有的垄断资源不匹配的是,近年来,中影产出的高口碑高票房的作品却很少。

究其原因,是国有体制和相应的经营管理机制与制片业的高风险、高收益不匹配。市场经济环境下,影片制作者很难准确预估影片的社会反映和市场效果,电影前期投资巨大,一旦获得良好的市场反馈,大额收益就随之而来。国有体制内的奖惩机制不足,影片无论盈亏,主创都缺少相应的奖励和惩罚。这种温室环境导致创作者的价值难以得到承认。国有制片厂激励约束机制的不完善,根源在于国有制片厂产权主体不明,边界不清。从企业经营角度看,与产权密切相关的就是经营责任和利益分配问题,这些都是关系到企业经营成效的关键因素。国有制片企业产权主体缺位,政企不分,经营责任和利益分配难以落实,因此在委托代理关系和公司治理结构上有许多缺陷。

而民营制片公司从无到有,产权明晰,公司的所有权、收益权等归属清楚,权责明确,使股权激励可以有效实施。股权激励即企业为了激励和留住核心人才而推行的一种长期激励机制,通过附条件给予员工部分股东权益,使其具有主人翁意识,从而与企业形成利益共同体,促进企业与员工共同成长。民营制片公司将股份分给创作人员,既借股份留住了人才,提高了公司的价值,又使创作者的利益和市场成效密切结合，公司和创作人员之间形成一种利益捆绑关系。这可以让创作人员享受股权的增值收益，并在一定程度上以一定方式承担风险，可以使创作团队在创作过程中更多地关心公司的长期价值。

3. 从沟通成本分析合拍片与合资公司的挫折

中国电影制片业的对外开放并不是一帆风顺的。成败案例都有，且失败案例更为常见。

2016 年中美合拍片《摇滚藏獒》净亏损近 4 亿，中法合拍片《勇士之门》亏损 3 亿多，兼顾票房和口碑的中外合拍片少之又少。一些合资公司的发展也不容乐观。曾作为中美电影公司合资范本的东方梦工厂，在存续 6 年之后，于 2018 年 2 月发生巨变，原本就是其股东的华人文化带领一个中国财团，收购了原本由美国梦工厂动画持有的 45% 的股份。

合拍片和合资公司并非没有成果。《功夫熊猫 3》是 2016 年东方梦工厂和美国梦工厂动画影片公司合作期间的影片，成为中国首部票房突破 10 亿的动画电影。大陆和香港的合拍片《美人鱼》更是稳坐 2016 年内地影史票房榜冠军。新闻集团入股博纳影业，推动了其旗下的福克斯国际制作公司和博纳公司的合拍业务。

虽然有成功的经验，但是失败的案例不在少数。较之欧美，大陆与香港的合拍片成功较多，两地同为中国，差异较小，方便协商。而欧美与中国的沟通成本较高，更容易出问题。欧美与中国地理距离较远，地域文化差别较大，语言障碍、生活习惯、价值观念的差异都会增加沟通的成本。过多的时间成本，高概率的沟通损失会提高影片成本，增加亏损风险，降低公司运营效率，增加公司失败风险。东方梦工厂和美国梦工厂动画影片公司的"分手"，沟通成本过高是重要原因。跨国公司合作，需要形成高效有力的沟通机制，否则，高额的沟通成本，会成为公司沉重的负担。

（二）改革开放以来中国电影制片公司发展的经验

1. 从资源优化配置看中国电影制片公司的发展

市场化改革以优化资源的合理配置为导向。资源优化配置是指在市场经济条件下,市场通过自由竞争和"理性经济人"的自由选择,由价值规律来自动调节供给和需求双方的人、财、物、科技、信息等资源分布、优胜劣汰。

在国营制片厂占主导地位的时期,电影制片是国家分配的任务,电影的艺术、政治属性被强调,商业属性被弱化。80年代末到90年代初,中国电影市场的不景气和长期以来电影制片业罔顾用户喜好关系密切。中影公司的统一收购或按拷贝数量购买,都没有把观众、市场作为组织目标。目标不明会导致组织与战略的脱节,人、财、物不能合理分配,制片企业难以实现可持续发展。国营企业的官僚主义经营机制,使信息的传达经过层层的过滤和扭曲,信息不对称造成决策失误,对瞬息万变的市场反应迟钝,无法及时有效调控资源。

市场化的改革,促进了资源配置的科学性。自由竞争和以自我利益最大化为目标的自由选择使民营制片企业更倾向于直面市场,根据观众兴趣与票房数据判断影片制作的题材、规模、成本等。资源在不同的产业部门合理配置,改变了改革初期发行放映业和制片业利润比例不均的情况;也在一个产业各企业之间合理分配,具有好的发展战略,能够抓住时代机遇的制片公司盈利并获得持续发展,不能与市场相适应的企业被淘汰。因为国有企业在市场竞争中不具有优势,社会资源向民营企业倾斜。从更深层次看,企业家精神在民营企业的崛起中发挥了基础性作用,创新、冒险、合作的企业家精神促进了生产要素的市场化配置,使经济资源的效率走高。而且,企业家精神本身就是一种重要而特殊的无形生产要素,具有人才吸引力的民营企业获得这种要素,会大幅提高企业的竞争力。

2. 从后发优势理论看中国电影制片企业的成功经验

后发优势本是指在经济上落后的国家在推动工业化方面反而有优势。中国电影制片公司在世界语境中发展较晚,具有后发优势,可以向制片经验丰富的国家学习。

通过合作,学习国际制片、管理经验。从协拍到合拍,再到利用资本掌握电影话语权,掌控合资公司话语权,中国制片企业完成了从被动选择的弱势地位,到主动吸纳世界资源的华丽转身,其中离不开对国际制片经验的学习。中国大陆制片业发展较晚,改革开放将其带入到和欧美、港台的合作中,汲取它们的管理经验,获得了溢出效应。中方制片公司采取国外和港台公司已经实践过的操作方案,避免或者少走弯路。甚至,他们可实施优化赶超策略,直接吸纳海外制片企业培养的管理、创作人才。而且,在制片公司的国际竞争中,中国制片企业处于竞争劣势,会激起他们快速发展的强烈愿望,形成压力,督促前进。

后发优势使中国制片业学习了国际化的制片管理经验和技术,实现了跨越式发展。但是,中国电影制片公司仍需明白自己与国外制片公司(尤其是好莱坞六大公司)的落差,在国际竞争中时刻保持警醒。

3. 从产业链角度看中国制片公司的发展

产业链是各个产业部门之间基于一定的技术经济关联,并依据特定的逻辑关系和时空布局关系客观形成的链条式关联关系形态。产业部门基于技术经济联系环环相扣,表现出产业的关联程度,资源加工的深度和需求的满足度。产业链中大量存在着上下游关系和相互价值的交换,上游环节向下游环节输送产品或服务,下游环节向上游环节反馈信息。

处于产业链中的电影制片公司,要努力打通产业上下游之间的关系。制片公司市场化改革之前,无法与发行、放映部门进行价值、信息的交换,产品的传递是单向的。改革开放之后,制片公司开始升级换代,产业链上游的电影制片和产业链下游的环节结合起来,进行产业整合,组建集团化公司,从而延伸了产业链,深化了对电影资源的加工和开发。

制片公司管理者要从产业链全局出发,增加价值变现渠道。在经过产业整合之后,华谊兄弟、博纳影业都是既在产业链上游有制片部门,又在产业链下游如放映业、文化地产、游戏业等领域有布局的大型集团公司,而非单一制片公司。管理者应尽可能让影片的价值增值,不止步于影片获得的口碑和票房。口碑与票房,社会效益与经济效益时常不能匹配,国有企业多注重社会效益忽视经济效益,民营企业则重视经济效益。但这个问题是辩证的,没有经济效益,制片公司难以存活,罔顾社会效益,制片公司要面临政治风险和法律风险。即使两个效益都表现良好,制片公司仍有巨大的经营空间,在漫长的后电影产业链上还有待挖掘的利润。华谊兄弟投资的苏州电影乐园包括集结号区、通天帝国区、太极区等五大区,致力于打造电影世界的"全方位沉浸式体验"。海南的冯小刚电影公社推出了芳华小院、1942 街、南洋街等旅游景点。这些主题乐园在票房之外增加了制片公司的价值变现渠道。

经过了最初的探索和发展之后,中国电影制片业已经进入了产业整合阶段。在这个阶段,只有有能力进行产业纵向整合,延伸自身产业链的制片公司,才能获得更多的增值渠道,更强的市场竞争力。判断制片公司的竞争力,已经不能仅仅局限于是否能出品优质作品,还要看其产业链的长度。大制片公司的竞争已经升级为产业链和产业链之间的竞争。

改革增强了国有制片公司的活力,提升了其治理水平;改革为民营电影制片公司的诞生提供了可能,为中国电影制片公司飞跃式的前进提供了动力;改革优化了产业结构,实现了资源的合理配置,促使整个电影制片业形成了良性发展的生态环境。开放引进了国际技术、资本和管理经验,促进了国内制片公司的成长,培育了有竞争力的本土制片公司,并且让中国制片公司走出国门,参与到国际市场的争夺中。四十年改革开放,造就了茁壮的中国本土制片公司,大大提升了广大观众的观影福利水平。

版权保护： 中国电影产业的命脉与生机

马治国* 刘 桢**

摘 要 我国电影市场不断发展,世界第二大电影市场的地位日趋稳固,电影版权已经成为我国电影产业实现可持续发展的关键。本研究首先分析了电影版权的构成,进而在梳理我国电影版权保护的具体实践的基础上对与电影版权息息相关的部分国际条约和美国在电影版权保护方面的做法和经验进行了研究。认为,进一步完善电影版权利益分享机制,充分发挥集体管理组织的作用,推动电影版权证券化以扩宽融资手段,引导提升公众的版权保护意识并鼓励挖掘优秀本土资源开展电影创作将是我国电影版权进一步发展和保护的进路。

关键词 电影版权 构成 保护 利益分享

　　"电影产业对于一个国家文化与经济的繁荣发展有着巨大的影响,如果没有版权保护,产业繁荣发展就无从谈起,版权保护是全球影视行业的命脉。"美国电影协会主席、首席执行官克里斯托弗·多德(Christopher Dodd)曾这样说道。① 据统计,2017 年,我国电影故事片产量 798 部,电影票房 559.11 亿元,城市影院银幕达到 50 776 块,城市院线观影人次 16.2 亿,均创历史新高。在全

---

* 马治国(1959—),男,陕西绥德人,西安交通大学法学院教授,博士,博士生导师,研究方向:知识产权法、科技法。
** 刘桢(1992—),男,山东宁阳人,西安交通大学法学院博士研究生,研究方向:著作权法、科技法。
① 这是其 2018 年 6 月 15 日在参加由中国国家版权局与世界知识产权组织(WIPO)共同主办的"电影和版权在文化与经济上的重要性"高端圆桌会议上阐述的观点。

球电影市场增长趋缓乃至停滞的大背景下，中国作为世界第二大电影市场的地位更加巩固，中国电影保持了良好发展态势，已成为全球电影市场增长的主引擎。[①] 2017 年《电影产业促进法》开始施行，全国电影系统也以"电影质量促进年"为契机，以电影市场规范为目标，积极采取措施，推动电影产业的发展与转型升级。该法也明确指出"从事电影活动的公民、法人和其他组织应当增强知识产权意识，提高运用、保护和管理知识产权的能力。国家鼓励公民、法人和其他组织依法开发电影形象产品等衍生产品"。知识产权尤其是版权，已经成为我国电影增量提质，国际化发展的命脉与生机。

一、电影版权的构成

著作权亦称版权，是指作者对其创作的文学、艺术和科学技术作品所享有的专有权利。著作权是公民、法人依法享有的一种民事权利，属于无形财产权。[②] 我国实行的是作品类型法定原则，只有符合《著作权法》规定的作品的构成要件并有着对应的作品类型才能受到法律的保护。我国现行《著作权法》第三条作品的类型中明确了"电影作品"是其所规范的一种作品类型，"本法所称的作品，包括以下列形式创作的文学、艺术和自然科学、社会科学、工程技术等作品；"以及"电影作品和以类似摄制电影的方法创作的作品"。《著作权法实施条例》第二条规定了"作品"的构成要件即："是指文学、艺术和科学领域内具有独创性并能以某种有形形式复制的智力成果。"第四条又进一步明确了电影作品的含义："电影作品和以类似摄制电影的方法创作的作品，是指摄制在一定介质上，由一系列有伴音或者无伴音的画面组成，并且借助适当装置放映或者以其他方式传播的作品"。可见，依据现行法律规定，能够成为电影作品并受著作权法的保护，至少要先满足作品"文学、艺术和科学领域内""具有独创性""并能以某种有形形式复制"和"智力成果"四个构成要件，还要再

---

① 刘汉文、陆佳佳：《2017 年中国电影产业发展分析报告》，《当代电影》2018 年第 3 期。
② 参见：载中华人民共和国国家版权局网，http://www.ncac.gov.cn/chinacopyright/contents/579/20916.html，2018 年 12 月 26 日。

满足"摄制在一定介质上""由一系列有伴音或者无伴音的画面组成"和"借助适当装置放映或者以其他方式传播"三个电影的特征条件。

关于电影版权的构成在现行法也有明确规定,《著作权法》列举了十七项与版权有关的人身权和财产权,均与电影产业紧密相关。其中发表权、署名权、修改权、保护作品完整权属于著作人身权,是作者对其所创作的作品享有的与人身紧密联系、不可与人身分割,但又没有直接的财产性内容的权利,是作者通过创作表现其独创性的作品而依法享有的依靠其作品收获名誉和声望、维护其作品完整性、不被歪曲篡改的权利。著作人身权由作者终身享有,法律禁止转让,也不允许任何组织或个人剥夺和限制。作者死后,一般由其继承人或者法定机构予以保护。复制权、发行权、出租权、展览权、表演权、放映权、广播权、信息网络传播权、摄制权、改编权、翻译权、汇编权等则属于著作财产权,又称"著作权的经济权利",是对作品的使用、收益、处分权,是著作财产权中的核心部分。出租权、放映权、摄制权三项财产权则直接指明了与电影作品的关系,分别规范了有偿许可他人临时使用电影作品、通过放映机、幻灯机等技术设备公开再现电影作品和以摄制电影的方法将作品固定在载体上的权利。与著作人身权不同,著作权人可以许可他人行使著作财产权,并依照约定或者本法有关规定获得报酬,也可以全部或者部分转让这些权利,并依照约定或者《著作权法》的有关规定获得报酬。

二、我国电影版权的保护现状

随着我国电影市场的迅速发展,对电影版权保护的重视程度也不断提高,电影产业界在实践上也有不少对电影版权保护的创造性举措,摸索出了很多卓有成效的保护路径。电影行业的主要从业者不断从个体的自力保护迈向多方协作的合作保护模式,代表性的是联盟化保护和平台化保护两种模式。联盟化保护模式,就是将电影制作流程中的多方主体包括导演、制片人、编剧、演员等凝聚在一起组成一个版权保护的联盟,共同出击,打击版权侵权行为。例如 2014 年首都版权产业联盟、中国版权保护协会、北京版权保护中心与编剧协会、导演协会、制片人协会密切合作，促进影视作品从剧本创作、拍摄环节开始就纳入版权保护体系，共同发起推出的"中国影视版权保护创新机制"。另一种平台化保护的模式则是依靠第三方力量构建一个综合性的版权保护平台为电影制作方提供版权保护，如微版权保护平台就利用全网监控的方式追踪电影等作品的版权侵权行为，切实保护著作权人的合法权益。

（一）立法保护日趋完善

随着电影市场的快速成长壮大，我国对电影版权的保护重视程度日渐提高，逐步颁布了一些针对或者涉及保护电影版权的法律、法规和政策文件。自20世纪80年代，我国开始制定有关版权保护的政策法规起，电影版权就被纳入重点考虑的范围之中。1990年，我国公布了新中国第一部《著作权法》，该法共6章56条，初步建立起版权（著作权）制度体系，此后经过2001年和2010年两次修改，终成现行《著作权法》，其中直接涉及电影部分的条文就有七条。1997年全面修订刑法时就将"侵犯著作权罪"作为了"侵犯知识产权罪"中的罪名之一，凡未经著作权人许可，复制发行其电影作品的行为，以营利为目的，违法所得数额较大或者有其他严重情节的行为均将受到刑事处罚。高法高检2004年最高人民法院和最高人民检察院联合发布《关于办理侵犯知识产权刑事案件具体应用法律若干问题的解释》，降低知识产权刑事犯罪的追诉门槛，加大对知识产权的刑事保护力度，其中第五条规定：以营利为目的，未经著作权人许可，复制发行其文字作品、音乐、电影、电视、录像作品、计算机软件及其他作品，复制品数量合计在五千张（份）以上的，属于"违法所得数额巨大"，应当以侵犯著作权罪判处三年以上七年以下有期徒刑，并处罚金。

2001年12月12日，国务院通过了《电影管理条例》，其中有3条专门涉及电影版权问题，进一步在《著作权法》的基础上完善了电影版权保护。此外，我国还出台了许多关于电影产业发展的政策性文件，也多次强调了保护电影版权的重要性，例如，2010年国务院出台的《关于促进电影产业繁荣发展的指导意见》明确提出要"坚决打击电影走私、盗版等违法犯罪活动，保护与电影有关的知识产权,规范放映行为,维护市场秩序"。2014 年 6 月,财政部、国家发改委等七部委下发的《关于支持电影发展若干经济政策的通知》从财政补贴、税收优惠、金融支持、土地政策等八个方面支持电影产业发展。[①] 2016 年 11 月 7 日,《中华人民共和国电影产业促进法》经第十二届全国人代常委会通过,并于 2017 年 3 月 1 日起施行,再一次重申了"增强知识产权意识"的要求,这部促进我国电影产业发展的法律的出台,彰显了政府促进电影产业发展的决心,也预示着我国电影产业将迎来良好的发展机遇。

（二）执法保护更加严格

我国在电影版权执法保护方面也取得了瞩目的成绩。国家版权局、国家网信办、工信部和公安部连续多年联合开展了旨在打击包括电影非法传播和盗版在内的网络侵权盗版的"剑网行动",针对网络领域高发的侵权热点,实施重点监管、分类规范,先后开展了网络视频、网络音乐、网络转载、网络云存储空间、网络文学、网络广告联盟等领域开展版权专项整治,集中强化对网络侵权盗版行为的打击力度,已累计查办案件 5 560 起,依法关闭侵权盗版网站 3 082 个,罚款 2 043 万元,移送司法机关追究刑事责任案件 478 件。[②] 相继查处了快播播放器侵权案等一批侵权盗版大案要案。与此同时,为规范视频网站的合法运营,切实履行版权行政执法监管职能,充分发挥行政执法监管效能,国家版权局在 2010 年就启动了视频网站版权重点监管工作,对热度较高的电影和影视作品进行版权预警保护。截至 2017 年 6 月,各地版权部门实施重点监管的重点网站达到了 3 029 家,其中国家版权局直接监管 21 家重点视频网站,这些重点监管视频网站传播的电影和影视作品占到了全国网站传播影视作品总量的 95%左右,极大地改变了视频网站版权混乱的局面,大幅提高了视频网站的正版率,净化了网络视频行业的版权环境,促进了企业之间的合

---

① 黄含:《我国电影版权保护的路径创新》,《光明日报》2014 年 11 月 23 日。

② 《"剑网 2017"专项行动:营造风清气正的网络版权环境》,人民网,http://media.people.com.cn/n1/2017/0727/c40606 - 29432631. html,2018 年 12 月 25 日。

法竞争,整个网络影视行业的版权秩序持续好转。① 但长期以来,在电影版权执法活动中仍存在大量有法不依、执法不严的问题,执法力量有待加强。

(三)司法保护力度加强

在司法保护方面,从北大法宝数据库检索近五年来②与电影有关的裁判文书,与知识产权有关的裁判文书共 1 997 件,其中涉及著作权权属、侵权纠纷的 1 939 件,占 97.01%;与商标权权属、侵权纠纷有关的 12 件,占比 0.6%,与专利权权属、侵权纠纷有关的仅 1 件,占比仅 0.05%。在涉及著作权权属、侵权纠纷的案件中,侵害作品信息网络传播权纠纷占比最大有 397 件,其次为侵害作品广播权纠纷有 148 件,另还有著作权权属纠纷 3 件、侵害作品复制权纠纷 75 件、侵害作品发行权纠纷 64 件、侵害作品放映权纠纷 3 件、侵害作品改编权纠纷 1 件、侵害其他著作财产权纠纷 14 件、侵害录音录像制作者权纠纷 11 件、侵害计算机软件著作权纠纷 2 件。可见与电影相关的知识产权案件中,著作权纠纷占了主要部分,而其中侵害作品信息网络传播权的纠纷又占了著作权纠纷的比例的 55%。

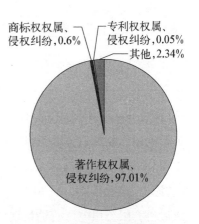

图1　近五年与电影相关的
各类知识产权案由

其中,最高人民法院 2012 年公布的中国法院知识产权司法保护 50 件典型案例中的"中国电影集团公司电影营销策划分公司与成都市金牛区星空牧羊星网吧侵害信息网络传播权纠纷案",即是有关侵害电影的信息网络传播权纠纷的案例。该案中,中国电影集团公司依法享有《未来警察》《财神到》等电影的著作权,2009 年到 2010 年期间,中国电影集团公司将上述电影的著作权

① 《国家版权局在电影领域采取的政策措施》,中国新闻出版广电网,http://www.chinaxwcb.com/info/29249.

② 系 2013 年 12 月 20 日至 2018 年 12 月 20 日。

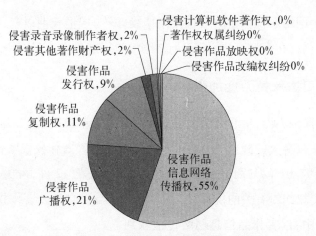

侵害计算机软件著作权,0%
著作权权属纠纷0%
侵害作品放映权0%
侵害作品改编权纠纷0%
侵害录音录像制作者权,2%
侵害其他著作财产权,2%
侵害作品发行权,9%
侵害作品复制权,11%
侵害作品信息网络传播权,55%
侵害作品广播权,21%

图2　近五年涉及著作权权属、侵权纠纷案件案由

权利全部转授给本案原告中国电影集团公司电影营销策划分公司(简称中影策划分公司)行使。2010年初原告发现包括被告成都市金牛区星空牧羊星网吧(简称牧羊星网吧)在内的多家网吧未经原告授权,在其经营的网吧内将原告的电影作品私自下载到自己网吧服务器上或者与某些公司合作在网吧电脑里安装了这些公司的影视院线,非法使用原告的上述电影作品,谋取经营利润,原告遂提起诉讼。① 2013年度广东知识产权十大典型案例之一的中国电影股份有限公司电影营销策划分公司与"快播"信息网络传播权侵权纠纷案——"快播"搜索链接服务侵权案也是有关侵害电影的信息网络传播权纠纷的案例。在该案中,用户在快播播放器搜索框内输入关键词"我愿意I do",即被导向第三方搜索网站,而该搜索网站显示仅有5项搜索结果,均为完整的涉案影片视频;同时,根据上述搜索结果又可链接至视频播放网站,点击播放涉案影片。中国电影股份有限公司电影营销策划分公司认为快播软件的上述功能已经侵害其作品的信息网络传播权,遂向法院提起诉讼。可见侵害电影的信息网络传播权已经成为电影产业版权保护的重灾区,如何防范电影在互联网领域的非法传播已经成为电影版权保护的当务之急。在司法保护方面,长期存在的侵权诉讼成本过高、侵权赔偿标准过低等问题也不容忽视。究其原因就

---

① 参见:四川省成都市中级人民法院民事判决书(2012)成民初字第1093号。

在于依照《著作权法》和《著作权法实施条例》等相关法律规定,侵犯著作权及相关权利的,侵权人应当按照权利人的实际损失或侵权人的违法所得给予赔偿。但这一标准实际上是主观性过强、过于模棱两可的柔性规定,尤其关于电影版权被侵犯的实际损失不易评估,难以量化,很难确定侵权人的具体违法所得,这将对权利人取证实际上带来难以克服的困难,大多数受侵害的电影作品权利人无法完成取证工作,无法实现举证责任。同时也是依据法律的规定,如果权利人的实际损失或者侵权人的违法所得不能准确计算时,可以由人民法院采用酌定赔偿,对侵权人处以 100 万以下赔偿。然而现在的电影投资往往动辄几千万甚至上亿,电影版权被盗版、盗播、网络非传播等侵权形式对版权方所造成的损失往往十分巨大,即使胜诉,而得到的赔偿也与投入成本相比其实杯水车薪。由于缺乏具体参照标准,法官在审理相关案件的过程中不易判断电影作品的价值,而且依照民事诉讼法律的规定,类似案件还应在侵权人(被告)住所地的法院审理,这就又给司法中的地方保护主义留下了空间。因此在很多案件中,电影版权方提起诉讼后,非但自身权益没有得到足够的保护,反而还面临着高额诉讼费和败诉的风险,极大地打击了版权方利用法律武器维护自己合法版权的积极性。如酷 6 网因盗播《赤壁》被版权方起诉索赔55 万元,而法院最终仅判赔 5.5 万元,高昂的维权代价与过低的赔偿标准成为电影版权执法的最大障碍。

三、电影版权保护的国际规则与美国经验借鉴

(一) 国际条约中的电影版权保护

当前中国电影走出去和外国电影引进来相互交融,我国电影市场已经发展成为一个国际化程度较高的市场,中国电影也走出国门在许多著名国际电影节崭露头角。在这背后,国际版权制度的不断完善和发展起到了重要的推动作用。电影就是在 1908 年柏林会议对《伯尔尼公约》进行修订后才正式成为受版权保护的独立作品类型的。此后虽然各国在自己不同的版权法传统和理论下发展出了不同的电影版权制度,但国际版权统一立法和版权统一的脚

步从来没有停止过。①

1.《伯尔尼公约》

1886 年缔结的《伯尔尼公约》在 1971 年巴黎会议中进行了最后一次修改,巴黎文本也沿用至今。从规定的内容上看《伯尔尼公约》只规定了狭义的作品版权权利,没有对邻接权进行规定。所以电影制片人不可能以作者之外的身份享有版权权利。公约在第 2 条规定电影作品可以是可受版权保护的作品,保护客体是"电影作品和以类似摄制电影的方法表现的作品"。这一规定其实已经过于传统,现代各国的版权法都扩大"电影"的定义或者通过使用其他的名称如"视听作品"来扩大电影版权保护作品的范围。为此公约的指南专门做了说明,指出电影作品或者类似的视听类作品的制作手段并没有决定意义,只要是声音影像相结合产生的效果类似于电影的作品,而且本身又有原创性的价值,都可以用视为"电影作品"受到保护。

2.《世界知识产权组织版权条约》(《WIPO 版权公约》)

《WIPO 版权公约》并不是《伯尔尼公约》那样具体地规定了版权法各个方面问题的基础性版权公约,它可以视作《伯尔尼公约》在数字、网络时代的一个后续条约,以增加《伯尔尼公约》在新时代的版权权利,是其附属条约。在授予作者的权利方面,除了《伯尔尼公约》承认的权利以外,《WIPO 版权公约》又新增授予了发行权、出租权和扩大向公众传播的权利等三种权利。这三种权利都与电影版权息息相关。其中,发行权是指授权通过销售或其他所有权转让形式向公众提供作品原件或复制品的权利;出租权是指授权将包含电影作品在内的计算机程序和以录音制品体现的作品等三类作品的原件或复制品向公众进行商业性出租的权利;向公众传播的权利则是指授权将作品以有线或无线方式向公众进行任何传播的权利,即将作品向公众提供,使公众中的成员在其个人选定的地点和时间可获得这些作品。发行权和出租权在我国现行《著作权法》已有对应规定,而我国关于广播权和信息网络传播权的规定则无法完全涵盖《WIPO 版权公约》中向公众传播权所规范的范围,应与立法跟进,以实现对作品以任何手段向公众传播行为的全覆盖,进而应对信息网络快速发展

① 刘非非:《电影产业版权制度比较研究》,武汉大学,2010 年。

下的传播媒介的不断更新。

3.《视听表演北京条约》

《视听表演北京条约》是致力于保护表演者权利的国际条约，它的通过是版权保护国际条约体系自身的缺陷、利益衡平的诉求、利益之间的博弈以及传播技术的迅速变革等综合作用的结果。公约主要是对各个国家之间对于表演者权利保护的不同做法进行统一协调，其中电影中的表演者是其保护的重点，因此公约要求各个缔约国必须根据公约规定赋予电影作品中表演者依法享有许可或禁止他人使用其在表演作品时的形象、动作、声音等一系列表演活动的权利。而且，类似歌手或者词曲作者等声音类作品表演者所享有的复制或发行的权利，电影作品表演者也可以根据公约的规定同样享有。《视听表演北京条约》的缔结可以说是我国对世界版权秩序做出的一大贡献，对于完善全球表演者有关版权的保护体系，包括中国在内的、具有悠久文化历史的发展中国家传统民间表演艺术发展，促进世界文化艺术事业，尤其是视听作品事业的繁荣发展具有重要的里程碑式的意义。中国作为公约缔约地所在地，公约的签署也将对我国不断完善著作权法律制度，进一步规范视听作品表演者的权利产生示范作用。对比《视听表演北京条约》我们可以看到我国在版权保护上尤其是电影版权保护上尚有值得完善之处。因此，应以该条约为参照，进一步修改现行《著作权法》中的相关法律规定，逐步建立保护表演者权利的配套制度，为视听表演者提供更加全面的保护，以助力我国电影进一步融入国际市场。①

（二）美国电影版权保护的经验

美国以好莱坞为主体和代表的文化产业对 GDP 的贡献高达 25%，仅次于军工产业。② 早在 2014 年美国就以不足 8% 的电影数量赢得了全球票房份额的 27%，雄踞世界第一，2017 年世界票房排名前 10 位的影片，更有 9 部出自美国。可以说，美国电影不仅是美国文化产业和国民经济的支柱之一，也是全球

---

① 刘强、黄亮：《论〈视听表演北京条约〉及我国著作权法的完善》，《邵阳学院学报（社会科学版）》2014 年第 4 期。

② 王冉冉：《制度供给对文化产业竞争力的影响机理——以美国电影产业为例》，《昆明理工大学学报（社会科学版）》2018 年第 1 期。

电影的一面旗帜。虽然早在 2015 年 2 月,中国电影就首次以 6.5 亿美元的月票房收入超过美国,但拥有极高票房的美国电影质量之高、产业发展之好仍值得我国电影从业者以为借鉴。而其中版权保护利用是其获得成功的重要原因之一。美国依法律或国际公约解决电影发展过程中遇到的各种问题,制定了全球最完善的版权、金融法律以支持电影的发展;倡导制定了国际条约并利用经济制裁、外交手段以支持本国电影走向世界。美国与电影有关的法律门类齐全,涉及行政、司法等多部,唯历经多次修改的版权法律是对美国电影发展影响最为重大的制度,它们虽借鉴了当时英国的一些原则,但仍体现出美国的实用至上主义,保障并推动了美国电影的发展。[①]

首先,美国版权法确认电影为受到版权法律保护的作品。美国版权法初立的 1790 年,电影尚未诞生。1912 年美国版权法修正案便将故事片类型的电影及非故事片类型的电影一同纳为了受版权法保护的客体。彼时电影仍属于新兴的作品种类,美国版权法及时将其吸收入作品类型之中为电影产业的后续发展提供了制度保障。其次,美国版权法及时确认了电影作品的公开表演权及权利归属为美国电影走上工业化道路扫清了障碍。美国版权立法,直接援引了英国版权法中有关雇用作品的规定来作为确定电影版权人的依据。这样的规定通过判例的形式进一步确定了雇主本身可以是作者的原则,并且沿用至今,成为当前世界电影版权制度中的核心原则之一。第三,美国为列入不断提高电影版权的保护水准,实现以电影产业为核心龙头的版权产业的不断增收发展,自身不断根据实际发展状况对版权立法进行调整并颁布新法。立法完善的版权保护体系和这一体系确立的激励机制,不断地激发电影制作人、投资人和作者的创作动力,保障了其电影产业在世界范围内的龙头地位。第四,美国成立了国家艺术与人文基金会提供资金,联邦及地方政府每年分别投入约 11 亿美元及 50 亿美元用于文化艺术事业建设,提供给艺术团体和艺术人员,奖励优秀艺术成就者,使得一大批社会资金也跟随进入了文化艺术事业的建设中。此外,美国参加了《保护文学和艺术作品伯尔尼公约》(简称《伯尔

---

① 何荣华、石超:《版权视域下美国电影的成功经验及中国借鉴》,《学术论坛》2016 年第 10 期。

尼公约》)、《与贸易有关的知识产权协定》(TRIPS)和《跨太平洋伙伴关系协定》(TPP)等国际公约的制定，使自己逐渐成为电影版权保护标准的制定者，在具有美国电影特色的国际版权公约的保护下，美国电影才得以不断走进海外市场。

四、电影版权的发展和保护进路

（一）完善电影版权利益分享机制

我国《著作权法》第十五条规定："电影作品和以类似摄制电影的方法创作的作品的著作权由制片者享有，但编剧、导演、摄影、作词、作曲等作者享有署名权，并有权按照与制片者签订的合同获得报酬。电影作品和以类似摄制电影的方法创作的作品中的剧本、音乐等可以单独使用的作品的作者有权单独行使其著作权。"该条文实际上对电影作品版权的划分和报酬的取得做了初步的规定，即在一部影片里，依据有利于影片市场开发和适应经济规律的原则，拥有完整版权的是制片人，编剧、导演、摄影、作词、作曲等仅享有署名权，导演、演员等其他参与人员均不享有版权的。但是，当前电影产业的核心竞争力是电影版权，而电影版权的核心则是剧本的版权。作为剧本来源的小说或者剧作家直接创作完成的剧本才是整个电影产业所有版权的权利来源和基础，其他与电影直接相关的一切财产权利包含拍摄权、复制权、发行权、放映权等等都是基于剧本的版权而派生出来的权利，因此剧本的版权才是电影产业的核心版权。在以内容为主、剧本为先的电影产业中，应保障法律赋予作家或剧作家相应的版权。除作家和剧作家之外，我国的电影作品的作者、表演者和导演也没有任何的电影版权，并且在与制片人的合同关系当中，编剧、导演等电影创作人员本来就处于弱势地位，没有版权权利的情况则更削弱了他们谈判的筹码。这些电影作品真正的创造者们也许不需要法律对他们著作财产权和人身权的承认，但肯定需要法律在平等获偿权方面的保障，因为这关系着作者和演员们的切身利益，更关系着电影产业是否能够长久健康的发展，因为一个失去了创作动力的版权产业是不可能有长远发展的。我国现行《著作权法》

第十五条对电影作者和演员们的获偿权只有非常概括的规定且过于模糊,而且将作者们获得报酬的方式和数额完全交由作者与制片人之间的合同自由决定,这使得他们的平等获偿权的实现完全无法得到保障。即便制片人在合同中利用自己的强势地位规定只给予编剧、导演、摄影、作词、作曲等主创人员非常低的报酬,但仍符合《著作权法》的要求的。鉴于此,我国应借鉴电影产业发达国家的做法,一方面在法律中原则性地规定作者受偿的方式,另一方面利用行政法规和政府部门的力量对电影作者和演员们的基本获偿利益进行保护,完善电影版权利益分享机制。

(二)充分发挥集体管理组织的作用

著作权集体管理,是指著作权集体管理组织经权利人授权,集中行使权利人的有关权利并以自己的名义与使用者订立著作权或者与著作权有关的权利许可使用合同、向使用者收取使用费、向权利人转付使用费并进行涉及著作权或者与著作权有关的权利的诉讼、仲裁等活动。在数字化、网络化传播背景下,电影作品数量巨大,使用者众多,电影作品权利人逐一授权和维权的交易成本都很高,而著作权集体管理组织能够发挥团体优势,为权利人和使用者提供高效便捷的版权交易、许可平台,维护双方的权利和利益。[1] 中国电影著作权协会是全国合法从事电影生产、经营的企业法人自愿组成的具有法人资格的非营利性社会团体,是中国电影作品权利人唯一的著作权集体管理组织。然而,从实际效果来看,"影著协"目前开展的工作中存在许多现实难度,其"核心地位"还并不稳固。例如,"影著协"现仅有 87 家会员[2],当下的工作重点是与会员签署电影版权委托管理许可,使其可以代表会员与网吧、长途交通工具等电影播放平台签署作品使用合同。然而,据了解,目前只有 56 家会员口头同意,而实际签署委托合同的只有 8 家。同时,由于"影著协"人力有限,在监控全国数百家电视台是否存在盗播现象等工作中明显力不从心,很多侵

---

[1] 唐建英:《国内电影版权制度的建构:一种利益平衡的分析框架》,《电影艺术》2013 年第 1 期。

[2] 根据中国电影著作权协会网站会员列表统计,截止日期为 2019 年 1 月 1 日。

权行为无暇顾及。而"影著协"前身中国电影版权保护协会代理起诉的盗版侵权案件中，仅有五分之二已经办结。总之，相比在国外电影版权集体管理组织的核心地位，"影著协"的重要性还远未得到充分重视与认可，很多人甚至认为"影著协来路不明"①。因此有必要借鉴国外版权集体管理组织的成功运营经验，改变目前略显尴尬的发展状态。

（三）推动电影版权证券化扩宽融资手段

电影产业是我国文化产业的重要组成，也是国家产业政策扶持的重点行业，近年来融资问题得到了缓解。但目前我国电影产业的投融资态势缺乏合理性，原因就在于电影作为一种无形资产，其价值难以准确评估。当前国家在大力推进知识产权证券化试点，通过证券化的方式为电影产业融资可以说是一条崭新的融资途径，而且美国等发达国家也早已采用这一手段开展融资，相关成功经验值得借鉴。电影版权质押、众筹模式、版权预售模式、权益拆分模式、电影期货是电影版权证券化融资时几种典型模式。我国应根据实际选择合适的融资模式，促进电影产业健康发展。②

但是，在进行电影版权证券化工作时必须注意到，并非所有的电影版权都具有证券化价值。版权价值评估是对电影当前和未来的商业价值进行评估，因此电影版权必须具有商业价值。首先，必须能够产生可预测的、稳定的现金流。作为未来现金流进行预测的基础，资产自身的价值具有决定作用。挑选基础资产组建资产池时，应客观挑选没有权利瑕疵和诉讼风险的，相对具有投资价值的，优化资产池组合。其次，权利主体明确。如果是共有版权的情况下，必须明确权利主体都有哪些，取得共同所有人的一致同意，方可将该版权放入资产池。最后，版权具有可转让性。电影版权涉及财产权利和人身权利两类，我国法律规定人身权利不可转让，因此对于法律明确规定不可自由转让的人身权利，不宜作为可证券化的资产。即使一部电影的市场前景很好，难免

---

① 廖榛：《借维权之名伸手要钱"影著协"来路不明招质疑》，《IT时代周刊》2010年第10期。
② 王锦慧、晏思雨：《电影版权证券化的融资模式选择》，《重庆社会科学》2014年第6期。

会受到不可抗力的因素影响其未来收益,而电影版权资产的多元化可以降低因估值不准确而导致的风险。[1]

(四)引导提高电影观众的版权保护意识

加强对侵权电影消费市场的控制力度,对电影观众开展有效引导是真正从源头上加强电影版权保护、抵制盗版电影蔓延的关键环节。当下,盗版问题频发、侵权现象不断出现的根本原因在于国民版权意识的匮乏,盗版者非法侵用版权,无视版权的法律认定、随意盗用,正是版权法律意识薄弱的极端体现;很多使用者非法手段获取盗版资源,不仅间接地支持了盗版资源提供商的广告收益,也对国家反盗版、保护版权的政策不理解、不支持,这实际上等同于支持了盗版现象,而且很多版权人在面临侵权现象后由于诉讼成本的考量,不愿意使用法律手段维护自己的合法权益,这都反映了民众版权保护意识的薄弱。只有通过正确引导公众意识的提升,促进尊重知识、尊重劳动、尊重创新的社会氛围的形成才能逐渐消灭侵权盗版电影的市场,实现对电影版权的保护。香港电影协会就曾聘请成龙作为形象大使积极倡导宣传保护电影版权,美国电影协会也在全球推出《电影盗版:这是一种犯罪》宣传片,试图通过电影的形式引起观众的关注进而提高保护电影版权、反对盗版意识。

(五)鼓励挖掘优秀本土资源开展电影创作

我国民间文学艺术为代表的传统本土资源极为丰富,可以为电影创作提供极好的原始素材,并且以这些资源为素材创作的电影走出国门后将通过电影这一世界通用的媒介向外界传播中国文化。美国电影从业者就已经发掘了这一资源,多部电影的故事情节、人物设计等原始素材均取自我国传统民间文学作品。《花木兰》(Mulan)是由迪士尼公司出品的电脑动画电影,该片于1998年6月19日在美国上映,改编自我国民间乐府诗《木兰辞》,讲述了花木兰替父从军抗击匈奴的故事,获得了3亿美元票房,大获成功;《功夫熊猫》以

---

[1] 杨妍:《我国电影版权资产证券化的思考》,《中国电影市场》2018年第5期。

中国古代为背景，以中国功夫为主题，服装、景观等充满中国元素，甚至由中国演员参演，但由美国梦工厂动画拍摄，并获得 6.31 亿美元的票房。可见，中国元素及中国民间文学艺术作品有着巨大的经济价值。并且党的十九大报告也已经提出，新时期我国文化建设的一项重要任务，就是实现中华传统文化的创造性转化与创新性发展。既包括对传统文化的挖掘与整理，也包括对传统文化的利用、创新与传承。[①] 因此，有必要挖掘、保存、传播更多的优秀中国传统文化作品，鼓励利用这些优秀作品，为我国电影的创作提供丰富的原始素材。

五、结　　语

中国电影发展已经到了以版权作为核心竞争力的阶段，进一步完善电影版权利益分享机制，充分发挥集体管理组织的作用，推动电影版权证券化以扩宽融资手段，引导提升公众的版权保护意识并鼓励挖掘优秀本土资源开展电影创作将是我国电影版权进一步发展和保护的进路。本研究主要选取了部分与电影版权关联度较高的国际条约和世界第一大电影市场的美国作为借鉴对象，对欧洲或亚洲的其他电影产业发展较好的国家，如英国、日本等未尽深入探讨。未来，随着电影版权保护意识的深入人心，电影版权法律制度的不断完善和市场的不断优化，电影产业发展的版权优势，在市场经济可持续发展中将会显示出越来越强大的竞争力。

---

① 周林：《加快制订"民间文艺"版权条例》，《中国社会科学报》2018 年 7 月 4 日。

"税收风暴"下的中国电影产业

范玉吉*　李文志**

摘　要　中国电影产业一直存在着片酬畸高、分配不均的问题,由此也产生了合理避税、甚至偷税漏税的问题。2018 年 5 月,由崔永元举报而引起了舆论乃至国家层面对电影产业界长期存在的"阴阳合同"问题,进而引发了一场自上而下的"税收风暴"。这场风暴对净化电影产业界、规范税收秩序、并且对促进电影产业的健康发展作用重大,但是这场风暴也因其过于迅猛可能对产业的发展带来一些负面影响。

关键词　电影产业　演员片酬　行业自律　偷税漏税

自 2002 年党的十六大报告中首次提出要大力发展文化产业以来,中国电影产业在政策支持、资金倾斜、税收优惠等多种因素推动下不断发展壮大。2016 年,我国电影总票房达到了 457.36 亿元,2017 年全国电影总票房更是达到 559.11 亿元,同比增长 13.45%,①成为全球第二大电影市场。电影票房一路飙升的同时,演员的片酬也水涨船高,一路达到了"天价片酬"的程度,这严重压缩了电影制作其他环节的资金空间,违背了艺术创作的客观规律,使得电影艺术的质量难以保证。同时,一些演员和明星在获得高额收入后又利用行业"潜规则"和国家税收政策的漏洞以各种方式逃避税负,不仅损害了社会的公平与正义,同时践踏了法律的神圣与尊严。2018 年 5 月底,知名媒体人崔永

---

　　*　范玉吉,华东政法大学教授,传播学院院长,中国法学会法治文化研究会理事兼法治宣传专业委员会副主任,主要研究方向:传媒法治、法治传播。
　　**　李文志,华东政法大学传播学院硕士研究生,主要研究方向文化产业政策法规。
　　①　数据来源:国家新闻出版广电总局。

元在网上举报范冰冰等艺人涉嫌用"阴阳合同"等手段偷税漏税。6月初,无锡市地税局开始介入调查。6月底,中央宣传部、文化和旅游部、国家税务总局、国家广播电视总局、国家电影局等联合发文整治影视行业的天价片酬、"阴阳合同"、偷逃税等问题。7月中旬,国税总局发文要求各级税务机关进一步加强影视行业税收征管。8月,国税总局又针对影视业的税收发文,影视工作室核定征收所得税被紧急叫停。10月3日,国税总局公布范冰冰案调查结果,追缴税款、加收滞纳金和罚款共计8.84亿元。10月8日,国税总局公布《关于进一步规范影视行业税收秩序有关工作的通知》,要求从2018年10月10日起,各地税务机关通知本地区影视制作公司、经纪公司、演艺公司、明星工作室等影视行业企业和高收入影视从业人员,根据税收征管法及其实施细则相关规定,对2016年以来的申报纳税情况进行自查自纠。对在2018年12月底前认真自查自纠、主动补缴税款的,免予行政处罚,不予罚款。

自2018年6月份以来,税收方面的政策真可谓一道道金牌,一条条命令,集中向影视行业压来,一时间影视业不是因其作品的影响力而是因为其在财税方面影响日隆,成为舆论的焦点。税收方面的政策变化,势必会影响中国电影产业和发展,进而影响整个中国文化产业的发展进程。因此,本文将从电影产业明星逃避税负现象着手,通过分析逃避税负的原因、手段以及对社会的危害,希冀为政府运用行政手段解决电影产业税收乱象献计献策,促进电影产业健康良好发展。

一、富人逃避税负由来已久

富人逃税避税是一个世界性的问题,由来已久。所谓逃税,指的是纳税人故意或无意采用非法手段减轻税负的行为,包括隐匿收入、虚开或不开相关发票、虚增可扣除的成本费用等方式。而避税则是指在不违反税收相关法规和政策的前提下,利用税法和税收政策上的漏洞,在税法允许的办法,人为地作适当的财务安排或税收策划,达到减轻或解除税负的目的。富人们利用手中的资源获得独特性优势,通过聘请专门的税务工作人员,以达到少交或者不交税收的目的,造成了社会上"穷人纳满税,富人少缴税"的局面。我国电影从业人员中也大有这样的人,他们采取了各种合法和非法的手段,以减少纳税额。他们能够安然逃避税负,获得巨额财富,一方面得益于近年来我国电影产业的蛋糕在不断做大,投资额在不断增大,因而他们和酬金也在不断飙升,因此应纳税额十分巨大,偷逃税款将获得巨大收益,这一巨额利益很刺激了他们的偷逃税的欲望;另一方面也是由于我这电影产业发展速度快,政策调整和法律调整跟不上,从而在税收制度方面存在的缺陷给了他们可乘之机。

(一)"天价片酬"成为明星逃税避税滋生温床

近两年来"天价片酬"一词可谓炒得火热。据公开资料显示,部分国内明星的片酬已占到影视剧全部成本的50%到80%,虽然片酬并未完全公开,我们还是能在上市公司财报及 IPO 招股书中窥得一二:2018 年上映的古装电视剧《如懿传》中,周迅、霍建华片酬分别为 5 350 万和 5 071.7 万[①],真实片酬虽然不及盛传的合计 1.5 亿元,但仍令人咋舌,让普通劳动者望洋兴叹。"天价片酬"不是电影产业发展的自然结果,如果探求其原因,一方面是由于资本的大量注入,使得流量明星备受欢迎,他们依靠巨大的商业价值和优质的变现能力被制片人、投资人热捧,甚至不惜花费天价片酬邀请其参演;另一方面是由于我国电影产业存在产能过剩现象,优质演员供不应求,一些制片方为了使自己的电影如期放映、顺利收回成本,大都喜爱"名导+名演"的模式,以获得观众青睐,这更是加剧了明星的议价成本。由此,"天价片酬"的诞生便不足为怪了。

(二)中国税收制度漏洞致使有机可乘

逃避税负既是一种财产保值的手段,同时也是一种财富创造的手段,因而被富人们所"青睐",但是,如果税收制度健全完整,无机可乘,明星们逃避税负

---

① 数据来源凤凰网:《影视公司文件曝光周迅霍建华接〈如懿传〉真实片酬》,http://wemedia. ifeng. com/20883613/wemedia. shtml。

也就无从谈起了。我国个税中大量逃税避税现象存在的原因,是由于我国个税法律本身不完善不周密造成的。目前我国个人所得税法是分类计征法,针对不同类型的所得其税率也不一样。具体到明星身上,可分为"工资薪金所得""个体工商户的生产、经营所得""利息、股息红利所得""劳务报酬所得"等,每一类型所得税的税率大不相同。同时,即使是同一种类型的所得税,由于适用超额累进税率,如在"工资薪金所得"一类中分为 7 档累进税率,税率也会根据数额的多少发生变化。如表 1 所示:

表 1 影视行业人员的个税税率整理[1]
(注:基于 2011 版个人所得税法,适用于 2011 年—2018 年间)

个税征税所得	实际税率	适 用 人 员	备 注
特许使用费	16%	编剧	税率 20%,可扣 20% 费用,实际 16% 税率
劳务报酬(分档累进)	16%、24%、32%	演员、导演等人员(劳务合同)	可扣 20% 费用(按次/月):2 万以下(20%,实 16%);2—5 万(30%,实 24%);5 万以上(40%,实 32%)
工 资、薪 金(分档累进)	3%—35%	演员、导演等人员(有任职雇佣关系)	年度所得超过 96 万元部分,即达到最高税率 45%
经营所得(分档累进)	5%—35%	注册为经营实体的工作室	年所得超过 10 万元部分,即按最高税率 35%(如申请核定征收,3.5%)

正是这些可以腾挪转化的空间,成为大腕明星聘请税务专家逃税避税的"舞台",避重就轻,合理地钻了法律的空子。所以说,在分类计征模式下,不同类别的个人所得对应不同的税率,为规避纳税大开方便之门。[2]

二、逃税避税手段众多

我国个税计征模式的弊端和漏洞成为诸多电影从业人员规避纳税的通

---

① 资料来源:微信公众号"财税闲谈",马军生:《影视行业补税再引热议,16% 税率恐远远不够!税收风暴下一步剑指何方?》

② 梁发芾:《个税反避税要坚持法定原则》,《中国经营报》2018 年 7 月 21 日第 47 版。

道,伴随着我国电影产业的产业化发展,避税已经发展成为行业内部的"潜规则"。诚然,电影产业短时间内发展迅速,相关的税收监管措施并未及时落实跟进,但也不能成为电影从业人员逃税或者"合理避税"的天堂,拥有了巨额财富的电影从业人员,利用手中掌握的资源通过聘请精通税务的专业人员,利用税务漏洞和国家针对电影产业的优惠政策逃避税负,其手段繁多令人眼花缭乱。

(一)阴阳合同

2018 年 5 月,崔永元通过微博曝光范冰冰 4 天 6 000 万元天价片酬,并起底疑似"大小合同""阴阳合同"等偷漏税潜规则[①],将电影从业人员偷税漏税问题推向了公众视野,一时间舆论哗然,国家税务总局和地方税务局高度重视,立即责令相关机关依法调查核实。

所谓"阴阳合同"也被称为"大小合同",指的是合同双方就同一事项签订两份内容不相同的合同,一份对内,一份对外,其中对外的小合同并不是双方真实意思表示,而是以逃避国家税收等为目的;而对内的大合同才是双方真实意思表示,二者主要在价格条款等方面存在较大差异。从法律效力来说,"阳合同"因不是双方真实意思表示,因而不具有法律效力,"阴合同"是双方真实意思表示,只要内容合法,同样受到法律保护。但如果以合法形式掩盖非法目的,故意逃脱税务机关的监管,损害国家和社会公共利益,则阴阳合同都无效。针对群众举报范冰冰"阴阳合同"涉税问题现已查清,从调查核实情况看,范冰冰在电影《大轰炸》剧组拍摄过程中实际取得片酬 3 000 万元,其中 1 000 万元已经申报纳税,其余 2 000 万元以拆分合同方式偷逃个人所得税 618 万元,少缴营业税及附加 112 万元,合计 730 万元。此外,还查出范冰冰及其担任法定代表人的企业少缴税款 2.48 亿元,其中偷逃税款 1.34 亿元。[②]

---

① 丁国锋、蔡岩红:《税务机关依法调查"阴阳合同"涉税问题》,《法制日报》2018 年 6 月 4 日第 5 版。
② 新华社:《税务部门依法查处范冰冰"阴阳合同"等偷逃税问题》,新华网,http://www.xinhuanet.com/2018−10/03/c_129965300.htm。

电影产业的"蛋糕红利"惠及了诸多电影产业的从业人员,他们在获得巨额的"天价"的报酬外,仍然不惜铤而走险偷税漏税,这是对社会公平正义的践踏,是对法律尊严的蔑视,难怪范冰冰"阴阳合同"事件被披露后,一时间激起巨大的社会反响。但是,我们也要清楚地认识到,"阴阳合同"只是电影业资本腾挪偷税避税的冰山一角,并且一般从业人员在获得盛誉和财富后不会走踩"法律红线"的危险道路,而是利用税收制度的不健全走"合理避税"的道路,巧妙地进行资本腾挪。

(二)税率洼地

资本具有趋利避害追逐增值的特性,因而一些免税地、低税率地便成为资本汇集的集聚地,在电影产业内部也是如此,众多的电影企业看到地方的税收减免和优惠政策纷纷趋之若鹜,形成了像霍尔果斯、浙江东阳、江苏无锡等电影产业注册集聚地。

以霍尔果斯为例,2010 年国家"一带一路"倡议实施之后,国家对霍尔果斯实施"五减五免"的税收优惠政策,新注册公司享受五年内企业所得税全免,五年后地方留存的 40% 的税将以"以奖代免"的方式返还给企业。加上增值税和个人所得税不同程度的减免以及上市绿色通道政策,吸引了大批企业前来注册。据霍尔果斯 2017 年政府统计公报显示,在霍尔果斯这样一个西部边陲城市,前来注册的影视文化公司多达 1 847 家,注册资金超过 150 亿元。① 国家允许地方实施税收优惠政策的本意,是希望地方政府以政策手段强化自身竞争优势,吸引资本入驻,从而带动就业、基础设施建设的同步跟进等,促进地方经济又好又快增长。同时,产业集聚会形成规模效益,降低企业经营边际成本,扩大知名度和影响力。但是,由于政策监管不严,惩治力度不够,这些税收洼地便成为众多电影企业和明星个人工作室的避税天堂。出于经济避税目的而非商业目的的大量空壳公司在当地落户,只有办公场所没有办公人员,这不仅没有为当地带来就业和经济拉动作用,反而浪费了社会资源和政策福利,成

---

① 赵青:《影视公司逃离幕后》,《法人》2018 年第 11 期,第 15 页。

为规避国家税负的理想之地。

（三）调整支付方式

虽然明星逃避税负让普通大众义愤填膺,但我们也必须认识到明星纳税和普通人纳税适用的规则是一样的,同样适用个人所得税征收办法。根据我国税法规定,对于劳务报酬所得,适用 20% 的比例税率,如果劳务报酬一次取得畸高的,则可采取加成征收的办法。加成征收采用超额累计税率的办法,以 2 万元为起步标准。具体而言,个人取得的劳务报酬所得的应纳税额高于 20 000—50 000 的部分,按照应纳税额加征五成税额;个人取得的劳务报酬所得的应纳税额高于 50 000 的部分,按照个税计算方法计算个人应纳税额后,按照应纳税额加征十成。① 对于片酬动辄上千万的大腕明星来说,一般来说都会加征应纳税额的十成,也就是占到了明星劳务报酬所得税额的 40% 左右,几乎征收一半的报酬。国家对富人征收的高税率一方面是为了调节收入分配方式,促进社会公平正义,另一方面也是对普通劳务工作者的辛苦劳动的尊重。但是一些大腕明星在享受电影产业红利的同时却不愿意依法履行纳税人应尽的义务,巧变名目通过支付方式的调节规避纳税义务,常见的手段有分次支付、税后支付等方法。

1. 分次支付

前面提到的明星,其劳务报酬所得大都超过 5 万元,如果一次性取得则适用加征十成应纳税额。但往往明星会依仗自身的议价能力要求与合作机构达成协议,通过分次支付方式规避高额赋税。

以 1 000 万片酬为例,假如某明星与一公司签订了一份劳务合同,劳务报酬为 1 000 万,假若不进行纳税筹划,进行一次性获得纳税,则应纳税所得额为 1 000 万 ×(1−20%)= 800 万元,按照税法计算其应纳所得税额为 800 万 × 40%−7 000 = 319.3 万元,税负为 319.3 万/1 000 万 = 31.93%。而如果明星与合作机构达成协议,要求将这 1 000 万元分十次支付,其纳税额和税负也会发

---

① 殷美姣,孟俊婷:《新税法下劳务报酬所得纳税筹划》,《市场周刊》2018 年第 11 期,第 135 页。

生变化。即每次收到劳务报酬 100 万元,按照税法计算其应纳税所得额为 100×(1-20%)×40%-7 000=31.3 万元,十次合计 313 万元,税负为 313 万/1 000 万=31.3%。我们可以看出,通过调整支付手段,明星在此次劳务报酬中规避了数万元的税负,几乎是普通劳务工作者一年的薪水。想象那些片酬动辄几千万上亿的明星来说,此种手段能规避的税负更加庞大。

2. 税后支付

中国电影产业发展起步晚,产业结构尚不健全,因而能牵动电影票房的大腕明星在电影产业中始终处于优势地位,他们依仗自己在业内地位或影响力作为议价资本,与影视公司谈合作时为了避税,增加收入,往往会将税负转嫁到影视公司身上,表面上看遵纪守法,背后实则是影视公司"哑巴吃黄连"。同时,近年来国家为了限制"天价片酬"现象,以限筹令的形式规定全部演员的总片酬不超过制作总成本的 40%,其中主要演员不超过总片酬的 70%,其他演员不低于总片酬的 30%,也成为影视公司税后支付的推手。这种行为虽说是明星和电影制作公司双方意思的自主表达,但这种畸形的不对等关系却对电影产业的良性发展产生了恶劣影响,因此也必须正视起来。我们知道,电影产业的发展,离不开资本的支持,电影的制作、发行、放映,电影产业链条上的每一环节都需要资金的支持。一部电影的制作资金是固定的,明星这种要求税后支付的手段,将税负转嫁到影视制作公司身上,就会严重压榨其他非主要演员或电影其他环节的制作成本,进而影响电影制作的艺术水平,使得电影市场上出现了很多良莠不齐的电影作品。因而我们就不难理解看到一些电影有资金花钱请大牌明星参演,却没钱处理特效等的"五毛"现象了。

(四)成立个人工作室

根据我国税法规定,演艺人员个人的片酬可纳入"工资、薪金所得",适用 3%—45% 的七档超额累进税率,税率最高;而对于明星成立的个人工作室的收入,则适用于"个体工商户的生产和经营所得",按照 5%—35% 的五档超额累进税率计算。通过纳税筹划,两者纳税方法上限悬殊 10 个百分点,对于明星来说是一个不小的数额。同时,明星以个人工作室参演的电影,在收到制片方的片酬后，一般不会将片酬直接发给明星个人，因为此时税率依然很高；制片方会将这部分片酬继续投资其参股的其他公司，通过不断运作将税点持续降低甚至为零。因此我们可以观察到，基本上演艺圈一线明星都拥有自己的工作室，这一方面是为了摆脱经纪公司的需要，另一方面，也为辗转腾挪资金提供了便利。加上大部分明星都将个人工作室注册在税收优惠地，即税率洼地，所以，个人工作室就成为明星逃税避税的完美工具。

明星通过聘请税务专家进行税务筹划逃税避税的手段不止上面提到的四个方法，另外还有片酬转股权、设立信托基金、甚至变换国籍等等手法，手段多种，式样繁多，利用税收制度的漏洞逃税避税，其手段只有想不到，没有做不到。

三、逃避纳税危害社会与产业发展

（一）拉大分配不均，影响公平正义

电影产业的红利使从业人员或得了巨额财富，这是市场作用的结果无可厚非，拥有高额财富不能成为被仇视的理由，我国宪法第十三条就明确保障"公民的合法的私有财产不受侵犯"。但是，市场因其具有滞后性的特征，不能及时的针对市场行为做出反应，一些明星通过钻法律和政策的漏洞规避税负，甚至铤而走险偷税漏税，这样取得的财产并非"合法财产"，这样的财产取得方式便是需要打击和加强监管的，听之任之的放纵，势必会加大收入分配不均，影响到社会公平正义。罗尔斯在《正义论》中指出，正义即公平。① 分配正义如果受到侵害，对整个社会的结构和稳定势必会带来冲击。纵观近年来电影产业发展状况，一个演员一部影视作品的片酬可以抵得上一个普通劳动者一辈子的收入，即使是那些从事国家核心科技研究的科学家，一辈子的收入可能都抵不上一个演员的一年收入。范冰冰在电影《大轰炸》中并非主要演员，她仅仅是客串饰演了一位幼儿园女教师，寥寥几个镜头，不过十秒的演出，仅有3

---

① 罗尔斯：《正义论》，中国社会科学出版社，2009年版。

句台词,竟然拿到了3 000万的报酬,无论是以镜头为单位,还是以台词或演出时间为单位,都可以称得上是世界上最高的片酬了。同时,电影明星曝光在聚光灯下,其一言一行都被社会公众看在眼里。望着那些演技低劣但依靠粉丝经济身价过亿的"小鲜肉",自己辛苦一生的劳动所得远不抵人家一部电影的片酬,普通劳动者的相对剥夺感会大大增加。

同时,我国的个税计征模式也加大了收入分配不均情况。我国个税实行分类税制,个人所得税几乎可以称为"工资税"。低收入者由于大部分只有工资收入从而纳满税额,高收入者却利用利息、股息、分红等收入方式将大量财富通过合理避税纳入自己钱包,上缴给国家的工资税却少之又少。在灰色收入盛行、个人征信难以落实的当下,真正的富人往往可以轻松"合理避税",而普通工薪阶层则只能"合理纳税"。个人所得税是以"劫富济贫"为初衷和主要功能的税种,是国家调节收入分配、实现社会公平的主要手段,[①]但就目前来看,个税征缴似乎就变成了对城市中产阶层的变相剥夺。社会上对"穷人纳满税,富人少纳税"的局面早有议论。虽然今年个税上调,但是针对高收入人群的税收制度也应同步跟进,进一步缩小贫富差距,促进社会公平正义。

(二)破坏行业秩序,影响产业发展

明星大腕利用税务漏洞逃避税务已成为行业"潜规则",其弊端之深,不仅影响到社会公平正义,打击靠勤劳致富的劳动者的生产积极性,同时也会影响整个电影行业的从业秩序,对电影产业的健康发展产生不利影响。

近年来电影产业收入虚高,而合理的税收调控手段正是刺破"天价片酬"泡沫的有效手段。众所周知,资金对于电影产业链条各环节的作用都十分重大,无论是前期购置剧本版权、商谈主创人员的薪酬,中期拍摄过程中跟进的美服化道,还是后期的合成、配音甚至特效制作等等,都离不开充足资金的支持。然而,一些电影制作公司为了支付明星大腕的片酬甚至是税后片酬,将总

---

① 邓玲:《基于个税起征点调整的我国税制改革探讨》,《现代商贸工业》2011年第18期,第56页。

投资50%甚至80%的资金都给到了演员或者主演手中,影视制作的其他环节将出现"巧妇难为无米之炊"的局面,制作成本给水,制作工艺自然受到影响。同时,同是参演制作一部电影,主演片酬千万上亿,其他辛苦忙碌的工作人员相比之下天差地别,谁还会有心思认真工作,畸形的收入差距对电影产业的健康发展势必造成不良影响。只有完善税收监管制度、落实细化个税征收办法,才能为电影产业的发展打好基础。

另外,电影明星等高收入群体为了减少上缴税负,往往向税务部门提交虚假的信息数据,这将使得针对电影领域的统计数据失真,不利于国家经济主管部门进行宏观调控,及时有效地作出对电影产业有利的政策调整。只有规范税收秩序,才能提升影视行业在薪酬、成本与核算等财务方面的管理水平,促进电影产业健康发展。

四、国家坚决整治电影产业税收乱象

(一)政策法规相继出台

1. "限酬令"的出台

2018年"范冰冰阴阳合同事件"将演艺圈偷税漏税问题推向了公众视野,其蝴蝶效应更在中国电影产业界刮起了一股税收整治风暴,波及电影制作参与主体的各个环节。但是国家针对电影产业税收乱象的治理其实早已展开,早在2016年9月,《人民日报》便发文痛斥演员天价片酬,指出天价片酬不仅导致制作经费严重被占用,编剧、后期制作等其他工作人员的酬劳过低,严重影响电影质量,而且畸高的片酬也容易成为偷税漏税滋生的温床。2017年6月26日,国家新闻出版广电总局、发改委、财政部、商务部、人社部等五部委联合下发《关于支持电视剧繁荣发展若干政策的通知》,提出严禁播出机构以明星为唯一议价标准。2017年9月中国广播电影电视社会组织联合会电视制片委员会等四方联合发布《关于电视剧网络剧制作成本配置比例的意见》(俗称"限酬令"),对演员片酬比例进行限制,这些都是对电影产业金融监管的尝试,只有从源头治理,落实好"蛋糕"的分配方式,才能真正整治好电影产业的税收乱象。

习近平同志在十九大报告中强调,中国特色社会主义进入新时代,我国社会主要矛盾已经转化为人民日益增长的美好生活需要和不平衡不充分的发展之间的矛盾。以明星作为创作的唯一"议价标准",从本质上违反了我国社会主义要求的以内容生产为导向的创作核心,更无法实现满足人民精神生活的深刻内涵。限酬令的出台虽不具有法律效力,仅以行业自律规范的形式对演员片酬进行限制,但仍然具有一定的权威性和威慑力,使得明星不敢明目张胆索要高额片酬,更在逃避税务时有所忌惮。

2.《电影产业促进法》的实施

2017 年 3 月 1 日起,我国文化产业领域的"开山之法"——《电影产业促进法》(以下简称《电影法》)正式实施。这一法律涉及电影的管理、创作、制作、发行、放映等多个方面,不仅对电影产业的可持续发展和建设规范有序的电影市场意义重大,对我国目前正在进行的文化产业领域立法工作也将产生积极的示范作用。[1] 近年来电影产业税收乱象,不仅是税收制度问题,同时也是行业自身发展存在的问题。《电影法》的出台,正是在电影产业飞速发展,同时自身又问题重重的情况下诞生的,将会对电影产业的发展起到规范性作用。政府规范电影行业税收秩序,既要细化税收制度,采用分类税和综合税相结合的征收模式,从税务手段着手,同时又要遵循电影产业的行业法规《电影法》的基本原则和精神。

《电影法》第九条"电影行业组织依法制定行业自律规范,开展业务交流,加强职业道德教育,维护其成员的合法权益。演员、导演等电影从业人员应当坚持德艺双馨,遵守法律法规,尊重社会公德,恪守职业道德,加强自律,树立良好社会形象。"本法首次以法律的形式要求以演员为首的电影从业人员要以"德艺双馨"来要求自己,从道德和法律两个层面对电影从业人员进行了倡议和规制,意义重大。在我国征信体系建设尚未健全、对于失信人惩治力度不够、社会容忍度也过于宽泛的情况下,一些明星演员逃避税务无所顾忌,遭受

---

① 范玉吉、杨宇璇、李文志:《中国电影产业进入法治轨道》,荣跃明主编:《上海电影产业发展报告(2018)》,上海书店出版社 2018 年版,第 109 页。

逃税惩罚的预期远远低于高额的偷税漏税金额，致使行业内"灰色收入"盛行，电影产业税收乱象横生。《电影法》的出台必将会使这一现象得到遏制。我们已经看到许多涉及"黄赌毒"的艺人明星遭到封杀的情况，既然影视产业逃税漏税乱象已被摆上台面，相信接下来关于逃税漏税的失信人演员和明星也会被业内及公众所抵制，《电影法》的规制作用也必将慢慢展现出来。

3. 相关政策通知陆续跟进

"天价片酬"问题只是暴露出电影产业行业乱象的冰山一角，今年的"范冰冰阴阳合同事件"更是捅破了影视产业税收乱象的那层"窗户纸"，国家税务总局、国家电影局等相关部门严肃对待、及时跟进，接连出台了一系列的文件和通知，刮起了一场席卷电影行业的"税收风暴"，中国电影产业即将迎来税务监管的严峻期。

2018 年初，新疆霍尔果斯经济开发区开始整改，清理"一址多照"，开始实行"一址一照"，并暂停此前的实行的增值税返还、个人所得税减免政策。① 同时针对电影产业，税务部门检查了是否有关联公司低价或者无偿转让资产的问题；是否存在将内地母公司的利润转到位于霍尔果斯经济开发区的子公司的问题；是否有注册为空壳公司逃避税负的问题。2018 年 6 月，中宣部等五部委联合印发《通知》，要求加强对影视行业天价片酬、阴阳合同、偷逃税等问题治理，控制不合理片酬，推进依法纳税，促进影视业健康发展。② 2018 年 7 月中旬，国税总局要求各级税务机关进一步加强影视行业税收征管，规范税收秩序。

在范冰冰案调查结果出台后，2018 年 10 月 8 日，国家税务总局发布了《关于进一步规范影视行业税收秩序有关工作的通知》（税总发〔2018〕153 号），明确要求各地区影视行业企业和高收入影视从业人员根据税收征管法及其细则进行自查自纠。国税总局要求各地税务部门要充分考虑影视行业的特点，坚持稳妥推进、分步实施的原则，通过自查自纠、督促纠正、重点检查和总结完善

---

① 李云琦：《霍尔果斯："注册经济"之变》，2018 年 6 月 8 日《新京报》B06 版。

② 《中宣部等部门联合印发〈通知〉 治理影视行业天价片酬"阴阳合同"偷逃税等问题》，新华网，http://www.xinhuanet.com/legal/2018-06/27/c_1123046209.htm。

四个阶段,切实纠正影视行业税收方面存在的问题,增强影视从业人员依法纳税意识,进一步完善税收管理措施,促进影视行业健康发展。

通过一列文件我们可以看出国家开始整治影视产业税收乱象的决心和行动。面对国税总局的重磅出击,电影产业链条上和各个环节都反响明显,导演、投资人、制片人等高收入群体都有所波及。此次税收风暴的刮起,必将引起电影产业的转型与洗牌,中国电影产业在外部环境的巨大挑战下将进入深度承压期。①

(二)治理税收乱象将产生巨大影响

1. 积极影响

电影产业是个特殊的行业,电影作为消费品体现着产业化、商品化的特征,同时电影作为一种公共文化产品,又起着价值引导、精神引领、审美启迪的寓教作用。② 因此,电影产业的发展与国家的主流文化引导、人民群众的精神丰富程度密切相关。"天价片酬""阴阳合同"、偷税漏税等问题的出现,致使影视作品创作成本大幅提高,电影产业的健康运行受到影响,同时也容易滋生拜金主义倾向,诱导青少年儿童盲目追星、追求一夜成名、一夜暴富,进而造成价值观的扭曲。国家税务机关今年能重磅出击,打击电影产业存在多年的税收乱象,规范市场经济秩序,是推动电影产业健康发展的重要举措。既然金融资本关系到电影产业的健康发展,关系着电影艺术的质量高下,那么只有将税务厘清,才能正确合理地发挥金融资本的作用,把钱用在需要的地方;才能真正调动市场活力,发挥电影制作各参与主体的工作热情;才能真正发挥电影产业的产业带动作用,促进产业转型和升级;也才能使我国电影产业真正做大大强,走出国门参与国际竞争。

2. 消极影响

针对目前电影产业掀起的税收风暴和补缴税款的热潮,虽然是出于整治税收乱象、树立税法权威,促进电影产业健康发展的目的,但由于此次规范行

---

① 高洪浩:《中国影视产业即将进入转型与洗牌期》,《财经》年刊 2019:预测与战略。
② 尹远:《治理影视行业乱象刻不容缓》,《中国广播电视学刊》2018 年第 9 期,第 128 页。

为涉及全行业各个部门,涉及电影产业的创作和经营活动,税收风暴如果不能细化落实、科学合理、稳步推进,会使行业参与主体的积极性大受打击,也会对中国电影产业的发展造成伤害。当然,对调整税收秩序的"税收风暴",业内和学界对其可能存在的消极作用也保持着就有的谨慎:

首先,补缴税款可能对政府公信力造成影响。有业内人士认为,目前要求规范的税收秩序问题并不能统称为行业乱象,有的问题则是由中央税收法律和地方税收优惠政策存在的矛盾而引起的。所谓税收洼地是地方政府在缺乏全国统一约束规则的情况下,利用自身政策优惠或者"让利"的形式而形成的合法低税区。这种税收的优惠强化了地方政府的竞争优势,可以吸引投资者主动前来投资。而众多前来注册的影视公司和明星工作室正是看中这些税收优惠政策而前来入驻的。虽然存在个别企业偷税漏税的行为,但大部分企业仍然属于照章纳税、合法经营的企业,他们为所在地的地方税收做出了贡献。如若含糊笼统地以统一补缴税款甚至滞纳金的形式来整顿,则否认了原先地方税收优惠政策的有效性,这与最初中央出台文件允许地方政府通过税收优惠和减免政策促进自身发展的鼓励性政策背道而驰,也大大将降低了地方政府的威严性和公信力,像霍尔果斯这样的产业园区也必将因丧失诚信失去吸引力。截至 2018 年 7 月 20 日,我国存在多年的国税、地税合并成为统一的税务局,从此,将不会再出现因政策不统一而形成的税收洼地。新合并的国家税务总局如果认为此前地方地税局的政策或法规不合理而进行新的调整并无不可,但也应本着"法不溯既往"的原则,以新出台的税法的时间节点重新征收。总而言之,税收秩序的混乱是中央和地方税收政策存在矛盾造成的,电影从业人员不应该为此买单。

其次,政策的不确定性会影响电影产业的良性发展。我们在见证中国电影产业做大做强,逐步发展成为全球第二大电影市场的同时,也要对近年来电影产业发展趋势有所认识。2018 年中国影视行业的盈利能力首次出现季度负增长,尤其在 2018 年二季度实现收入 137.6 亿元,同比下滑 8%。归属净利润 13.5 亿元,同比下滑 42%。[①] 2018 年电影产业显示出的增长放缓,一方面与消

---

① 高洪浩:《中国影视产业即将进入转型与洗牌期》,《财经》年刊 2019:预测与战略。

费者内容消费行为转变、市场流动性紧缩有关,与 2018 年产业内税务风暴也关系紧密。税收风暴如不尽快落实细化到地,将影响产业的良性健康运行。在 2018 年 3 月霍尔果斯影视产业税务检查之后,出现了大批影视企业集体逃离的景象,申请注销的企业多达 226 家。① 这其中肯定有空壳公司的存在,但也存在着忌惮税收优惠政策紧缩提前撤资撤离的"良心"企业。政策对产业的影响是显而易见的,资本趋利避害、追逐利益实现增值是其本性,电影产业受此次税收秩序的影响巨大,影视拍摄基地横店也难逃此次税务风暴。"行业的寒冬就要来临,嗅觉灵敏的资本早就出逃、影视公司提前缩减项目以求自保"。② 笔者曾深入横店进行了走访与体验,曾经热钱涌入、剧组繁多、游客络绎不绝的横店影视拍摄基地如今仿佛进入到"寒冬期",剧组寥寥无几,游客更是难以看见。虽然资本热钱的冷却和国家对于古装戏的限额是造成横店目前惨淡现状的原因之一,但是今天的税务秩序大调更是加剧了这一情况的严重性。在税收政策尚未落实细化之前,针对不明朗的业态,很多项目由于资金迟迟不到位而难以展开,已经立项的也在观望等候,有的影片甚至取消了路演见面会。税收政策不确定,电影产业的开展难以做到"有法可依",长此以往将会影响产业的良性发展。

再次,在税法面前明星不应被区别对待。我国并没有针对明星单独纳税的法律,明星和普通人一样,在法律面前人人平等,既要履行诚信纳税的义务,又应享受税法面前平等适用法律的权利。富人通过各种手段合理避税是一个社会性的问题,明星虽然存在合理避税的现象,但是性质和其他富人合理利用税务规则依法规避税负的行为是一样的,不能因为被置于曝光的聚光灯下就区别对待,仅对影视行业进行自查自纠,补缴税款。同时,根据国家税务总局下发到各地的通知来看,该通知并非是指所有影视行业的工作室和公司按照标准补税,只是针对各地明星工作室或者说是一线明星的工作室,这本身就缺乏合理性,也使得法律的威严被人质疑。先不说如何界定"明星工作室"抑或"一线明星",但就此次补税通知的区别对待就为人所诟病。此次补缴税款的

---

① 赵青:《影视公司逃离幕后》,载《法人》2018 年第 11 期,第 17 页。
② 高洪浩:《横店大撤退:冰冰走出了冬天,却把冬天留给了他们》,《财经》2018 年第 26 期。

规范行为如果不明确其法律依据和法律属性，并形成具有法律效力的文件，那么在实施中势必会招来非议，影响有关国家机关和法律的权威。

此次规范影视产业的税收秩序，从出发点来看是好的，试图通过打击"天价片酬""阴阳合同"等行业乱象，为中国电影产业正本溯源，加快产业化进程扫除障碍。但是，如果税收规范不能细化和落实，出台具有法律效力的文件，规范执法程序，那么此次税收风暴真正起到促进中国电影产业健康发展的作用就不得而知了。

结　　语

关于此次席卷电影产业的税收风暴，我们要清醒的认识到，这是自改革开放以来电影产业变动最为剧烈的一次，也是中国从电影产业大国走向电影产业强国的重要一步。电影产业的各个环节、各参与主体在这场税务规范风暴影响下是以变求强，自我革新，遵循市场规律和尊重观众审美，遵守法律法规不断做大做强，还是继续目光短浅，抱残守缺，醉心于一时利益而不是长远发展，这两种不同的做法将影响电影产业未来的发展前景。税收手段一直是国家进行调节经济的重要工具，一部健康完善的法律将对产业的发展起着基础性的支持和保护作用，对于电影产业这样一个和金融息息相关的产业更是意义重大。我相信此次税收秩序调整虽然起初做不到尽善尽美，会让业内业外议论纷纭。但是随着时间的进展，税法的细化和落到实处，税收细则的不断调整优化，中国电影产业必将在新税法的规范下正本清源，迈向一个新的高度。

泛娱乐时代的影游产业互动融合

聂　伟[*]

摘　要　时至今日,不管是电影项目创制还是网络游戏开发,都已被悉数裹挟进入以互联网为传播技术平台/意识形塑系统的"超级链接"时代。随着电影与游戏在技术共享、文本改编和产业协作等方面的互动愈发频繁,影游联动被业界乐观想象为文创产业发展的新风口。然而,部分传媒巨头以粗放手段野蛮收割文化资源的营销与资本价值,忽略了跨媒介影像内容的二次创作,致使多数搭售性的改编案例陷入口碑与票房双输局面。打造影游联动模式升级版的当务之急是,化解资本权力斗争掣肘、粉丝转化率较低以及迎合青年文化消费需求等产业难点,充分实现两大文化产业的优势叠加与资源集聚。此外,成熟的影游联动模式需要新的影像形态与内容产品给予支撑。游戏与电影有望在新一代计算平台上实现艺术形态的融合共生,进而推动新型文创产业的主体升级。

关键词　泛娱乐　电影　电子游戏　融合

时至今日,不管是电影项目创制还是网络游戏开发,都已被悉数裹挟进入以互联网为传播技术平台/意识形塑系统的"超级链接"(Hyperconnectivity)时代。基于新一代信息技术应用的产业创新,不仅迅速催化消融/弥合了传统媒介的壁垒/鸿沟,而且进一步刺激了互联网巨头打造以资本为主导的泛娱乐工业体系的勃勃雄心。

　＊　聂伟,上海大学教授、上海市文艺评论家协会副主席。

近期被业界"翻炒"的"影游联动"概念,就是在上述系统整合的大背景下再次得以浮现。从市场的基本面看,其支撑条件有二。其一,当前中国电影产业保持持续繁荣的发展态势,最直接的表征就是票房倍增与产业规模快速增长。一方面,近年来中国电影票房持续高位运行,2018年年度票房有望突破600亿大关。其二,国内游戏市场的表现同样抢眼,2018年上半年实际销售收入达到1 050亿元,国内游戏用户高达5.3亿人,[1]群体消费市场潜力巨大。

我们注意到,此前已有成功的改编案例,为"影游联动"概念的成立积累了部分合法性依据,而如今这两种高速扩容的娱乐产业形态在互联网资本的"焊接"下开始进行尝试性接轨。早在2016年举行的ChinaJoy(中国国际数码互动娱乐展览会)就以"游戏新时代,拥抱泛娱乐"的主题揭示了新的行业趋势,腾讯、网易、巨人等游戏界"旗舰"纷纷宣布成立下属影视公司,推出一系列游戏改编影视剧的宏伟计划。对这些资本充裕的厂商而言,与其持有大量优质IP资源等待改编,不如主动介入源头开发,确立泛娱乐产业的全新支撑点。强势资本的权力话语正在从顶层构架、产业运营等方面操纵传统大众娱乐工业的走向,并以"泛娱乐"的名义率先推动IP(Intellectual Property)的跨媒介扩散。通过泛娱乐布局中的两大优质资产相互联合,"影游联动"催生新的叠加效应,甚至被乐观想象为"互联网+"语境中国娱乐文化产业发展的下一个风口。

"影游联动"是对"异业融合"趋势的自觉践行,亦可折射出中国电影基于供给侧改革的不懈努力。当前一批玄幻游戏题材率先试水大银幕电影,这种"影游联动"的实践印证了电影产业价值链升级发展的逻辑。我们注意到,自20世纪90年代至今,中国国产大片经历了三个发展阶段:从强调创新、创意、创作为主导价值的传统电影产业1.0格局到由《英雄》开创的、以市场营销和品牌价值为主导的现代电影产业2.0格局,再到近年来处于形塑过程中的,深植且自融于"互联网+"语境,自觉构建以IP创意化、金融化、资产化与技术革

---

① 数据来源:国家新闻出版广电总局数字出版司指导,中国音像与数字出版协会游戏出版工作委员会(GPC)、CNG中新游戏研究(伽马数据)编写的《2018年1—6月中国游戏产业报告(摘要版)》。

新为牵引,以实现上述要素最优配置为目标的复合型产业。① 值得注意的是,在进入 3.0 阶段之前,即使张艺谋的《英雄》也并未推出过同名游戏版本,但是近年来以《西游记之大圣归来》《捉妖记》《九层妖塔》和《寻龙诀》为代表的国产新大片却大多进行了"影游联动"的尝试。国产新大片作为电影产业集群的"旗舰",其共同选择自然具备一定的指标意义。

电影与游戏(此处专指电子游戏)这两种依存于不同媒介的大众文化消费方式,二者在互为蓝本改编的过程中,事实上具有的复杂、模糊甚至从属性的关系,如今被一种"联动"的呼声所消融。后者代表着资本之"荷尔蒙"的强势喷涌,这种经济自信似乎在《魔兽》上映之初 5 天破 10 亿的票房成绩②中一度得到验证。可惜的是,后继乏力的中国票房市场未能帮助《魔兽》在全球范围内扭转颓势,这部有史以来最为卖座的游戏改编电影仍旧造成了 1 500 万美元左右的亏损③。《魔兽》所遭遇的票房失利如同对"影游联动"的"冰桶挑战",对于急于抢占投资"风口"的过热头脑而言,兜头而下的冷水应被理解为一种警示性信号。颇为有趣的是,2014 年游族影业率先提出"影游联动"的概念,但却迟迟没有说明产品开发的具体模式。这种迟疑与观望或许侧面说明电影与游戏能否实现优势叠加尚待探索。而根据已有经验来感知与判断,电影与游戏究竟在多大程度上能够达成"共生"? 二者究竟是合开于一处相互映衬的"并蒂双生花",抑或仅仅是强势资本"触手"操纵下的"指婚"?

"双行道":电影与游戏的跨媒介互动

作为第七艺术,电影自诞生伊始,就显露出较为明显的跨媒介综合属性。电影为了寻求艺术殿堂中的一席之地,主动选择借用"戏剧的拐杖"与文学"联姻"。以 IP 观念为核心的早期跨媒介扩散形式大多体现为文学、戏剧、戏

---

① 聂伟、杜梁:《国产新大片:站在电影供给侧改革的起点上》,《当代电影》2016 年 02 期。

② 数据来源:猫眼专业版,http://piaofang.maoyan.com/? date=2016-06-12。

③ 唐舒畅:《中国票房那么高,〈魔兽〉电影还是亏了》,《好奇心日报》,http://www.qdaily.com/articles/29676.html。

曲作品向大银幕的单向移植①,这种创作模式自电影诞生后不久即形成潮流,我国电影发展历程中对传统曲艺、文明戏、鸳鸯蝴蝶派小说以及左翼文艺等大量文本的影像化翻版也验证了这种艺术生产方法的可行性。当然,我们注意到,这种单向的跨媒介改编往往以电影的大银幕呈现作为最终的综合艺术呈现形式。换句话说,这种情况下电影扮演了 IP 跨媒介扩散的终端角色。

如果说,传统电影曾经一度处于跨媒介改编的金字塔顶端,那么电子游戏的问世打乱了这一线性发散序列,重新将其构造成扁平化的开放式系统。比之对传统艺术内容的单方承接,电影与电影的双向改编则显得更为复杂。法国电影理论家让-米歇尔·傅东认为:"电影与电子游戏的关系可以归纳为四种形态:评述、改编、引用与结合。"②电子游戏诞生后不久,就进入到跨媒介改编的序列中。1976 年,美国雅达利公司推出世界上首款真正意义的家用游戏机——雅达利 2600 系统,这一新鲜娱乐产物与商业电影的合作前景被普遍看好。1982 年,雅达利 2600 开始搭售史蒂芬·斯皮尔伯格执导的《夺宝奇兵》同名游戏,被视为开创了国外"影游联动"的早期商业范式:游戏依附于电影进行宣传发行,以此来降低风险与成本,并最大限度地挖掘 IP 的经济价值。③

无论是游戏改编电影还是电影转化成游戏,其核心内涵都是对作品的商业价值进行二重乃至多重挖掘。尽管这两种改编方式都以文化资本的利润再生产为价值导向,以普通大众对流行文化的接纳程度为评价准则,但在家用游戏机与 PC 机盛行时代的双向改编历程中,无论何种方式,都只有少数案例获得成功。1993 年,任天堂与好莱坞电影公司携手推出了《超级马里奥兄弟》的大银幕版本。至此,影游内容共生将原本主要呈现为单向式的跨媒介改编带入普遍化的"双行道"时代。可惜的是,影片未获市场认可,而这次失败的尝试似乎为其后的游戏改编电影套上了"魔咒":除了《古墓丽影》《生化危机》等

---

① 事实上也存在极少数反向改编的特例,比如《星球大战》系列就是在电影上映并取得巨大成功之后,才开始出现同人文学和游戏改编作品。

② [法]让-米歇尔·傅东:《电影的不纯性——电影和电子游戏》,杨添天译,《世界电影》2005 年第 6 期,第 169 页。

③ [美]道格拉斯·布朗、[英]谭雅·克里兹温斯卡:《电影-游戏与游戏-电影:走向一种跨媒介的美学》,范倍译,《电影艺术》2011 年 03 期。

寥寥几部作品能够收回成本,其余如《地牢围攻》《街头霸王:春丽传》《波斯王子》《杀手47》等影片悉数票房"扑街"。《最终幻想:灵魂深处》①从小屏幕走向大银幕的同时,也充分证实了IP"豪赌"背后的高风险性,游戏发行商Square Soft的经济损失高达1.2亿美元,无奈之下只能选择与竞争敌手Enix合并。

依据电影内容转化而来的游戏与前者的命运轨迹大体相似,多数作品陷入口碑与市场"双输"的泥淖。电影搭售游戏的复杂性在于:一方面,由于电影常常以文学、戏剧、戏曲、动漫作品的"下游"文本的面目见诸世间,因此如《哈利波特》《魔戒》与部分漫威动画等生命力较强、受众范围较广的跨媒介IP范本就形成了从源文本——电影——游戏的线性媒介发展脉络。此时,作为大众娱乐工业中最先以运用影像抓取观众视觉注意力的现代化工具,同时也是IP线性扩散过程中不可或缺的中间环节,电影至少部分地承载起在传统媒介与新媒体之间进行转化与"翻译"的功用。另一方面,某些时候电影居于发散式跨媒介改编的中心点位置,自身承担了"源文本"的功能。由此辐射开来,《星球大战》《侏罗纪公园》等同人文学和电子游戏均可被视为同名电影IP的次一级文本。问题在于,在移动互联网时代到来之前,电影搭售游戏的做法较少能够获得市场认可,只有《黄金眼007》《蜘蛛侠2》《金刚》等少数成功之作。相反,根据斯皮尔伯格的经典作品《E.T.外星人》改编搭售的同名游戏未能成功实现粉丝有效转化,不但打造"爆款"的预期受挫,也让发行商雅达利公司几乎遭受灭顶之灾。②

新媒体终端的快速普及与网络影视剧产业链的形塑,进一步扩大了电影与游戏双向互动的媒介矩阵。尽管前移动互联网时期电影与游戏跨媒介改编并不足够令人满意,但是深挖IP价值的热情却并未因此减弱,手机游戏的爆

---

① 《最终幻想》(Final Fantasy)是著名日本RPG系列游戏。该系列的全球销量超过1亿套,并先后多次获得业界大奖。其中影响最大的是《最终幻想7:降临之子》,不但销量高达972万套,而且是游戏史上较早运用CG技术进行画面渲染的里程碑式作品。《最终幻想:灵魂深处》正是紧随《降临之子》之后开发的电影衍生版本,影片全部画面都采用CG技术制作,甚至作为范例载入计算机图形学权威教科书《Computer Graphics with OpenGL》中。但是,影片故事内容与源文本并无直接关系,或许这也是票房失利的一个重要原因。

② [美]道格拉斯·布朗、[英]谭雅·克里兹温斯卡:《电影-游戏与游戏-电影:走向一种跨媒介的美学》,范倍译,《电影艺术》2011年03期。

发式增长又为这种努力添柴加薪。2009 年苹果公司发布了革命性的智能手机产品 3GS 后,其人性化的操作系统结合相对完备的盈利模式,诱引着大量游戏作品向 App Store 平台集聚,手游真正开始迈向产值高点。数据显示,2018 年上半年,国内移动游戏市场实际销售收入达 634.1 亿元,同比增长 12.9%。[①]从贪吃蛇等像素游戏搭载在手机上算起,手游产业的市场容量在短时期内超过了拥有百余年工业发展史的电影。其实早在 2013 年,"电影+游戏"已经成为业界普遍自觉,《钢铁侠》《神偷奶爸》《速度与激情 6》《环太平洋》等大银幕作品纷纷搭售手游版本。作为反向跨媒体改编序列,《割绳子》《水果忍者》和《神庙逃亡》等手机游戏也被寄予厚望,正在踊跃进入电影版本的工业生产流程中。

就我国的情况而言,"电影+游戏"的文本交互与产业联合尚处于起步阶段。20 世纪八九十年代,国内电子游戏厅遍地开花,PC 机开始向家庭用户市场下沉。或许是受到彼时国内主流社会道德观念的影响,对于刚刚接触大众娱乐意识不久的国民来说,"舶来"的电子游戏似乎本身带有诱人堕落的"原罪",游戏厅被看作"不良少年"聚集的"污秽"空间,家用电脑则存在迷惑并招致青少年上瘾的嫌疑。加之 90 年代国营电影厂难以适应市场经济体制而处于衰落期,在该历史阶段未能和国外同业者一起同步推动两种娱乐产业的"联姻"。直到 2005 年,上海唐人电影开始着手将第一代国产(台湾)电脑游戏《仙剑奇侠传》改编为电视剧版本,其后获得游戏改编"特权"的也仅有《仙剑奇侠传 3》《轩辕剑之天之痕》《古剑奇谭》等寥寥数部。[②]

中国移动互联网时代的到来为影游"联动"提供了新的契机。截至 2018 年上半年,国内移动端口游戏玩家用户总量约为 4.6 亿人[③],跨界资本角逐市场份额的阵地也随之转向移动端口。2015 年,电视剧《花千骨》一跃成为首个

---

① 数据来源:国家新闻出版广电总局数字出版司指导,中国音像与数字出版协会游戏出版工作委员会(GPC)、CNG 中新游戏研究(伽马数据)编写的《2018 年 1—6 月中国游戏产业报告》。

② 目前"影游联动"的概念外延不够明确,本文按照业内约定俗成的方式进行界定,将电视剧与游戏的双向改编也纳入讨论范围。

③ 数据来源:国家新闻出版广电总局数字出版司指导,中国音像与数字出版协会游戏出版工作委员会(GPC)、CNG 中新游戏研究(伽马数据)编写的《2018 年 1—6 月中国游戏产业报告》。

"剧游联动"的"爆款"样本,不但其网络总播放量超过 200 亿次、全国网收视 2.82,①同名手游的月流水也超过 2 亿元。一时间效法者众,却鲜有成功案例,《琅琊榜》《芈月传》等高收视佳作在手游领域也以遗憾收场,前者上线一周后便跌出畅销榜单②,后者则榜上无缘。相比"剧游联动",当下腾讯、网易等巨头的"影游联动"计划尚处于起步阶段,目前国内仅有《摩尔庄园》《龙之谷:破晓奇兵》《洛克王国》等几部游戏改编动画电影稍有斩获,《十万个冷笑话》《捉妖记》《煎饼侠》等高票房影片的同名游戏作品表现不佳。与此同时,原本呈暗中涌动之势的资本却动作不断,掀起了一股涉及"影游联动"概念的资产并购浪潮。这一轮"跑马圈地"包括奥飞动漫收购有妖气母公司北京四月星空等多起项目在内,充分显示了业界对于 IP 开发与媒介共生的强大信心。一个案例是,2016 年 7 月完美环球完成影游业务的重组工作,以"影游综合体"——完美世界的名义回归国内 A 股板块。由于缺乏可资复制的成功案例典范,使得"影游联动"目前仍处于资本市场"讲故事"的阶段。

影游联动:襁褓中的"跨界生命体"

从《夺宝奇兵》算起,全球娱乐市场影游联动的历史已有三十余年。多数情况下这两种大众娱乐工业形态的碰撞并未形成 1+1>2 的动能加乘势头,反而常常遭遇口碑与收益"双输"。但是吊诡之处在于,这种低成功率却无法阻挡资本日益高涨的入市热情。以游戏改编电影为例,《刺客信条》《幽灵行动》《俄罗斯方块》《梦幻西游 2》等多部作品都将陆续现身大银幕。

将目光从个体案例的考察中抽离出来,以更为宏观的角度进行商业主义趋利性的审视,便不难推测出,电影与游戏跨界改编的资本驱动力始终没有发生过变化。举例而言,《愤怒的小鸟》大银幕版本被看作连续亏损多年的芬兰游戏厂商 Rovio 重新赢取市场的背水一战,合作方索尼则试图通过推高票房以

---

① 《〈花千骨〉被赞周播剧王 网络播放量破 200 亿》,网易娱乐,http://ent.163.com/15/0909/09/B32G1O8S00032DGD.html。

② 张祯希:《〈琅琊榜〉手游何以只火一周》,《文汇报》2016 年 7 月 15 日。

强化自身在动画电影方面的表现。[1] 尽管3.4亿美元[2]的全球票房难以抵消高达4亿美金的宣发费用,但是电影周边销售、游戏用户返归与公司股价的提升才是操盘者的真正意图。在以IP为核心的"泛娱乐"产业发行营销链条中,影游联动被视作话题效应下的相互借势,进一步形成对受众娱乐时间的包围与占据,从而最大限度地攫取经济利益。这种商业模式印证了经济学家米尔顿·弗里德曼的新自由主义经济观,即商业的职责有且只有一个:在法律规章许可范围内,利用各种资源来从事增加利润的活动。[3]

姑且将"影游联动"背后稍显复杂的经济账搁置不谈,无法忽视的现实尴尬在于,这种跨媒介改编策略的粉丝转化率没能实现指数级增长。从某种程度上讲,IP与粉丝经济是真正支撑起"泛娱乐"战略的两根"门柱"。IP的跨界改编甚至代表了一种无需检验的大数据思维,协力筑垒起"知识产权"品牌的是庞大的粉丝用户群体。在现实操作层面,"影游联动"无法绕过粉丝跨媒介搬运这一关键的技术节点,而IP能否确保受众成功转化则有待考察。

具体而言,需要多方跨产业协作的"影游联动"模式,常常从项目进场伊始就遭遇资本权力斗争的掣肘。电影《魔兽》的宣发定位不可谓不精明,连续"跳票"十年的经历反而被当作精益求精、内容为王的说辞来助力影片推广。然而这种做法牵涉到一个不证自明的议题,即《西游记之大圣归来》建立起来"十年磨一剑"的"时间即质量"的观点并不适用于所有作品,制作周期长短与艺术质量好坏之间也不存在正相关性。事实上,许多游戏改编电影,如美国游戏厂商顽皮狗(Naughty Dog)旗下的《美国末日》《神秘海域》,其上映期至今仍遥遥无望。个中原因在于,好莱坞与游戏公司奉行着两套不同的改编规则,究竟是忠于原作还是履行标准化剧本生产流程,二者在电影剧本的控制权方面难以折中妥协。游戏厂商与编剧、导演无法形成共识,将不断剧本推倒重来自

---

① Ryan Faughnder, Sony and Rovio hope $400 - million promotional blitz will help 'Angry Birds' soar, Los Angeles Times, May17, 2016. Http://www.latimes.com/entertainment/envelope/cotown/la-et-ct-angry-birds-sony-20160517-snap-story.html.

② 数据来源: Box Office Mojo, http://www.boxofficemojo.com/movies/? id=angrybirds.htm.

③ [美] 米尔顿·弗里德曼:《资本主义与自由》,张瑞玉译,商务印书馆2006年版,第144—145页。

然成为"家常便饭"。①

电影改编游戏也面临着同样的权力博弈问题,这种无意义的内耗催生了一种只为宣传而存在的跨媒介"阉割"版本。受制于影视制作方的保密规则,部分游戏开发商在制作阶段甚至拿不到完整的剧本,只能凭借猜测和想象进行再创作,最终呈现出的游戏情节与源文本剧情结构大相径庭。还有一种情况是,出品方事先缺乏资源跨界联动开发的远见,导致影视改编游戏的制作周期相对较短,制作费用不足,比如有游戏厂商直接搬用几乎相同的引擎、策略、情节进行模式复制,仅需更换人物"贴皮"就匆匆完成制作。这种粗制滥造之作的生命周期自然难以长久,往往在堪堪熬过发行阶段后便乏人问津。

核心 IP 的跨界运作必然需要面对不同媒介间天然存在的鸿沟,对于电影和游戏而言,非常直观地体现为"眼睛——大脑"与"眼睛——手指——大脑"这两种人体运作机制的差异,而在更深层次的意义上,则是由技术差异性所导致的不同文化取向。尽管电影与游戏均将青少年视为主要受众群体,但此受众与彼受众并不是存在重合或包含关系。强调操作性与交互性的电子游戏存在着一定的系统操作准入门槛,并非所有作品都像《愤怒的小鸟》那样受到全民追捧。相较而言,《魔兽》《刺客信条》等大型游戏是建立在人机"对话"技能基础之上的、专属于"行家"内部的、排他性的狂欢,非资深游戏发烧友很难融入其中。相比之下,电影受众虽然可以按照题材、类型进行个人喜好的选择,但是如今多数文本都试图通过具备普遍意义的价值观念与叙事倾向来博取更广泛层面的受众认同。影游内容互动就如同在两条宽窄不同的铁轨上行车,一方面,游戏改编成电影需要从游戏玩家的狭窄受众定位中拓展而出;另一方面,电影转化游戏又面临技术操作准入门槛的选择问题,如果嫁接而来的操作系统与原作内容不匹配,便会面临"翻车"危情。

影游互为蓝本的改编工作,需要成功铆定内容人设与操作系统的接驳点,

---

① 以《魔兽世界》为例,游戏制作方暴雪娱乐公司希望电影版本能够忠实于原著,但在与好莱坞著名导演、编剧接洽时多次遭到拒绝,无奈之下才将选择与当时作为新人的邓肯·琼斯合作。有传闻指出,暴雪公司对邓肯的改编并不满意,甚至有意收回版权,自组电影部门拍摄续集。

方可顺利实现跨媒介并轨。依据现实经验来看，"泛娱乐"语境下的影游内容互动较少介入现实题材，多数情况下倾向于建构另类世界的造梦努力。前育碧娱乐软件公司 CEO 吉恩·博纳特甚至认为，由于游戏与电影可能存在共通的表现自由意志、人类本性、反对歧视等普遍价值，经由正确的方式制作出来的游戏改编电影有可能夺得奥斯卡奖。[1] 但是共通的价值蕴涵嵌套于不同媒介工具时，仍将具体外化至影像叙事层面，《超级马里奥兄弟》《俄罗斯方块》《水果忍者》等游戏内容空心化严重，本身并不具备完整的故事架构、叙事线索和矛盾冲突，需要电影制作者对核心游戏元素进行提炼、加工、整合，重新创作出一个全新的故事。

但是，这种努力也会带来新的风险，那就是游戏元素的戏剧化改写常常得不到原作粉丝群体的认可。游戏改编电影在某些情况下颇像是对源文本进行再解读的"同人作品"，甚至是一场另类的真人 Cosplay，难以做到有效契合观众的心中期待。举例而言，《魔兽》电影在知乎、豆瓣等网络社区引发大批"原著党""吐槽"，尤其是针对影片结尾处暴风城的命运走向问题，原著中该城池的沦陷是男主人公洛萨建立人类联盟的关键线索，但影片却越过该桥段直接将暴风城确立为反抗入侵的"大本营"。当游戏元素遭受戏剧性的挤压，玩家们自然难以从"跨界生命体"身上寻觅到曾经的情感冲动。

余论：影游共生，寻求新的可能性

如今影游共生的最大障碍并非银幕/屏幕的介质跨越，而是两种不同的符码象征体系之间的天然鸿沟。仅从表演性的角度看，电影与游戏存在着明星化的完美经验（演员）与个人化的代入（玩家）之间的区别。电影表演受到演员/明星的角色塑造方式与其社会公众形象定位的影响，这种银幕形象的代入几乎是唯一的且不可逆转的；相比之下，电影中的角色是受到玩家控制的、完

---

[1] 参见《前育碧高管：终有一天，游戏改编电影将拿下奥斯卡》，游迅网，http://www.yxdown.com/news/201607/302886.html。

全由数字生成的拟态生命,甚至在第一人称游戏中由"无面目"的操作者扮演。角色代入方式的差别不但影响着受众的观看/操作视角,而且决定其究竟是作为旁观者还是参与者而存在。因此,当受众将游戏中的"我"投射至电影中的"他/她"之时,技术装置与符码体系的差别难免会造成既有操作经验的断裂感,反之也是如此。

技术的快速发展为解决该命题提供了新鲜思路,增强现实(AR,Argumented Reality)与虚拟现实(VR,Virtual Reality)两大操作平台或将成为电影与游戏真正达成融合共生的重要连接点。在讨论 AR/VR 之前,近期的两个例证或许可以说明电影与游戏为破除符码体系的限制所做的努力。其中一个例证是,经典日本动画《口袋妖怪》借用 AR 技术再度"复活",游戏 Pockemon Go 一上线便迅速发展为全球性的文化现象,基于现实场景进行虚拟动物捕捉的全新操作体验充分证明了技术混淆真实与虚拟的强大能力。另一个例证是,尽管使用游戏视角进行电影拍摄并不新奇,但是美国电影《硬核亨利》通篇使用第一人称视角拍摄的同时还推出了 VR 版本,加之影片并不以故事见长,各种暴力场景的展现更像是对《反恐精英》《使命召唤》等射击类游戏的模仿。《硬核亨利》中,VR 体验将电影与游戏两套符码体系中的"我"均集中于观看者一身。可以想象,随着 AR/VR 技术的演进,未来电影与游戏之间的边界可能会变得模糊,某些电影可能不再需要演员,其人设特性得以发挥至最大限度;与此同时,部分游戏或许能够实现真人化,进而充分张扬数字技术的拟真性。

游戏与电影之所以有希望在未来新一代计算平台上实现艺术形态的融合共生,并非是源于"基因突变"。事实上,从电脑特效的应用到动态捕捉成为潮流,业界早已在数字化的实践中铸建起"影游联动"所依赖的技术基石。更进一步看,在 AR/VR 技术的支持下,未来甚至有机会诞生一种电影与游戏的融合艺术形态。这种"电影+游戏"的组合形态,将形成一套全新的观看/参与操作系统以及与之相对应的符码象征体系。其实《硬核亨利》已经初露端倪,"VR 影游"势必引导受众将自我代入角色,并且能够主动决定情节走向。对参与行为的空间限制也会被取消,受众不需要被"固定"在影院座椅中或者电脑屏幕前,他们可以随时随地将自我投射其中。甚至小说《三体》中展现的 VR 游戏也将变作现实,进入其中就如同连接至另外一段"平行世界"的生命体验,现实与虚幻的边界难以有效辨认。从完善"仿真"和"造梦"功能的角度来看,利用计算机等高新科技手段创造三维虚拟环境的 VR/AR 技术是电影生态"进化"过程中不可避免的一环。

目前对于新的艺术形态的探索尚处于初级阶段,但是新技术的奇观效应令受众们暂时忽略了叙事短板的存在。要言之,未来"VR 影游"的快速发展足以引发无数遐想,甚至将从根本上改变人类对世界的观看与认知,而这也许就是"影游联动"的理想状态。此前推出了《火星救援》《荒野猎人》《招魂2》等好莱坞电影的配套体验短片,姑且算作介于游戏与电影之间的体验式玩具,而后 VR 硬件厂商 Oculus 公司已经凭借一部《Henry》捧走了一座艾美奖奖杯。尽管对于 VR 电影中观众与创作者的主导权之争仍处于尝试与商榷的阶段,但至少映射出当下大众娱乐工业在构建泛娱乐景观过程中的技术自觉和努力。

年 度 电 影

改革开放 续写新篇
——2018 年中国电影理论批评发展报告

李建强

摘　要　2018 年,对于中国是一个非常值得纪念的年份。电影理论批评围绕中国电影改革开放四十年的历程,从宏观和微观交叉、理论和实践结合、当下与未来的衔接上,对国际国内电影的动态走向进行及时跟踪,总结发展经验,钩沉历史记忆,理论前导,聚焦重点,努力为中国电影在新时代的发展问诊切脉,发挥了理论批评特有的反馈作用,体现了理论批评当有的立场品格。

关键词　2018　电影理论批评　改革开放　发展报告

2018 年,对于中国是一个非常值得纪念的年份。四十年的改革开放,给中国带来了巨大的变化,也更加明确和坚定了中国特色社会主义文化建设的方向。对于中国电影理论批评,在这样一个重要节点,也积极汇入社会主流,总

107

结历史经验,发掘历史记忆,坚持改革开放,取得了一批重要理论成果。

一、年 度 视 点

本年度,电影理论批评围绕中国电影改革开放四十年的历程,既注重总结发展经验,又不回避矛盾和问题,从宏观和微观的交叉、理论和实践的结合、当下与未来的衔接上,对国际国内电影的动态走向进行及时跟踪,予以深入探析,努力为中国电影在新时代的发展问诊切脉,发挥了理论批评特有的反馈作用,体现了理论批评应有的立场品格。

(一)总结中国电影改革开放四十年的经验

起自于 1978 年的改革开放,至今已走过了整整四十个年头。四十年来,中国发生了翻天覆地的变化,中国电影也取得了巨大的发展。总结四十年的发展历程,从中钩沉发凡和汲取经验,自然成为电影理论批评关注的重要切入口。

1. 四十年的经验值得珍视

尹鸿认为,改革开放四十年,与中国历史进程息息相关,中国电影走过了一条马鞍型的发展道路,经历了从高峰到低谷再到复兴的发展历程,体现了中国电影与时俱进的巨大生命力。电影成为时代进程的一面镜子,时代成为电影发展的重要动力。他将四十年中国电影的发展划分为以下几个节点:一是开启中国电影"新时期",二是电视时代的电影娱乐化转型,三是走向世界的中国电影,四是电影大国的复兴,五是从电影大国到电影强国。他进而提出,与民众心心相通,与全球息息相关,与时代"同呼吸,共命运",成为现代中国、现代文明发展的一面镜子、一盏路灯,是中国电影改革开放四十年最重要的历史财富和通向未来最基本的历史起点。[①] 胡克提出,四十年的改革开放,为中国电影和中国电影理论提供了充分的条件,这个条件实际上是千载难逢的,如果

① 尹鸿:《关乎人文 化成天下:改革开放 40 年的中国电影》,《北京电影学院学报》2018 年第 2 期。

没有改革开放,中国电影和中国电影理论都不可能有飞速的发展。十一届三中全会以来,最大的特点是全社会对于早先现存的体制做了有限的和适度的自我反省,试图探索一条新路,使社会的发展更加全面、合理、进步,这个是中国电影和理论发展最重要的前提条件。① 陈旭光认为,改革开放四十年,中国电影产业在伤痕中苏醒,在改革中奋进,又在世纪之交的低潮中艰难前行,最后整合成多元互融的一部文化融合和文化创新的历史。②

2. 四十年中国电影的主要变化

周星提出,改革开放四十年中国电影整体上的变化:首先,体制上从文化管理部门转移到广电部门;第二,在法治轨道上,《电影产业促进法》的出现,对中国电影的地位、市场机制审查等提供了非常好的法治保障;第三,整体观念上国家核心价值观归拢在更宽泛的范畴之中。贾磊磊认为,从总体上讲,中国电影从 1978 年到 2018 年有几个重要的变化:一是从单一、本土化、国有、计划经济的生产体制转变为一种国有、民营、外资与合资相互并存的市场化的生产体制;二是从以电影院为主体的单一的放映系统转变为以电影院、电视台、互联网、多媒体为传播放映平台的多元化电影传播网络;三是从单一的行政管理模式转变到强调社会效益与经济效益并举,社会效益第一的制片管理模式;四是从位居世界电影末流的产业状态转变为银幕数量全球最多、全球唯一能与好莱坞进行正面市场博弈的国家;五是中国电影导演在经历了 N 代的轮番转场之后,逐渐形成了多层次、多梯队、多样化的导演艺术团队;六是中国电影从以题材为导向的作品生产转变为一种以类型为导向的产业化生产;七是中国电影进口市场从买断版权逐步转变为买断与分账两种不同的交易方式,在中国本土的电影市场上形成了与进口影片平分秋色的市场竞争格局;八是电影生产的审批份额制被电影的审查制所取代,并逐步向分级制过渡;九是中国电影批评正在从以文学理论为原型逐渐转化到以电影理论为原型的电影影像分析、故事叙事分析、艺术类型分析和以经济理论为模式的市场分析、受众分析、

---

① 周星、贾磊磊、章柏青、胡克等:《改革开放四十年中国电影理论与创作的回顾与展望》,《电影评介》2018 年第 8 期。

② 同上。

效益分析；十是中国电影从不同的艺术流派、艺术群体正在汇聚成一种能够代表国家品牌的中国电影学派。①

　　在宏观解析的同时，丁亚平从"中国电影创作流变及其发展策略"、②陈犀禾和赵彬从"电影美学发展研究"、③陈旭光从"电影的美学重构与文化流变"、④李建强从"中国电影理论批评的流变及其启示"、厉震林从"电影表演的渐行渐进"、⑤陈彦均从"谍战电影政治修辞的位移"、⑥刘嘉从"放映市场的变迁"、⑦刘扬"电影发行业变革"、⑧聂欣如从"纪录片美学之变"、⑨王茵从"城市喜剧电影文化范式的转变"、⑩刘藩从"电影制片公司发展经验与启示"、⑪张琦从"电影产品（生产）之变迁"、⑫尹鸿和梁君健从"建构大众电影的叙事范式"、⑬刘思佳从"主旋律电影创作理念的转型"、⑭谭苗和鲁昱晖从"青春题材电影的时代叙事"、⑮赵卫防从"内地与境外电影合拍的流变及影响"、⑯高有祥和高山从"合拍电影叙事流变"、⑰王丽君从"电影美术分析"等角度对改革开放四十年来中国电影的进击和创造进行阐述，⑱给人以全面、系统、完整的概

① 周星、贾磊磊、章柏青、胡克等：《改革开放四十年中国电影理论与创作的回顾与展望》，《电影评介》2018 年第 8 期。

② 丁亚平：《改革开放四十年中国电影创作流变及其发展策略》，《当代电影》2018 年第 7 期。

③ 陈犀禾、赵彬：《中国电影美学发展研究（1978—2018）》，《电影艺术》2018 年第 5 期。

④ 陈旭光：《论改革开放四十年中国电影的美学重构与文化流变》，《浙江传媒学院学报》2018 年第 5 期。

⑤ 厉震林：《改革开放 40 周年：中国电影表演学派渐行渐近》，《艺术评论》2018 年第 6 期。

⑥ 陈彦均：《改革开放后中国谍战电影政治修辞的位移》，《北京电影学院学报》2018 年第 3 期。

⑦ 刘嘉：《改革开放四十年放映市场的变迁》，《当代电影》2018 年第 8 期。

⑧ 刘扬：《改革开放四十年中国电影发行业变革研究》，《当代电影》2018 年第 8 期。

⑨ 聂欣如：《改革开放四十年中国纪录片美学之变》，《当代电影》2018 年第 9 期。

⑩ 王茵：《改革开放以来国产城市喜剧电影文化范式的转变》，《当代电影》2018 年第 7 期。

⑪ 刘藩：《改革开放以来中国电影制片公司发展经验与启示》，《当代电影》2018 年第 6 期。

⑫ 张琦：《改革四十年：中国电影产品（生产）之变迁》，《当代电影》2018 年第 6 期。

⑬ 尹鸿、梁君健：《建构大众电影的叙事范式》，《当代电影》2018 年第 7 期。

⑭ 刘思佳：《类型化·市场化·大众化—论改革开放四十年主旋律电影创作理念的转型》，《当代电影》2018 年第 7 期。

⑮ 谭苗、鲁昱晖：《论改革开放与青春题材电影的时代叙事》，《当代电影》2018 年第 7 期。

⑯ 赵卫防：《从华语圈到全球化——改革开放四十年来中国内地与境外电影合拍的流变及影响》，《当代电影》2018 年第 9 期。

⑰ 高有祥、高山：《改革开放 40 年合拍电影叙事流变》，《电影艺术》2018 年第 5 期。

⑱ 王丽君：《改革开放 40 年的中国电影美术分析》，《电影艺术》2018 年第 5 期。

观,也使人为之感到精神振奋。

3. 中国电影对世界电影的贡献

张颐武认为,四十年来中国的变化对世界电影的主题结构产生了一个根本性的转变,全球电影由于中国电影市场的发展而发生深度调整,我们的影响不仅仅是自己要走向世界,实际上好莱坞电影由于中国电影市场的发展做了深度调整。考虑到中国未来的潜力,好莱坞电影调整增加了中国元素,并把中国作为自己的核心市场,甚至比北美市场还要关键。全球市场向中国倾斜成为最重要的趋势。李道新提出,改革开放四十年来,中国电影通过对电影作为艺术,作为娱乐和作为产业,以及作为文化,还有作为特定媒介等这些关键维度的各种讨论和反复运作,追寻本体的路径,正在逐渐形成颇具特色的生产主体与消费主体,迄今为止,作为一种跨地跨国的国族电影,中国电影已经呈现出一种普遍的特殊性或者叫作特殊的普遍性,并为世界电影提供了一种最丰富、最复杂,甚至充满着矛盾、张力的经验和教训。[1]

(二)关注新时代新力量与新主流

21世纪以来,中国电影与新时代一同前行。其中一个突出特征是崛起了一个"新力量"的青年导演群体。他们是借助次二元生存的一代,在主体性、世界观、电影观和创作思维等方面都表现出与以往电影人不同的特点。对于中国电影新力量,理论批评界已连续关注多年,本年度对新力量的关注势头不减,并且因为把新力量与新主流联系起来,不仅把研究推向深入,也显现出更加开阔的视野和更富远见的谋略。

1. 对新力量的再认识

陈旭光认为,相对于前面几代电影人,新力量很难在电影中感知他们的主体形象和主体性,他们似乎倾向隐匿自己,进行偏向客观化的创作姿态和游戏性立场的电影生产。一个明显的例证就是,新力量的视点大多是客观的全知视角,不像第四、五、六代导演那样,喜欢设置一个观察者、内省者,实际上代表

---

[1] 周星、贾磊磊、章柏青、胡克等:《改革开放四十年中国电影理论与创作的回顾与展望》,《电影评介》2018年第8期。

了自己视点性的人物——自知视角。新力量导演注重观众,尊重市场,善于利用互联网,进行跨媒介运营、跨媒介创作,或者可以说,他们的主体已经消散于媒介、影像、市场,似乎不再拘执于某种"主体性"幻觉、"现代性"焦虑,更没有那种主体觉醒的欣喜,主体情感张扬的狂欢和谵妄。他们是当下中国电影的新力量,也是中国电影未来发展的希望。① 饶曙光针对性地提出,对"新力量"的理解,不能只局限于导演,还应该包括编剧、摄影、美工等,以及跨界而来的"外来力量"。他坦陈,我原来用"新势力"这个概念,但仔细思考觉得还是"新力量"这个概念涵盖的范围更大一些,可以更好地涵盖当前出现的新的电影现象,特别是由年轻的电影人推动出现的电影现象,有助于拓展我们的思维和思路。

2. 新力量的主要特征

陈旭光认为,这一代导演的"生存方式"可以概括为:"技术化生存","产业化生存","网络化生存"。尹鸿认为,总体上来说这一代电影人的电影训练、戏剧训练基础比较好,而且大部分都经过其他媒体的先期训练。原来学院派一出来都是按自己的电影理念去创作电影,但"新力量"是在跟观众的交流中制作电影。"新力量"中既有走商业道路的一群人,也有特别喜欢文艺片道路的人。今天电影市场最喜人的现象就是,文艺片也有了春天,差异性和多样性得到了市场的接纳。耐人寻味的是,与第五代导演的命名来自学术界不一样,与第六代导演迫不及待"自我命名"也不一样,在"新力量"导演的命名中,国家体制、主流意识形态层面起了重要的推手作用。从一开始被命名,他们就不仅仅属于自己,属于小圈子。这就决定了这一群体观念上的开放性、意识形态上的包容性、思维上的多元性,置身商业大潮的现实性和世俗感性。② 李迅则把新力量称之为"六代后",他们一方面更商业化,另一方面是奔农村、小镇,那些不那么现代化、城市化的地方去寻找自己创作的源泉,聚焦的是现代性所带来的深刻、迅猛的变化。尹鸿认为,与第六代不同,所谓"新力量",不光是指

---

① 陈旭光:《新时代 新力量 新美学》,《当代电影》2018 年第 1 期。
② 饶曙光、尹鸿、李迅、张耀丹:《完善机制 科学发展 助推新力量》,《当代电影》2018 年第 1 期。

年龄,因为 70 后这一代人有重叠。从来源上讲,"新力量"大部分经过电影专业训练,不管是来自国外还是国内。这些新的、来自不同样式的创作者自然跟电影之间会有个磨合过程,在褒扬奖掖的同时,需要给予更多的滋养和观照。①

3. 让新力量成为新主流

陈旭光认为,新时代中国艺术电影的坚守或变革,既昭示、凸显了自身的独特存在,也表达了自己与时俱进的鲜活生命力,同时为商业电影和主流电影提供了艺术借鉴和养分。这对现实主义的深化和类型电影的优化、电影主流观众艺术趣味的养成、合理的电影生态的营造,都有着不可或缺的重要价值。而如何提升作为生命线的电影质量? 如何强化质量提升的保障机制? 如何规范电影的全产业链机制? 如何建构一种兼顾电影的技术/艺术、工业/美学、技/道特质的"工业美学"原则? 如何更好地建设中国电影的新时代? 应该成为新时代电影生产主力的"新力量"导演们践行、追求的高远目标。尹鸿认为,对于中国电影的"新力量",最大的挑战是两个:一个是外部力量对他们的影响太多,一个人成名了,有砸钱的,砸情的,还有砸宣传的,各种因素导致他们可能失去做电影的初心;另一个是他们确实专业底气不足,成功带有比较大的偶然性。好导演需要综合素养,包括生活、文化和价值观素养。现在许多青年人还是靠天才和聪明,但是有才华不等于有综合性素养,能做成熟的情节剧和工业片,这才是"新力量"的中坚。饶曙光提出,如何通过各种力量的整合来实现整体上中国电影的专业化、中国电影的升级换代,如何对整体的青年导演队伍的成长、对他们在中国电影的可持续繁荣中发挥更好的作用,充分释放他们的能量,这些都需要从顶层设计的高度去考虑。今后的路径,包括为青年导演在内的创作提供更好的创作环境、更好的体制机制的保障、更好的多方面的合力支持,才能真正有序推进从产业的黄金十年走向创作的黄金十年。② 显然,让新力量真正成为新主流,不可能一蹴而就,目标方向已经明确,要做的工作还有很多。

① 饶曙光、尹鸿、李迅、张耀丹:《完善机制　科学发展　助推新力量》,《当代电影》2018 年第 1 期。
② 同上。

（三）加强工业品质和工业美学研究

近年来,随着"质量提升""产业升级""机制保障"等话语成为电影界热议的主题后,学界充分意识到,中国电影的发展需要一个成熟完善的工业体制来进行强有力的支撑,需要以中国电影工业的"升级换代"来做保障。尽管对此各方意见并不完全一致,但大家的关注度愈益汇聚,研讨的广度和深度也在不断提升。

1. 推进工业品质和美学的重要性

"电影工业美学",这个术语实际上是北京大学教授陈旭光多年来关注中国电影发展所形成的一个思考。在他看来,"电影工业美学"这一命题,是对当下电影产业的现状与问题,电影的诸多特征和若干本性的综合性思考。它不是针对电影生产过程或产业链的某一个环节,而是涉及电影的方方面面。依据这个观念可以建构一个复杂多元的体系性构架。① 饶曙光提出,提出建构中国电影工业美学不是无的放矢,也不是一个纯粹的理论问题,而是一个具有很强针对性的现实问题。中国电影进入新时代,整体性的升级换代是必须的,建构工业美学规范和体系也是必须的,甚至可以说是一个硬币的两面。为了抗衡好莱坞,特别是能够与好莱坞正面抗衡,中国电影必须战略性布局电影工业体系,推进工业体系的完善,并在此基础上有序发展中国电影的"重工业"。推进中国电影重工业产品,需要有足够量级的影片与好莱坞大片正面抗衡,不仅能打"游击战",更需要有打"阵地战"的能力。没有一个坚实的电影工业基础,中国电影就很难实现整体性的升级换代,实现从电影大国到电影强国的有序转变。② 饶曙光、李国聪强调,发展电影"重工业"是推动电影工业化的必由路径,"重工业电影"的崛起是市场转型与产业升级的内生性需求,也是"供给侧改革""中国梦""文化自信"以及"一带一路"等理念在电影领域的生动呈现,它不仅强化电影软实力和硬实力的重要部署,也承载着中国电影海外传播的重要使命。提升国产电影工业化水平,不仅是有效抗衡好莱坞电影的战略

---

① 陈旭光:《新时代中国电影的"工业美学":阐释与建构》,《浙江传媒学院学报》2018 年第 2 期。

② 饶曙光:《论新时代中国电影发展新思路》,《浙江传媒学院学报》2018 年第 4 期。

路径,也是推动电影强国建设的题中之义。需要明确的是,我们还有很长的一段路要走。①

2. 明晰工业品质和美学的内涵

陈旭光认为,"工业美学"体系的建构,从具体而言,至少包括如下几个方面。第一,侧重于文本、剧本,也就是内容层面;第二,侧重于技术、工业层面;第三,侧重于电影的运作、管理、生产机制的层面。这样一种工业美学原则,既尊重电影的艺术性要求、文化品格基准,也尊重电影技术上的要求和运作上的工业性要求,彰显理性至上。在电影生产过程中弱化感性的、私人的、自我的体验,取而代之的是理性的、标准化的、协同的、规范化的工作方式,寻求电影的商业性和艺术性之间的统筹协调、张力平衡而追求美学的统一。他特别指出,"工业美学"除了作为题中应有之义的"技术美学标准",还有一个更为重要的问题是,在电影的全产业链生产中遵循规范化的工业流程化、制度化,也即"制片或票房的标准"。因为,"票房一定程度上代表了观众的接受度、共鸣度。"李立认为,"电影工业美学"最大的价值在于它是一种国家电影理论,是中国电影进入新时代的电影生态的认识论。"电影工业美学"成为构建中国电影学派的一种理论尝试和探索,它完成了国家电影理论中以"功能为主导的电影本体论思路",有利"实现创建中国学派和中国话语的任务"。②

3. 拓展工业品质和美学的空间

陈旭光认为,对于中国电影产业生态来说,一部五十多亿元票房的《战狼2》,不如五六部十几亿元票房的电影对中国电影工业的发展益处更大。因为这五六部电影是在遵循电影工业美学的前提下,是经过理性计划,可以规避风险的。而《战狼2》的成功则偶然性很大。为此他提出,"电影工业美学"观念体系应做如下几方面的拓展:第一,电影工业美学的内在观念是把电影视作工业、产业或曰文化创意产业,是一种"核心性文化创意产业";第二,"工业美学"观念体现在电影评价标准上,是一种开放、立体的标准;第三,电影工业美学与影视专业教育应得到重视,电影工业美学的建构因为新力量导演的努力

---

①　饶曙光、李国聪:《"重工业电影"及其美学:理论与实践》,《当代电影》2018年第4期。

②　李立:《电影工业美学的批评与超越》,《浙江传媒学院学报》2018年第4期。

和潜力，前景不可限量。饶曙光提出，中国电影必须吸取当年中国式大片的历史教训，避免价值观混乱和粗疏化美学，在工业化升级换代的过程中同步完成工业美学建构和表达。必须辩证看待中国电影重工业和轻工业的关系。重工业不是万能的，因为任何一个电影重工业的发展不仅需要强大的电影工业体系、技术体系、人才体系准备，还需要充分的文化、美学储备，盲目推进中国电影重工业，就有可能是拔苗助长。为此他提出，需要秉承"师夷长技以制夷"的理念，积极推进国际"高端"合作，有效吸纳先发、先进国家重工业电影经验。

在一片应和之中，李立提出了商榷的意见。他认为，"电影工业美学"存在的最大问题是很难说它是一种原创的、思辨的、富有高度启发性质的理论，它更多地沦为对国家大力发展文化创意产业、提倡文化大发展大繁荣的一种现象描述和图谱性的解析，是对国家层面的政治话语、纲要文件、思路举措进行的理论归纳与文本总结，缺乏一种作为理论概念核心所需要的内生的思辨性、想象力和创造力，缺乏一种对于理论立场的捍卫、阐释和批判。它极有可能成为一种权力的挪移，成为电影理论在时代语境下的一种附庸。这一反向意见的大胆提出，从另一个角度提供了思辨，无疑将把问题的研究推向深入。

（四）高科技与中国电影未来发展

当代科技的迅猛发展，带来了电影的日新月异，基于4K、3D、4D、巨幕、高帧率、高动态范围、广色域、沉浸式音频等格式电影的摄制和播映，高新技术电影和现代数字影院已成为全球电影产业发展与应用热点。高科技与电影未来发展，理所当然地引发理论批评界的高度关注。2018年4月，作为第八届北京国际电影节主推四大论坛之一的"电影科技国际论坛"在北京举行；11月，作为第27届金鸡百花电影节七大论坛之一的"电影工程技术与电影工业体系构建"在广东省佛山市举行；12月，由上海交通大学与中国电影家协会共同举办的"高科技与中国电影的新时代高峰论坛"在上海举行。高密度、高层次的研讨，展示出新的研究动向，传递出理论批评界的敏感神经与艺术触觉。

1. 全球电影科技发展呈现提质升级增效的基本趋势

刘达、王萃、刘知一通过对美国、日本的实地考察，指出，全球电影科技发展的新趋势可以归纳为:(一)核心要素是质量、安全和效益,世界电影科技发展将持续追求视听质量和观影体验、高度重视内容安全和版权保护、统筹并重社会效益和经济效益;(二)基于新兴视听技术的高新技术格式电影的摄制播映愈加广泛和深入,不仅显著提升了电影的视听品质,而且增强了电影相对于其他传统媒体与视听新媒体的综合竞争力和影响力;(三)科技进步引领影院提质升级,高品质、专业化、差异化发展,持续提高视听质量、沉浸感和临场感,全面提升运营质量、服务水平和管理效率,是现代影院发展升级的基本策略。[1]侯光明完全同意上述分析,认为,工业完成度是电影产业发展的重要指标,而先进技术发展是提升电影工业完成度的强力支撑。当前,先进影像技术正在引发世界文化体系翻天覆地的改革,触发世界文化体系的重构,谁占领了先进影像制高点,谁就占领了未来电影产业的制高点。李建强指出,电影嫁接高科技概念和最新技术成果,既维系了传统影像作品的形式基因,又自然地带来了新生的影像介质,并以新的影像仪态挑战电影原先的生产程序和制作模式,体现了新世纪影像艺术的美学内涵和架构,丰富了电影语言的方式和手段。同时,审美视野的变化和审美经验的更新,又在很大程度上促进了艺术内容的扩张,使得电影的疆域在有形、无形中得到极大延伸。[2] 许菀楠强调,人工智能已经成为全球新一轮科技革命和产业变革的着力点,孕育着无限生机的新型科技与产业。而电影作为包含视听因素、时间与空间因素相结合的第七艺术,本身就是一次与科技密切相关的变革。无论电影人工智能本身的运用,还是进入电影作品里的人工智能,两者息息相关。[3]

2. 全球一体化背景下中国电影科技发展的时代思考

刘达、王萃、刘知一认为,中国作为世界电影大国,经过四十年改革开放,银幕总量、影片数量、市场规模、产业效益等均取得了长足进步,但在电影摄制质量、影片科技含量、视觉特效水平、科技创新能力、自主研发能力、运营管理

①　刘达、王萃、刘知一:《全球一体化背景下中国电影科技发展的时代思考》,《现代电影技术》2018 年第 11 期。

②　《"高科技与中国电影的新时代"高峰论坛在上海交大举办》,上海交通大学新闻学术网,http://news.sjtu.edu.cn/jdyw/20181203/91315.html。

③　许菀楠:《人工智能时代的影视发展》,《传播与版权》2018 年第 7 期。

水平等方面与电影强国尚存较大差距。要加快转变发展方式,加强对外开放和深化科技合作,在电影拍摄、制作、发行、放映、安全、版权等领域实现与国际接轨,持续提升国际竞争力和标准话语权。饶曙光指出,随着现代科技发展,影音媒体大数据、人工智能、云计算对电影行业的影响越来越大。这些技术如何在电影制作中运用好,如何搭建一套标准化的体系,成为电影人必须思考的课题。而从更深层次的电影本体、电影本性观察和思考,技术进步、技术变革、技术应用、技术深化对于电影语言尤其是电影语言现代化的影响正在发生和建构,需要更新对于电影语言、电影叙事的惯有思维模式和思维空间。① 为此,刘达、王萃、刘知一提出以下建议:一是充分认识电影科技国际竞争态势,大力推进电影关键技术与系统的自主研发和高新技术应用;二是大力推进国家电影云制作平台建设,推动自主数字水印技术在国产电影放映设备中应用;三是加强电影科技发展顶层设计,改进和完善电影科技体制机制,加强对外开放,深化国际合作,实现互利共赢。

3. 高科技时代电影娱乐价值意义的确认

李建强指出,20 世纪 70 年代末以来,以《星球大战》为发端,一批国际主流大片脱离原先艺术发展的轨道,热衷以制造视听奇观为能事,以猎取资本增值为圭臬,以形塑新一代观众口味为导向,肆意渗入特技手段、工业编码和暴力元素,寻求用各种超能力的高概念/大制作取代实际生活,使电影发生了从现实到悬空,从"叙事电影"向"景观电影"模式的突变。资本为了在被诱导的消费中寻找自己的利润,无所不用其极。技术主义和消费主义联袂的电影生产已经和正在造成人与自然、人与艺术、人与自身关系的异化。对高科技时代电影娱乐价值意义的重新确认,已经义不容辞地被提上了中国电影产业发展的议事日程。高桐认为,电影作为一种艺术形式具有与科技不同的本质属性,如果电影唯科技而科技,就会丢失电影反映现实、感怀人生、抒发情怀等艺术本质精神,这是与电影艺术背道而驰的。② 就此,李建强提出两个尺度:一是从作品的文化逻辑说,怎样摆正科技与价值的位置;二是从艺术家内心说,怎

---

① 饶曙光:《用科技促电影语言再现代化》,《中国新闻出版广电报》2018 年 11 月 14 日。
② 高桐:《构建与反思:科技发展中的电影艺术变革》,《电影文学》2018 年第 12 期。

样保持内心价值的稳定。他强调,在技术主义、消费主义甚嚣尘上的情境氛围中,我们不仅要接受生活给予的馈赠,更要守住精神灵魂的疆域,坚定不移地推进技术工具和人文理性的协调发展,维系健康友好可持续发展的艺术生态系统。

二、重点聚焦

每年的电影理论批评都会聚焦一些重大问题,这些问题,有的因为时效性强而凸显针对性,有的因为带有规律性而产生导向性。聚焦本身就是一种选择,一种当量,焦点每年会有侧重,但一旦"聚焦",就自然形成牵动全局的走向和意义。

(一)中国电影理论批评学派的建构

2015 年,饶曙光就在《电影新作》发表《建构电影理论批评的中国学派》的重头文章,试图链接历史,面向未来,解决中国电影理论批评的"失语"问题。但是,当年并未引起学界充分的关注。之后经由北京电影学院党委书记侯光明等的二次推动,以及国家有关方面的大力支持,本课题的研究迅速发酵,并在本年度形成聚焦。中国电影资料馆正式立项了"中国电影学派基础学术工程";北京电影学院则建立未来影像高精尖创新中心和国家电影智库,开展"建构中国电影学派"的专题研究。

1. 中国电影理论批评学派的概念与意义

研究这样一个既具有重大理论意义,又具有迫切现实意义的大问题,外延和内涵首先需要澄清。饶曙光提出,究竟是叫"流派"还是"学派"?可能"学派"更偏重于理论层面,"流派"则跟创作实践、产业实践有更多的关系。中国电影学派首先是一个概念的演进。在 20 世纪 50 年代,讨论更多的是电影的民族化,其实电影民族化这个概念,也就是今天讨论的中国电影学派。李道新认为,在电影领域,"学派"和"流派"还是有区别的。"学派"应该甚至更应是一种知识体系和价值观念在特定时空中得以传承的结果,所以需要在历史脉络中予以理论的和学术史层面的梳理和阐发。当然,中国电影学派也可指向更加全面和系统的电影领域,从中国电影作为一种具有民族文化气质和普遍化的特殊性的各个环节予以把握,亦即从技术、艺术到美学精神,从中国电影的生产到消费等各个方面予以整合,还应面对当下状况及未来愿景。中国电影学派,应有广义和狭义之分。李一鸣表示,"中国电影学派"到底是什么,它就是一种电影文化和艺术的共同体,其实也是一种文化符号。① 黄式宪进而提出,中国电影学派大致经历了四个发展的层面:第一,渊源。中国电影学派的诞生最早可以上溯到 20 世纪 30 年代至 40 年代,当时叫"左翼"或者"进步电影",实际上是被掩盖、被隐蔽的,是在新中国成立以后,特别在改革开放以后被重新命名的。第二,流脉。中国电影学派如何坚守自身民族文化的身份,在银幕上塑造出经得住历史、审美双重考验的中国形象、中国镜像,这涉及对民族文化传统的继承与弘扬的问题。第三,辉煌。在 21 世纪伊始中国将跨界进入中国国际主流市场作为电影产业发展的大方向,主动参与全球性的竞争,敢于同好莱坞面正面博弈。第四,再出发。就中国电影走出去工程的运作来讲,我们还存在着差距。它迫使我们奋起努力。② 贾磊磊由此强调,"中国电影学派的提出,不仅仅是出于一种学术研究的方向设定,一种对经验事实的汇集总结,而是要在中国电影历史发展的新时代,建构一种能够贯通创作实践与理论体系、一种能够整合产业发展与文化价值建构、一种汇聚历史传统与现实经验的总体表述"。③

2. 中国电影理论批评学派的发生学研究

王海洲认为,中国电影走什么路的问题,自中国电影诞生以来,从实践层面到理论层面一直都在探索。中国电影具有自己的特点,有蕴含着民族特色的创作方法,自然存在着发现、建构"中国电影学派"的可能性。④ 万传法提

---

① 饶曙光、李道新、李一鸣、万传法等:《对话与商榷:中国电影学派的界定、主体建构与发展策略》,《当代电影》2018 年第 2 期。
② 周星、贾磊磊、章柏青、胡克等:《改革开放四十年中国电影理论与创作的回顾与展望》,《电影评介》2018 年第 8 期。
③ 贾磊磊:《中国电影学派:一种基于国家电影品牌建构的战略设想》,《当代电影》2018 年第 5 期。
④ 王海洲:《"中国电影学派"的历史脉络与文化内核》,《电影艺术》2018 年第 2 期。

出,不管广义还是狭义,首先还是要回到它的原初,寻找它的原形,从历史的角度,对它进行一种"发生学"的深入思考和挖掘。丁亚平认为,中国电影自身的理论批评史本身就建构出一部中国电影学派的历史。① 李一鸣提出,今天重启"中国电影学派"这个命题,是与中国电影要从电影大国迈向电影强国,成为世界上第二大电影市场以及中国电影极高的电影产量和产生了巨大的影响力相关联的。② 肖英、厉震林将发生归纳为三点:一是对于中国电影美学特色的新认识和新建构,二是电影产业的快速发展及其对中国电影学派的需求,三是文化自信的人文主义及其现代化转型要求。③ 侯光明指出,"中国电影学派"是为了实现建设电影强国这个伟大梦想进行的伟大工程,是中国电影在经历了十多年产业化发展,自身积累了一定的体量并由此发展到一个新的历史阶段和新的时代语境的必然要求。④ 李建强强调,就其普遍性意义来说,中国电影理论批评学派建构是一个不断发生、发展的变动过程,离不开传统与现实、国际与国内、团体与个体、策动与呼应等多种催生要素。这些要素在不断发生、发展、变化的过程中,以无数力的平行四边形形成的一种总的合力,共同推动理论学派向前发展。⑤

3. 中国电影理论批评学派的形态学研究

饶曙光认为,"中国电影学派"面临非常复杂乃至矛盾的环境,但有几个维度还是可以逐步建立起来的。首先是国际化的语境,其次是当代环境和当代语境,还有一个中国电影自身的传统。李道新提出,对于中国电影学派的讨论,不仅要进入历史,而且也要走向未来,还要坚持将其纳入一个比较的和跨界的广阔视野,并在此过程中完成自我阐发。⑥ 侯光明提出,"中国电影学派"是由理论体系、实践创作和人才培养三部分构成的,具有"来自中国、体现中

① 丁亚平:《论中国电影理论中的中国学派的形态及其意义》,《电影新作》2018 年第 1 期。
② 饶曙光、李道新、李一鸣、万传法等:《对话与商榷:中国电影学派的界定、主体建构与发展策略》,《当代电影》2018 年第 2 期。
③ 肖鹰、厉震林:《中国电影学派构建的初级阶段及其途径》,《当代电影》2018 年第 9 期。
④ 侯光明:《构建"中国电影学派"》,《电影艺术》2018 年第 2 期。
⑤ 李建强:《建构中国电影理论批评学派的发生学研究》,《上海师范大学学报》(社科版),2018 年第 6 期。
⑥ 饶曙光、李道新、李一鸣、万传法等:《对话与商榷:中国电影学派的界定、主体建构与发展策略》,《当代电影》2018 年第 2 期。

国、代表中国"电影创研体系：一是一个包容性非常强的概念，二是一个共时性的、开放式的范畴，三是一个具有国际视野的体系。① 周星认为，中国电影学派建设研究有诸多范畴，比如源流关系研究、代表性人物研究、创建者的谱系研究、年度创作分类型研究等。② 肖英、厉震林认为，中国电影学派理论体系构建还处在初级阶段，按照问题意识、对标意识和成果意识，采用纵向文化判断方法，可以较好地解决中国电影学派研究多样而又散漫的缺点。由此，他们提出三个维度构型：一是国家电影主导性或者倡导性的文化承传的核心呈现；二是与其他国家电影风格迥异的特色特质；三是在学术研究中通过优秀的电影主体呈现得失。这些学术要素既需要史学的概括，又有与他国电影的比较，同时，构建起来的观念符号以及美学标志又能体现于具体代表作品之中。李建强主张，形态学的考量不应仅仅罗列一些单独的现象和元素，重要的是明晰总体思路和整体框架，力求阐明其各构成元素及其相互间的逻辑关联，实现理性与感性的创新重构和自洽融通。正因为此，中国智慧、中国经验、中国风格的厘清与阐释，对于中国电影理论批评学派的建设至关重要。③

此外，陈犀禾、翟莉滢从中国电影的历史经验和历史资源出发，对电影理论中的中国学派和中国话语进行了梳理和建构，提出"国家理论"是当代中国电影中最重要的电影理论概念。④ 陈旭光从学理与文化建设的意义与姿态等角度展开对中国电影学派的思考，梳理了20世纪中国文化思潮中"中国学派"思想的含义与来龙去脉。⑤ 万传法从上海电影传统与中国电影学派的关系、李道新从郑正秋与中国电影学派的发生、⑥陈林侠从中国电影学派和电影哲学的关系、⑦周斌从海派电影传统与中国电影学派的建构切入，⑧对中国电影理论

① 侯光明：《构建"中国电影学派"》，《电影艺术》2018年第2期。
② 周星：《中国电影学派：多样性建设呈现的思考》，《电影艺术》2018年第2期。
③ 李建强：《中国电影理论批评学派的形态学研究》，《电影新作》2018年第5期。
④ 陈犀禾、翟莉滢：《国家理论：电影理论中的中国学派和中国话语构建》，《电影艺术》2018年第2期。
⑤ 陈旭光：《历史、语境、学理与文化姿态——关于"中国电影学派"的若干思考》，《电影新作》2018年第2期。
⑥ 李道新：《郑正秋与中国电影学派的发生》，《电影艺术》2018年第2期。
⑦ 陈林侠：《中国电影学派：从电影哲学开始》，《电影新作》2018年第2期。
⑧ 周斌：《海派电影传统与中国电影学派的建构》，《电影新作》2018年第4期。

批评学派的建设发表见解,体现了宏阔的视野,以及研讨的广度和深度。

当然,中国电影理论学派建构作为一个新的课题,探究尚未成熟和成型。不论是从学理上,还是从实践上;从外延上,还是从内涵上,都需要一个长期探索与辨析的过程。为此,中国电影理论批评还需作出巨大努力。

(二)对几部重要影片的追踪研究

2018 年,电影领域佳作频现,出现了一批优秀和堪称现象级的作品,理论批评紧紧环绕这些作品,加大评论解析阐述力度,融入思想理论见地,起到了关注实践、引领舆论、指导鉴赏、促进创作的作用。

1.《我不是药神》

吴冠平认为,《药神》建构了一个不让观众出戏的银幕世界,通过戏的魅力让那些看似世俗的相貌在银幕现实中具有了崇高的美感和道德力量,是一部有着极强指示意义的作品。① 饶曙光点赞说,影片在塑造底层英雄的同时聚焦白血病患群体的生存困境,彰显出强烈的悲悯情怀和人道主义精神。影片在商业经验、艺术创新以及激发观众情感痛点之间找到了相对统一的平衡点,实现了生活层面、情感层面、价值观层面的"最大公约数",为国产现实主义电影创作提供了有益思路。② 周星表示,《药神》敢于触及千万人都可能遇到的生老病死却遭遇现实规制的阻碍,表现小民之间相互扶助、不惜触犯法律而获罪,塑造了从不得已牟利到心甘情愿为病患者违规代购、牺牲自我而拯救世道的民间英雄。影片情感表现深入,理性思考同样深刻,这是其不同凡响之所在。③ 王彦直称,已经很久没有一部电影拥有如此撼动人的力量了。④ 程波提出,现实主义电影一直受到意识形态和市场的双重规训,《药神》呈现了主旋律化和类型化之外的新的可能性,这样的文本对当下的中国电影尤其有价值。厉震林认为,这是一部颇接地气的影片,在现实主义风格上不断推向极致,各

---

① 吴冠平:《现实主义的世俗相貌与时代意义》,《中国文艺评论》2018 年第 10 期。
② 饶曙光:《现实底色与类型策略》,《当代电影》2018 年第 8 期。
③ 周星:《触及现实深度表现的鲜活艺术创作》,《艺苑》2018 年第 8 期。
④ 王彦:《伤痛里抱住的良善与希望,足够珍贵》,《文汇报》2018 年 7 月 5 日。

种电影元素既粗粝又精致，是今年不可忽视的标志作品。①

评家众口一词，百姓反响热烈，乃至李克强总理就电影引发舆论热议作出批示，要求有关部门加快落实抗癌药降价保供等相关措施。粗略统计，报刊发表的评论文章达数以千计，网络平台的评说更是海量。这在中国近年的电影史上还是不多见的。当然，也有不同意见，如陈玲认为，基于中国电影市场医药题材的贫乏落后，《药神》上映后被定位为"国产片的良心之作"，在票房上取得碾压性成功，但是，在政治立场、商业市场、社会现实与艺术追求的多重话语博弈之下，该片最终呈现为一部不彻底的现实主义之作，是一部在商业外衣裹挟之下被弱化了的社会现实片。② 此类意见虽属少数，但依然值得重视。

2.《红海行动》

继《战狼》后，又一部军事主流大片脱颖而出。梁慧婷认为，一部电影所传达的价值观是其能否触动观众的重要因素，特别是针对当下观众审美的日益提高，这种价值观的感染力显得尤为重要。《红海行动》就是这样一部电影，它塑造了一批个性鲜明的人物形象，通过超越集体主义，努力实现世界范围的人道主义，获得了观众的广泛认同和高票房。③ 张英瑛提出，该片以富于变化的镜头语言、擅于调度的叙事节奏，打破了英雄人物的不死金身，让一批会流血会流泪、却坚决不抛弃不放弃的军人群像活跃银幕。在"负重前行"的主题引导下，完成了大国身份话语的书写，更流露出对人类命运共同体的深挚关切，为我国主旋律电影的创新增添了一处生动"注脚"。④ 万传法综合评价说：中国不像美国那样强调个人英雄主义，但是个人理想在中国电影中却是非常突出的，另外就是对集体意志的强调。以《战狼2》和《红海行动》两部影片为例，《战狼2》是一个个人英雄主义或个人意志的胜利，《红海》则是一种集体意志的胜利。⑤ 正如评家所论，当代中国军事片取得的突破与经验，理当进一步研究阐发。

---

① 程波、厉震林：微信公众号"上海影评学会画外音"第80期。
② 陈玲：《〈我不是药神〉：一部不完全的现实主义之作》，《视听》2018年第12期。
③ 梁慧婷：《〈红海行动〉的思想内涵探析》，《当代电视》2018年第12期。
④ 张英瑛：《负大国之重 赴使命之行——谈电影〈红海行动〉的题材突破》，《当代电视》2018年第8期。
⑤ 万传法等：《对话与商榷：中国电影学派的界定、主体建构与发展策略》，《当代电影》2018年第2期。

3. 《江湖儿女》与《邪不压正》

《江湖儿女》是贾樟柯的新作。武珍年评价,贾导以他娴熟的现实主义表现手法,使整部影片富有丰富扎实的生活底蕴。女主的三段生活经历背景显现了时代的变迁和命运的逆转。发人深省!李建强认为,《江湖儿女》说的是男人的四海闯荡和女人的情义无边。如果单就这一层,《江湖》大概也只是江湖。贾樟柯的高明在于,通过个人边缘而庸常的小阅历,来折射时代和社会的大变化,波澜不惊,从容不迫,汇聚传统,直指当下,使得作品在政治学、社会学、人类学等层面有了复杂而多元的阐释空间。刘巽达认为,这是贾樟柯目前为止最好的一部作品,不再像半吊子纪录片,而是有了故事片的样子。他似乎想把以前的作品通过此片来个集大成,用江湖男女的角色串联起直面底层的所有思想点,让现实主义电影呈现出本来应该有的样子,影片让人相信这才是真实的民间江湖。藤井树认为,这是贾樟柯导演生涯迈入新阶段的一部分水岭式的作品,意味着更深邃沉静、气度不凡。其中"三峡好人"经典重现,令人唏嘘。事实上,这仿佛是一部贾式作品集锦,满是专属于贾樟柯的电影密码。①

《邪不压正》则是姜文用心制作的一部新作。岳冰评说,关心政治的这里有各种政治隐喻,喜欢历史的这里有各色历史人物原型,爱听故事的这里有不止一个故事,爱看风景的这里有不一样的北平景色,懂得音乐的这里有大量浪漫主义时期的古典音乐……当然最重要的是这里有姜文。藤井树认为,真乃一杯好酒,整个观影过程酣畅淋漓、赏心悦目。白老北京城于白雪皑皑中出现,就进入了姜文所营造的梦幻空间。李天然犹如成年版马小军,依然带着孩子气的鲁莽和冲动。屋檐上的世界纯真浪漫,屋檐下的世界残酷血腥。所有台词都短兵相接,别有韵味。每个画面都精心设计,自成一格,保持了姜文一贯的丰富性和多样化。但是,批评的意见也不在少数,黄望莉直言,姜文作品太喜欢在自己的作品中抖机灵,真是"成也萧何,败也萧何",让他的很多影片承受极度褒扬和极度贬低,"冰火两重天"。厉震林则认为,想象犹存,精神已软。在刚愎自用的"贵族化"姿态中"神像"轰然倒下,小聪明仍在,大格局已

---

① 武珍年、李建强、刘巽达、藤井树:微信公众号"上海影评学会画外音"第72期。

无。① 评说如此分歧,在论家是披肝沥胆,对创作者和受众则品评受用。法国评论家蒂博代说:"没有批评的批评,批评本身就会死亡。"此言甚是!

4.《影》与《芳华》

《影》作为一部张艺谋筹措多年、精心摄制的影片,自然不乏大师的风采,但由于过分雕琢,也留下不少破绽。批评家们对此毫不隐晦。岳冰在高度肯定其"极具表现力的琴瑟和鸣,极具想象力的武打设计,视觉效果极佳,古琴音色变化丰富又运用的少而精,贴切且不失现代感"的同时,指出,整部电影太过阴霾和歹毒,水墨、太极沦为了传统符号而缺了精气神。齐青在肯定其"以近乎黑白的影像和阴郁的质感呈现了人性复杂权谋深重的真身与影子的故事,时空变幻,与观众达成某种契合;以阴柔克阳刚,在武功套路中并不鲜见"后,指出其在影像表现上刻意表现女性的扭与妖,有讨好观众之嫌。②

同样,冯小刚的《芳华》也引发热议,吕晓明认为,一部从私人记忆出发的电影引发了如此大的反响,这在近年的国产片中罕见。不管影片还有多少遗憾,都不能不给予点赞。李建强坦陈,尽管之前有一些预设的心理准备,尽管也听到社会上有各种各样的差评,我还是被感动到了。不仅是为我们已经逝去的"芳华",为那个荒唐年代人心底色中残留的那些良知;而且是为人性的挣扎与坚守,为义无反顾的善良与忠贞。同样,批评的意见也一针见血,万传法指出,冯小刚和严歌苓的这次合作,既是成功的,也是失败的。失败的地方在于,残酷的现实被温情化了,个人情感的泛滥导致了叙事的单一化和叙述的游离化,《芳华》只有"芳"而无"华"。龚金平直言,成也文工团,败也文工团。"败"之处在于未能通过文工团及团员的命运轨迹来表达更为宏大和具有穿透力的时代命题,影片对人物命运感染力的营造,对时代变迁的敏锐捕捉与表达有笔力不逮之嫌。③

其实,2018年堪称现象性的作品还不止如上所列。透过这些作品,可以捕捉到创作的趋势走向、社会的情绪变化和市场的神经末梢。批评日渐靠近的

① 藤井树、岳冰、黄望莉、厉震林:微信公众号"上海影评学会画外音"第65期。
② 岳冰、齐青:微信公众号"上海影评学会画外音"第73期。
③ 吕晓明、李建强、万传法、龚金平:微信公众号"上海影评学会画外音"第46期。

身姿,愈发坦诚的评述,不仅对于作品本身具有重要意义,而且对整个电影创作也会产生潜在的导向作用。中国电影理论批评的亲和力、穿透力和感召力也正在这些具象化的历练中得到了提升。因为,中国电影的品牌,终究要靠一部部优秀作品的横空出世来支撑;理论批评的地位,最终是由一次次亮剑出鞘来沉淀的。

三、两点思考

每年的发展报告,总能发掘诸多亮点,但也总会看到一些缺憾。对前者自然应当充分、系统地提炼和概括,对后者亦没有忽略、遮蔽的理由和必要。重要是举一反三,从中汲取智慧,从而使批评变得更聪明、更强大起来。从这个角度说,有两大案例特别值得一说。

(一) 怎样对待《阿修罗》的大起大落

《阿修罗》是由宁夏电影集团和真鉴影业联合出品的奇幻动作片,由张鹏执导,吴磊、梁家辉、刘嘉玲领衔主演,据说花费了7.5亿元人民币。影片于2018年7月13日在国内上映。此前,摄制组高调亮相,先是放风说投资方邀请了13个国家的主创加盟,继而又改称全球35个国家将近2 000人的创作团队、好莱坞十多家顶级视效公司全程参与,将开启一场视听盛宴,为华语奇幻电影打开全新的视觉域界。有人甚至放言赶超好莱坞,以营收30亿为基准。但实际面世后,市场反应冷淡,上映3天票房才4 800万。从网上反馈的情况看,既有点赞"此景只应天上有,震撼到极致的视觉享受""这是一部东方奇幻大片";也有批评其"抛弃镜头和音乐,就是个烂片""电影整体阴暗的基调,暴力血腥的情节,不绝于耳的脏话台词,悲凉的结局,可以说是满满的负能量……"这原本都很正常,所谓仁者见仁,智者见智,反映了市场的多元和观众的日趋成熟。令人奇怪的是,就在公映的前两天,中国电影评论学会召开了一个大型研讨会,京城的几位电影理论批评大家悉数到场,这阵势,这时段,多少是有点豪华逼人的。更令人奇怪的是,专家们评说调子几乎完全相同,诸如

"在各个环节达到国际重工业电影的制作标准""在中式奇幻大片领域的制作上，其开创性的意义是很突出的""要肯定《阿修罗》在中国魔幻片史上的进步""这部电影可以说是中国自己的《阿凡达》，想象力和视听效果令人震撼，是中国奇幻片的一个标志性的成果""无论是类型升级层面，还是技术和产业层面，影片都实现了新的突破"①……调门之高，评价之好，已到了令人咋舌的地步。打脸的是，这部被专家们交口赞誉的影片，因为观众和市场的冷待（猫眼评分4.9，豆瓣仅3.1），只在院线维持了三天就全线撤档、暗淡收场。对此，笔者一点也没有笑场的意思，因为我本身就是学会的一员。但这次大起大落、悬殊反差，造成的社会影响是覆水难收的。正如饶曙光会长后来所说："所有的借鉴、吸收和消化都必须是全方位的、系统性的，与中国电影发展的所有基础性条件和元素相衔接相适应，而不能是抓住一点不及其余，单兵突进单兵冒进，否则就有可能发生系统性风险乃至全军覆灭。可以说，《阿修罗》就给我们及时地敲响了警钟，而我们或许需要警钟长鸣。"②在我看来，警示至少来自三个方面：一是，理论批评一定不能逆向市场和观众，满足于闭门造车、自说自话；二是，理论批评一定要实事求是，好处说好，坏处说坏。这个简单的道理，说起来容易，做起来挺难。惟其如此，尤其需要坚守；三是，理论批评一定要有维护自身声誉和价值的意识，改革开放以来历经波折，中国电影理论批评好不容易才初步建立起自己的声望和地位，需要我们倾心呵护。对此，除了学界团体的持续努力，每个个体同样肩负不可推卸的责任。

（二）怎样看待崔永元揭开的影视乱象

从2018年5月开始，著名主持人崔永元陆续发帖，揭开了在影视界部分从业人员中存在的"天价片酬""阴阳合同"等乱象。在官媒的介入下，该事件成为一个全民关注的热点。人民网、财经网等相继发表网评，以"明星片酬为

---

① 《电影〈阿修罗〉举办研讨会：专家热议国产魔幻大片的视效升级》，《影视独舌》2018年7月15日。

② 《饶曙光：理解电影，理解中国电影》，新华网，http://www.xinhuanet.com/zgjx/2018-08/02/c_137363018.htm。

啥屡次限高?"为题对明星高片酬问题进行讨论。接着,国家税务部门依法下达追税通知,责令部分人员补缴巨额税款。我们注意到,这样一件具有社会轰动效应的事件发生后,除了贾樟柯等少数业界精英发声之外,整个电影理论批评界几乎没有声响。当然,因为涉及相关法律,尊重法律权威,相信法律自有公论,是一种慎重和积极的态度。但需要反思的是,影视界的一些乱象由来已久。冰冻三尺,非一日之寒。在这个长期的过程中,理论批评作为业界的一个组成部分,对于行业的自律、对于电影人的自律,是否有过关注、有过解析、有过倡导? 这应该是值得想一想、问一问的。中国电影从 2003 年步入产业化改革以来,出现了许多新的情况,在电影市场繁荣和产业发展的同时,也出现了诸如演员吸毒、票房造假、金融诈骗、偷税漏税、"水军"泛滥、院线垄断、野蛮生长、侵犯知识产权等一系列问题。这些不当行为,有的需要通过法律途径,厘清电影从业者在法律层面的底线要求和相应法律责任;有的需要从行业和从业者自律的层面加以引导和规范,严于律己,增强自我保护意识,形成自重、自爱、自省、良性、有序的环境氛围。法律只能约束人的行为,不能约束人的意识。批评和自我批评理应是思想的武器、精神的补充。由是,电影理论批评是否应当进一步拓宽视野、打破陈规,更加积极主动地开展工作,一些过去尽力回避、不予触及的问题,应该勇于纳入视野,比如行业准则、行为规范等;一些以往冷眼相看、不入法眼的问题,应该真心去拥抱,比如业界的自律,从业人员的修为……直面现实是理论发展必然的方向之一,只有积极进取,不断贴近时代生活的实际,勇于和善于开展积极的思想斗争,我们才会感受更多的责任,才会不断增长见识和才干,才会获得与拥有更多的自主权和话语权,也才会形成舆论环境、精神导向,推进产业健康持续的发展。法国评论家蒂博代说:"没有批评的批评,批评本身就会死亡。"这个认识,有学人此前已有表达,借此"崔永元发帖事件"再次提出来,与理论批评界的同仁商榷并共勉!

2018 中国电影产业投融资模式、典型案例与对策

严 敏*

摘　要　高投入、高回报、高风险,是电影产业投融资的主要特点。21 世纪以来,中国电影产值的飞速增长离不开金融资本的支持。然而,尽管当前中国电影产业投资主体、融资渠道日趋多样化,但与世界先进电影工业水平相比,仍然存在一定差距。就上海电影产业而言,投融资方式亟需进一步创新,可以通过借鉴互联网思维和其他地区的电影投融资经验,建立新的投融资模式。

关键词　电影产业　投融资　互联网金融

引　言

自 1896 年问世至今,电影已经从一种技术玩意儿,扩展深化成为一门以艺术创意为主的内容产业,具备明显的规模经济效益。尽管 21 世纪诸多新媒介不断涌现,但电影依然在文化产业领域占据重要地位。电影产业也是当前经济学和金融学研究的重点领域。

电影生产兼具高回报、高风险等特性。电影生产的高回报具体表现为:多数情况中,电影项目从开发流程规范、内容创作具有新意、编导演摄音上乘,往往能够生产出可观的票房和其他衍生收益,甚至整体收入数倍于成本。例如《阿凡达》成本 2.7 亿美元,全球票房逾 20 亿美元;另有一部《灵动:鬼影实

---

* 严敏,高级经济师、高级翻译。

录》成本 1.56 万美元,票房达 1.07 亿美元,回报率 8 千多倍。① 然而,由于电影摄制周期长,生产过程充满不确定性,因此风险颇高,也出现过大导演掌镜、耗资甚巨的大片遭遇意外风险的情形。例如弗朗西斯·科波拉执导的《现代启示录》在菲律宾取景拍摄,还租用该国的军队和军械,不料拍摄期间多次遇上台风暴雨,损失惨重,4 年后才杀青。

百年来,中国电影的投融资模式经历了多次变革,据专家划分:1896—1937 年是商业资本主导期;1937—1949 年是政治势力主导期;1949—1978 年是计划经济时代的产业封闭运行期;1979—至今是改革开放背景下的渐次开放时期。②

具体说,建国初期电影业发展主要依靠国家的财政拨款和国有银行按照国家指示下拨的贷款,这些并非商业意义上的投融资。1984 年,国营电影制片厂转型为独立核算、自负盈亏的企业,开始尝试走向市场化的融资道路。1991 年,为缓解电影企业资金不足的困境,我国设立"国家电影事业专项发展基金",1996 年又设立了"电影精品专项基金",但民间资本因没有准入政策而无法入圈,电影业的发展仍摆脱不了对国家财政的依赖。从 2001 年 2 月 1 日开始实行的《电影管理条例》第 17 条规定:"国家鼓励企业、实业单位和其他社会组织以及个人以自主、投资的形式参与拍摄和制作电影",之后我国又陆续出台相关法规如《电影产业促进法》等。上述政策为电影产业发展提供了重要支持,也有助于电影票房连续多年保持 30% 以上增速。如今,我国电影票房总量、观影人次、影院数、银幕块数已接近或超过美国。业态逐渐成熟促使资本活跃度高涨,金融领域对电影产业的投融资的频次和规模不断增长,私募基金和民间众筹等也涌现出许多,投融资的结构日渐趋稳并持续优化。

一、2018 年中国电影投融资分析

近些年,各路资金蜂拥进入电影产业,掀起此次电影投资热潮的原因在

---

① 本文所援引的上市影视企业业绩数据分别取自:东方财富网、网易新闻、同花顺、百家号及新华网等发布的 2018 年上半年和第 3 季度报告。

② 虞海峡:《中国电影产业投融资机制研究》,经济管理出版社 2012 年版。

于：中国电影市场潜力巨大，发展前景较好；国家推出许多利好政策，推动影视投资热潮；互联网大鳄争先恐后进军电影界，带来新的投融资经验；影视投资门槛低，回报率高。但是，影视投资热潮中也出现了一些游资，这种游资逐利性极强，往往追求盈利而忽视社会效益。当下我国电影投融资的基本业态是，一方面，初步构建以政府支持为主导的多种形式的投融资机制，开始形成了多元化的商业融资渠道，另一方面，投融资专业化程度有待提高，亟需营造良好的融资环境。

尽管近两年中国电影产业票房增速开始放缓，但整体仍呈现上升趋势。2018 年上半年，《我不是药神》以 32 亿元人民币票房领跑票房市场，《红海行动》为 32 家联合出品方带来平均 2.4 倍以上的回报。光线传媒、欢瑞世纪、华策影视、北京文化等公司的净利润同比增长 14.43%、226.4%、5.28% 和546%。但是，电影产业的"好运"并未延续下去，导火线正是范冰冰涉嫌"阴阳合同"被税务部门调查。而且，当前我国明星片酬时常占整个制作费的 50%—70%，明星高片酬抽走大部分制作费用，严重影响制作质量，进而影响到产业投融资。相比之下，好莱坞大明星的片酬也仅占整体投资的 10%—30%。

2018 年下半年，除了《无双》票房达 11 亿元人民币，《影》《江湖儿女》等影片的票房均不理想。电影产业税务政策收紧导致业绩震荡，已公布第 3 季度业绩的几十家上市影视公司中，仅 10 家盈利。华谊兄弟股价大幅波动，市值快速蒸发，开始寻找新的利润增长点，比如品牌授权、实景娱乐（苏州的华谊电影世界）等。范冰冰入股的唐德影视前 3 季度利润跌幅 83%。华录百纳、中南文化同比亏损 260%、465%。

光线传媒董事局主席王长田无奈坦承："现阶段资本对影视市场的态度不容乐观，资本正在撤离影视市场，很多影视项目的融资都出现问题。"他还预言"在未来一两年内会有几千家影视公司倒闭"。从第 2 届中国影视领袖峰会和上海国际电影节中国影投家高峰对话的嘉宾们发言来看，尽管《战狼2》《红海行动》《羞羞的铁拳》等作品大卖，但是它们在早期融资中多因缺少明星而步履维艰。目前很多电影项目同样面临融资困难的问题。如今资本对电影市场的态度较为敏感，谨慎投资引发产业恶性循环。另外，为规避投资风险，多家投资方联合投资成为常态,如《江湖儿女》就有 11 家投资方(含法国和日本公司)。

面对这些情况,政府有关部门正着手进行整治,如设立明星片酬设立上限、规范影视企业税收、建立规范的投融资体制等。或许随着资本退潮、融资收紧,未来的电影产业将会面临一段困难期,中国电影产业的当务之急是尽快建立投融资的行业标准,形成市场投融资的良性循环,再亟需进行优质内容开发、充分利用互联网思维、推动 IP 全产业链化,中国电影必将迎来下一波发展黄金期。

二、《大轰炸》:中国电影投融资的
典型案例及其启示

当下电影投融资的资金来源和融资形式越来越多,"资本游戏"引发的产业风险开始凸显。

其中最受瞩目的例子当推《大轰炸》,这是最典型的"资本绑架"案例,这部影片也因此被著名主持人崔永元贬斥为"大欺诈"。影片讲述的是我国抗战史上的一段英勇事迹:1938 年 2 月至 1944 年 12 月,日军对重庆连续实施"无差别"轰炸,一批年轻的中国飞行员与日本侵略者展开殊死空战,表现出中国人民不屈不挠的精神。影片出品方共有 4 家,即中影、北京原画影业、上海南国影业以及负责融资的合禾影业。合禾影业隶属上海快鹿投资集团,在该集团董事局主席施建祥的授意下,《大轰炸》单纯强调大投资、大卡司和大场面,预算增加到 1.5 亿元人民币①。但由于合禾影业并未按预算支付拍摄资金,导致影片资金链断裂。崔永元揭发"影片未拍,乙方(快鹿)就从甲方(影片项目)拿到收益款,再去投资甲方。这些钱可都是上海购买理财产品的老百姓的血汗钱啊!这是大轰炸还是大欺诈?"其实,快鹿集团早先曾出资拍《叶问3》并进行票房造假,《大轰炸》项目借用所谓的"互联网+金融+影视"套路,以理财

---

① 另有一种说法,《大轰炸》投资总额超过 10 亿元人民币。

方式进行融资，涉嫌集资诈骗，施建祥仓皇出逃，沦为通缉犯。

《大轰炸》卷入金融案件后，为了完成摄制，导演萧锋只得通过抵押贷款、清仓股票、赎回基金自行垫资，他自嘲是"中国最穷的导演"，但在制作水准上"仍未半点降格"。范冰冰阴阳合同案爆出后，影迷和网友的强烈抵制《大轰炸》，萧锋代表剧组宣布取消院线上映。该片在北美上映后，遭当地观众吐槽。

《大轰炸》如此惨局给中国电影带来许多启示：其一，摆脱明星迷信，该片耗资1亿多元人民币请到30多位中外明星出演，本质目的是利用范冰冰等大咖增加收益、拉升股价，但最终因明星丑闻未能上映，造成较大损失。其二，拒绝盲目投资，普通投资者要充分了解所投资影片的内容、类型、主创人员阵容、拍摄周期、出品公司以及融资方的基本情况。

三、外国电影产业投融资的基本模式

一些电影产业较为发达的国家经过多年的探索，投融资模式相对较为成熟。好莱坞源源不断地生产出重磅炸弹式"大片"并在全球市场取得成功，与其背后雄厚的资本支撑和多样化融资方式密不可分。目前，我国电影产业在投融资方面与好莱坞存在一定差距，可以面向好莱坞借鉴相关经验。

好莱坞迪士尼、华纳兄弟、派拉蒙等大制片公司主要采用多种投融资方式，其中预售融资、完片担保、中间层融资等已经引入我国，其余投融资经验包括：

拼盘投资：由一家银行或投资公司建立一支电影基金，面向私人或机构募资，然后投资制片公司，后者需在约定时间范围内拍摄约10—30部影片，投资额度在总成本的10%—50%之间，分摊电影投资风险。

二八法则：20%的强势品牌占80%市场份额；商业片和文艺片在数量和产值上分别占80%和20%；营销重于制作，营销贡献率占80%；在总收益中，票房收入只占20%，周边产品占80%；20%的大制片厂创造80%的电影产值，小制片厂和独立制片公司依附于前者。

交叉抵押：用高票房影片的利润填补亏损的电影项目，亦即用规模化的投资产生效益。

窗口化策略：内容产品各个窗口期的利润率是不同的，可以充分不同市场发行的窗口，形成长期收入。

不同国家的投融资模式存在一定差别。在日本，大型制片公司联合银行和证券公司成立电影制作基金，面向个人投资者募集资金，并把他们与制片、金融机构撮合在一起，提升个体投资者的参与感，也是有效的影片营销方式。韩国电影企业主要利用互联网筹资，先在网上公布项目影片的剧本，让投资者了解其盈利能力，借此评估投资风险。

四、我国电影产业投融资的基本路径

自 2013 年南京银行以封闭式项目贷款向电影企业放款以来，我国电影投融资逐步形成了多层次、多样化的业态。我国电影产业采用的主流的投融资方式如下：

直接投资：这也是电影资本市场中所占份额最高的方式，投资方有权分配影片项目的未来收益，模式清晰，收效很快。成功案例如《失恋 33 天》，总投资 1 500 万元，资金来自东阳新经典影业公司等 5 家公司的直接投资，最终票房 3.65 亿元，加上网络版权所得 1 000 万元，利润近 1.5 亿元。多数大成本项目主要采用这种投资方式，投资方事先审查的不是该影片的艺术质量，而是项目是否已经立项并进入实质运作阶段。

银行贷款：《金陵十三钗》投资为 6 亿元，创下国内电影投资纪录，其中银行贷款 1.5 亿元，创下国内银行给电影项目贷款最多的纪录。但是，银行贷款需要在提前明确确认企业的还款来源，查清企业的信用状况，而影视企业有时会拿已上映影片的收益或其他应收账款作为质押，这些质押物又需得银行的评估认可。

电影基金：电影基金是影视投融资的一种新兴模式。2012 年，全国已有 111 只文化产业基金，融资总额达 133 亿元。这类基金包括政府引导投资基金、专业股权投资基金、产业整合投资基金等。目前规模最大且较为活跃的是中影、上影、华谊等大型影视企业下设的基金。电影基金的融资收益模式是将不同来源的闲散资金汇聚起来加以集中投资，根据出资人出资比例确定分红比例。

植入广告：《大腕》等国产影片凭借大量植入广告获得丰厚收入，在影片上映前就已基本赚回成本，投资方也可以借此机会扩大品牌影响力，实现双方共赢。

版权信托融资：这种模式比版权预售更加完善，亦即将版权信托和全权处置权交付信托公司，再由后者拿这部分信托（无形资产）作为抵押物协助企业申请贷款，这种做法也可以协助银行审查企业背景和减少放款风险。例如，中国出口信用保险公司为《夜宴》提供 1 年出口（海外发行）信用保险，保额 1 500 万—2 000 万美元，这份保额以版权质押形式获得深圳银行 5 000 万元授信额度。

一般来说，大成本制作往往因资金需求量大而选择直接投资、银行贷款和版权信托；中、小规模制作主要选择政府出资和直接投资等方式。

五、上海电影产业投融资的基本模式

上海是中国电影的发祥地，也是中国电影的重镇。为了进一步繁荣上海电影创作，振兴上海电影产业，构建现代电影工业体系，推进全球影视创制中心建设，上海市委市政府给予电影产业多方面扶持，先后制定了《关于上海电影发展的若干政策》《全力打响"上海文化"品牌、加快建设义国际文化大都市三年行动计划（2018—2020）》等政策。作为促进上海电影投融资的有力措施，上海市每年拨出专项资金，用于扶助电影创作，奖励电影佳作，发展电影产业和培养电影人才。

促进上海电影发展专项资金大大缓解了电影企业融资困难，并且对电影创作形成了正确的价值导向。按照这一导向，专项资金重点鼓励扶助反映实现中华民族伟大复兴的中国梦、弘扬爱国主义、传承中华优秀传统文化、反映重大革命和历史题材、上海特色题材、青少年题材以及文化"走出去"等相关内容主题的电影作品。具体涉及的范围有：1. 选题孵化资助；2. 剧本创作资助；3. 重点拍摄资助；4. 青年编剧创作项目；5. 奖励电影佳作；6. 支持影片在上海后期制作及技术平台建设；7. 支持社会资本投资多厅数字化影院；8. 支持优秀国产艺术电影放映展映活动组织；9. 支持影视产业服务类项同建设；10. 支持影片在上海取景摄制；11. 支持电影教育项目；12. 支持电影实训项目等。2018 年 12 月 4 日，相关部门发布了年度资助项目共计 107 个，其中有重点扶持《攀登者》等 8 部影片。作为补充，上海市还设立文化产业发展投资基金，吸引更多社会资本参与，遴选优质投资项目，推动创意产业加快发展。上海电影产业也在扶持范围之列。

此外，上海电影投融资的主体更加多样化。上海国际电影节特设电影项回创投计划和创意训练营，凡入围的项目经过 1 年打磨后便进入融资阶段。作为上海电影产业的龙头企业，上影集团以"上海电影"名义发行股票，上市后股价逐年上涨，现已达到 13—14 元/股，总值近 50 亿元。该集团旗下设立上影集团影视文化投资公司，依托上影集团的丰厚资源，专注于影视投融资服务，兼顾影视制作和发行。2018 年该公司投资项目超过 50 个，投资金额逾 250 亿元，第 3 季度净利润逾 1 亿元。我国最大的互联网企业之一的腾讯公司于 2015 年在上海尝试"腾讯电影+"，以崭新的架构进军影视产业，开展投资和发行业务，成功案例包括《天将雄狮》《痞子英雄》《爱情公寓》《反贪风暴2》等。

银行理应是市场投融资的重要主体，但前些年上海银行界较少试水电影产业，只有建设银行上海第五支行曾投资过电影项目。其中原因，据笔者走访调查显示，部分银行认为电影业风险系数高于房地产业，欠缺齐全的法规和监管机构。2018 年 8 月，由上海市委牵头，联合市经信委、金融办、银监会等单位召开了上海文创金融合作座谈会，向首批"上海银行业文化创意特色支行"授牌，授牌对象包括建设银行上海第五支行、上海银行广中路支行、上海银行淮海路支行、浦发银行静安支行和招商银行宜山支行。这 5 家银行积极探索金融支持文创产业的各种模式，着力开展文创金融服务。例如浦发银行静安支行从文创企业初创期到成长期，提供融资、结算、资金管理和增值服务。银行投资方向的调整,也许会为上海电影带来新的资金来源。此外,当前已有银行尝试开展电影投融资业务,例如北京银行上海分行推出"文化+金融"的特色策略,提供 IP 产业链金融服务方案,授信 200 多亿元,累计服务上海 400 多家中小文化企业,成功案例有《步步惊心》《全民目击》《欧洲攻略》等。

在上述诸多利好因素促进之下,截至 2018 年 10 月底,"上影出品"累计票房突破百亿元,占全国总票房 27.53%,影院 347 家,银幕块数 2 076 块,观众人数 7 000 万次,电影产业和市场规模不断扩大。

六、电影产业投融资模式的完善与创新

在中国电影实现跨越式发展,从电影大国向电影强国转变的过程中,电影投融资的模式和经验有待进一步完善。政府相关部门需要进一步完善鼓励电影投融资的政策措施,构建符合电影产业发展现状的制度环境;电影企业需要建立现代企业经营机制,提升企业经营绩效,努力扩展融资渠道(如上市融资、全产业链融资等);资金供应方应加大对影视项目的投融资力度,建立一套融资、审计和财务管理制度,以确保严格控制成本。

当前我国电影企业投融资面临诸多困难,例如银行贷款要求严格、企业的无形资产流动性差、企业的品牌价值难以评估、社会投资缺乏专业性等。电影投融资需要进一步创新,比如信贷支持模式创新,将评估重点从单片项目转为企业整体;投资主体多元化,渠道和平台多样化,各大电影节的交易市场均可以成为项目评估和争取投资的重要平台;加速引入各类投资基金,如股权投资、院线投资、企业战略投资等。

目前,我国电影产业投融资需要进一步引入互联网金融。如今互联网金融广泛介入电影投融资领域。阿里巴巴成立的阿里影业公司,旗下的"娱乐宝"以 P2P 模式为电影项目提供资金。"制片线""艺恩汇""大众创业""大众创新"等项目让普通观众也能够成为电影投融资的参与者。《大圣归来》代表了众筹模式的成功案例,项目参资者(或称影投人)有 89 位,共投入 780 万元,最终投资回报率 400%。互联网金融的优势十分明显:门槛低,普通观众均可

参与,也为小微企业带来更多的融资机会;大数据(电影项目作为资产的信息)更加透明,有助于优化筹资效率;实现资源优化配置,有效地分散风险;形成对电影投融资模式的补充。

　　总之,当下中国电影产业迫切需要构建科学的、完备的、专业的电影产业金融支持体系,实现电影产业的优质文化资源与金融资本、社会资本的深度融合,实现资金流、信息流、内容流在电影全产业链中的互联与互动。

国产动画的"现实主义"产业尝试及其文化启示，以《大世界》为例

杨晓林* 陈曼青**

摘 要 《大世界》的出现对国产动画而言颇有空谷足音的意味，具有填补"批判现实主义动画"空白的意义。最为可贵的，影片以"暗黑现实"而非"温暖现实"的面目出现，在"弘扬主旋律，传播正能量"政治背景下，着实有些石破天惊。在非现实题材不占世界动画主流的语境下出现，显得弥足珍贵。《大世界》表现罪恶泛滥的底层社会，一个显著的特色就是让作恶者作茧自缚、自掘坟墓、自蹈死地，通过冥冥天报这种宿命式的结局来给予终极解决。而且，这些黑色人物的言行常常出现巨大的反差，形成滑稽和荒诞感，这种"以子之矛攻子之盾"的表现方式可谓之"黑色幽默"。《大世界》在中国动画史上非同凡响的意义就是，它不但是作者电影，而且是一个人的"作家电影"。这种敢于做"第一个吃螃蟹者"的勇气，值得褒扬。

关键词 《大世界》 批判现实主义 黑色幽默 作家电影

　　《大世界》原名《好极了》，是一部成本极低的动画，在全世界 30 多个国家发行，获奖众多，声名显赫。① 影片是继 2017 年《大护法》之后又一部成人动画

---

　 * 杨晓林（1970—），男，陕西宝鸡人，同济大学电影研究所所长，编剧，教授，博士生导师。

　** 陈曼青（1990—），女，山东临沂人，同济大学博士研究生。基金项目：本文为全国艺术科学规划项目《吉卜力工作室动画创作及其在中国的接受研究》阶段性成果（立项批准号：15DC25）。

　① 《大世界》2017 年获第 67 届柏林电影节金熊奖提名，首届平遥国际影展卧虎单元"费穆荣誉"最佳导演，第 54 届金马奖最佳动画长片、最佳原创剧本、最佳原创电影歌曲三项提名，最终夺得"最佳动画长篇"。

的力作,具有科恩兄弟《血迷宫》一样的暗黑风格,也是对《两杆大烟枪》《疯狂的石头》的致敬之作。影片既话痨又暴力,在叙事上多线齐头并进,最终缠绕汇合,冥冥中恶有恶报,该死的死,该亡的亡,颇有昆汀《低俗小说》的"闭环叙事"特色。影片承继刘健 2010 年的处女作《刺痛我》的批判现实主义风格,对人性之恶和当下底层社会的种种痼疾表现透彻。几组社会底层的边缘人,在金钱和欲望中挣扎,几乎都成了法外之徒,在法律和道德边缘走钢丝。百万巨款的多次易主,让人性的卑劣凶悍发酵腐烂,开出了一朵朵血红色的罪恶之花。影片的台词金句频出,底层小人物的形象质朴本色。美术风格具有黑色电影的特征,影调昏暗,场景极度偏色和不和谐,就像片中的人物关系一样,相互挤对排斥,加之每秒 12 帧带来的"低帧卡顿",整个观影过程给人一种苦涩压抑的痛楚感,迥异于中国传统动画观影的愉悦感。《大世界》的编导剪分镜手绘全都由导演一人包揽,800 多个镜头的原画全部由刘健一人完成,这让我们心生敬意的同时,也为独立动画长足发展深怀忧虑——中国动画电影的创作环境依然不容乐观。

一、《大世界》与批判现实主义

《大世界》的出现对国产动画而言颇有空谷足音的意味,具有填补"批判现实主义动画"空白的意义。最为可贵的,影片以"暗黑现实"而非"温暖现实"的面目出现,在"弘扬主旋律,传播正能量"的背景下,着实有些石破天惊。但正如同电影《我不是药神》的公映,电视剧《人民的名义》播出一样,也反映了国家对一些反映敏感话题和社会问题影视作品正视和宽容。如同支撑起电影工业大厦的基础是真人商业类型片一样,世界动画电影的主流也是商业类型片,以超现实的虚构作品为主,横扫天下无敌手的好莱坞巨无霸动画电影大都如此。就是以造型上强调写实风格的日本动画而言,其现实题材作品也是少数。就欧洲艺术动画电影而言,现实题材作品相对多些,但是欧洲艺术动画却不是世界动画的主流,占比较小。在这样的国际大环境的影响下,中国动画的现实题材亦是凤毛麟角,多少年难得一见。在这样的语境中,《大世界》以动画电影形式出现,就如吉光片羽,弥足珍贵。

社会痛点在中国文艺作品中的呈现,尤其是在动画、电影这类影视作品中表达,是非常需要勇气的。"现实"多数面临着被选择性呈现,这种经过过滤的"伪现实主义",美其名曰"源于现实,高于现实",但却是对"现实主义精神"的歪曲和架空。曾经在20世纪30—40年代占据了创作主流的现实主义电影,本来是古已有之的"典型化"的创作手法,但是由于历史惯性的影响,这种"高于现实"却成了"伟光亮"和"假大空"遮羞布,以至于当下"美颜现实""回避现实""污名现实"之作甚嚣尘上,泛滥成灾,不但远离"艺术真实"而且明显违背了"尊重现实"的基本原则。由于各种原因,电影批评家对此情况也常常避重就轻,隔靴搔痒,更有甚者披着"现实题材"的外衣来粉饰现实,因为无视现实,遑论批判?

在这个层面上,具有"暗黑"特色的《大世界》横空出世,不但是中国动画电影,而且是中国真人电影的"不和谐音",它没有加入"主流电影"甚至是"新主流电影"的乐队合奏,而是另开天地,以另一种音调独奏一曲,让人精神为之一振。

"人心不足蛇吞象,世事临头螂扑蝉。"《大世界》讲述了一串人围绕一百万人民币而展开的荒诞故事。成长于中式家庭的城乡接合部司机穷小子,为尽早结婚,给整容失败女友筹钱,一时冲动抢了客人一百万。之后失主工地老板、幕后大佬、跟班马仔、大佬反目的少年兄弟、有故事的杀手、热衷科技新词的饭店老板、暧昧不清的女服务员、女友的城市混混表姐及小马仔男朋友、女友的老派妈妈、工地小工人夫妻等羊狠狼贪之辈如蝇逐臭,轮番登场。《大世界》表现的是都市边缘人在欲望中迷失自我后的疯狂。小张抢劫了一百万,是为了给女友整容换回爱情;杀手瘦皮寻钱,是为了供女儿在国外留学;发明家黄眼抢钱,是为了获得这笔启动资金,去圆曾经的创业梦;桌球摊的杀马特情侣抢钱,是为了实现去玩香格里拉生活、牧羊的理想。但最后,这些城狐社鼠无一真正如愿以偿。

长期以来,国产动画大都以低龄儿童为目标受众。刘健尝试以动画电影为载体,传达他对于现实的思考与批判,这在中国具有非凡的意义。他的第一部动画电影《刺痛我》入围了十五个电影节,法国《电影手册》大加赞赏:"我们很高兴又看到了中国的动画电影,不是猴子,不是水墨,也不是和尚,而是一个现实题材。"承继《刺痛我》的风格,《大世界》中的社会是个魑魅魍魉横行,人性的恶之花盛开的畸形世界,其精神和旨归与批判现实主义的世界文学的传统一脉相承。

批判现实主义是现实主义传统的继承和发展,它是特指 19 世纪在欧洲形成的一种文艺思潮和创作方法。法国的蒲鲁东在《艺术的社会使命》一书中,最早做出"现实主义是批判的"论断。正式提出"批判现实主义"并给它下定义的是高尔基,他指出:"资产阶级的'浪子'的现实主义,是批判的现实主义;批判的现实主义揭发了社会的恶习,描写了个人在家庭传统、宗教教条和法规压制下的'生活和冒险',却不能够给人指出一条出路。"19 世纪,批判现实主义思潮席卷欧洲,成就卓著。就文学而言,留下许多不朽的经典,如法国司汤达的《红与黑》《法尼娜·法尼尼》、巴尔扎克的《人间喜剧》《欧也妮·葛朗台》、莫泊桑的《漂亮朋友》《羊脂球》《项链》;英国狄更斯的《大卫·科波菲尔》《艰难时世》《双城记》、萨克雷的《名利场》;俄国托尔斯泰的《战争与和平》《安娜·卡列尼娜》《复活》、果戈理的《死魂灵》《外套》《钦差大臣》、契诃夫的《第六病室》《套中人》《变色龙》;美国欧·亨利的《麦琪的礼物》《警察和赞美诗》、中国明清之际亦有《儒林外史》《官场现形记》《二十年目睹之怪现状》等。这些作品敢于正视社会现实,勇于探索罪恶的根出,大胆揭露丑恶的社会现象,打破了人们对于金钱的乐观情绪,勾勒出一幅幅触目惊心的悲惨图画。马克思、恩格斯评价巴尔扎克、狄更斯等人反映社会生活的丰富性和深刻性,认为他们在作品中提供的历史材料比历史学家、经济学家。统计学家等合起来所提供的还要多。列宁把托尔斯泰的作品称为"俄国革命的镜子"。

批判现实主义最早是在文学作品中崭露头角,随后在美术、电影等领域得以推广。就动画电影而言,也有众多经典之作,如日本高畑勋的《萤火虫之墓》(1988)、金敏的《未麻的部屋》(1997)《妄想代理人》(电视动画,2004)、迈克尔·艾里亚斯《恶童》(2006)等。特别是韩国延尚昊的《猪猡之王》(2011),影片阴郁压抑,批判人性的恶和揭露现实的残酷。虽然讲述的是校园欺凌事件,但"狗与猪猡"这样的设定有着极强烈的社会地位阶级划分象征寓意，揭示出社会不平等的残酷现实。

2018年国内涌现了一批现实主义题材的真人电影佳作，其中《我不是药神》引发观影狂潮，成为现象级作品，引发了人们对看病难，上学难，买房难等当下社会热点问题的大讨论。影片直面真正的社会矛盾点和痛点，最终能过审在影院与观众见面，也说明从政府到民众都对解决社会现实问题秉持着坚定的信念。

与曲终奏雅，显示"温暖现实主义"底色的《我不是药神》不同，"暗黑现实主义"的《大世界》愤世嫉俗，把火力对准人与人之间唯利是图的交易关系，以及金钱关系所造成的违背人道精神种种悲剧和丑剧，充满着令人窒息的绝望感。刘健在柏林接受采访时说："《大世界》描绘的是一幅群像图，没有绝对的人物主角，那包钱才是电影中真正的主角。"整个影片故事始于那包钱，终于那包钱，一切为了钱，一切又都败给了钱，那包钱成了幸免于难的第一主角，也是最后主角。各色人等看似在追逐各自的美好生活，实质是在追逐金钱。被城市化发展进程裹挟的城乡接合部，被夹在城市边缘，如同被裹挟在理想与现实中的人们一样，被逐金的浪潮推拥着，异变着。恰如台词所言："自由是什么？自由分为三个层次：菜市场自由、超市自由、网购自由。"消费社会里有钱才有自由，以至于为了所谓的自由，人与人之间的关系变得微妙而脆弱，灵魂畸形，道德沦丧。莫说幸福感了，连人性最基本的自由，都要建立在钱的基础上来判定。影片以人道主义思想为武器，对金钱所孳生的罪恶刻画地穷形尽相，入木三分，可谓中国批判现实主义动画的探骊得珠之作。

刘健的画风与日本英年早逝的动画大师今敏颇相近，特别是《未麻的部屋》《妄想代理人》（电视动画），都讲究动画创作风格与真实环境相契合。《大世界》中出现了大量逼真的三线城市边缘景象，不论是发廊、酒店、网吧，或是工地，每个镜头皆带有强烈的写实风格。刘健曾说："我去过日本的京都和奈良，发现《千与千寻》的背景，很多是根据实景创作的，包括很多优秀的欧洲以及美国动画，也都是根据创作者所处的土壤、成长环境来创作。不同的国家，有不同的创作生态，我们该用自己的眼睛，去实实在在看待我们的周围，把自己真正强烈感受到的,用动画去表现出来。"而为了保证人物的真实感,影片并没有采用专业配音演员为动画配音,而是找了一批文化人,以业余配音的方式说出人物要讲的话,真实的语调和反应产生了出其不意的好效果。

《大世界》关心社会文明发展进程中人的生存处境问题,表现对人的命运与前途的深切关怀,追求艺术的真实,强调客观真实地反映生活。重视人与社会环境的关系的描写,塑造典型环境中的典型性格,提供了这个时代丰富多彩的社会生活画面,认识价值很高。但不可讳言的是,影片在一定程度上杂有宿命论和深沉的悲观主义色彩,如同历史上那些伟大的现实主义作品一样。

二、黑色动画的叙事美学

《大世界》对于罪恶泛滥的底层社会,一个显著的特色就是让作恶者作茧自缚、自掘坟墓、自蹈死地,以冥冥天报这种宿命式的结局来给予终极解决。而且,这些黑色边缘人物的言行常常出现巨大的反差,形成滑稽和荒诞感,这种"以子之矛攻子之盾"的表现方式可谓之"黑色幽默"。

1937 年,法国的超现实主义者布勒东与艾吕雅共同创作的《黑色幽默》一书中,第一次提到了"黑色幽默"的概念。与喜剧幽默的笑出泪点不同,黑色幽默往往是"痛极而生笑",从对事物的反思否定中,产生自我解嘲的心理。现实主义题材往往配合着黑色幽默来表达情绪,如果说现实主义是在资本主义的发展中出现的,那黑色幽默就是在资本主义的坎坷中出现的。20 世纪中后期,美国在经历了朝鲜战争、越南战争等战事后社会矛盾频发、局势动荡,民众在混乱的社会生活中逐渐对原有的社会秩序产生了怀疑,产生了西方近现代的反传统思潮,后在此基础上衍化出了以否定、讽刺、怀疑、抨击、揭露为特征的黑色幽默。

黑色幽默成为《大世界》的风格和标签,影片调动电影所特有的视听语言,旨在营造一种"既阴森可怕又滑稽可笑的基调";而深层结构又往往包含着一种悖论性的荒诞内核,它使你陷入理性的困境而备感滑稽。[①] 在主流电影中,

---

① 刘昊:《浅析微电影〈磁带〉中的黑色幽默》,《北方文学旬刊》2013 年第 10 期,第 142 页。

突出故事主角,以单线结构抑或复线结构影片,引领剧情发展。而《大世界》的叙事却与之不同,采用回环式链条结构来构成故事,出场的每个人物都是主角,每个人物的行为变化都会对故事线产生直接的影响,最终将所有的起点拉到同一个终点。老实巴交的建筑工地司机小张,为了带女友燕子去整容来拯救爱情,抢劫了建筑公司的工资款;建筑公司老板刘富贵找来黑道杀手瘦皮去追钱;工程款的看护人老赵以及刘富贵和司机阿德也在顺着线索找司机小张;就在小张带着钱逃匿的过程中,又被黑馄饨店老板黄眼和他老婆,以及燕子的表姐和表姐的杀马特男友盯上了包里的钱……在错综复杂的人物关系几番交手下,钱款几经转手,最终相互火拼,拉下几条人命,以小张的雨中悔过自首收尾。

多链条平行穿插的叙述手法在许多黑色幽默电影中都有所展现,留名电影史的有盖伊·里奇自编自导的《两杆大烟枪》、昆汀·塔伦蒂诺万花筒般反传统叙事的《低俗小说》、科恩兄弟充满离奇巧合的处女作《血迷宫》等。在国产影片中,有由一个包引发"追包大战"的《我叫刘跃进》以及时空交叉复线结构的《疯狂的石头》,都是以人物视角的转换以及场景的交叉来推动情节向汇合。这种叙事方式"模糊了传统的结构次序,用碎片化的影像片段对传统叙事规则带来颠覆性的冲击,这种不和谐的,甚至突兀的叙事方式让人耳目一新,正契合了快节奏的现代社会中人们对打破常规及权威束缚的心理需求。"①

《大世界》以一百万现金为中心,将各方人马(杀手、地产大佬、民间科学家、杀马特情侣)牵连在一起,看似平行发展,毫不相干的人物故事,孤唱桌和互相交错,他们的贪婪、物欲、挣扎、失败、愤怒……终于在最后的雨夜阴差阳错地聚合到一起,让故事形成一个类似盖·里奇式的环形闭合结构。影片这种以"阴差阳错"的叙事和"哭笑不得"的基调在刘健的长篇处女作《刺痛我》(网吧里挂着的电影海报就是导演前作)中就早有体现。作为"作者电影",影片保留了阴暗的城镇景观和边缘小人物的角色设定,但叙事和风格又有创新。

影片海报所写:"欢迎来到成人世界",这是一句真实有力又具有吸引力的

---

① 俞弘:《〈低俗小说〉的叙事艺术与思维转变》《电影文学》2017 年第 17 期。

标语,一方面它与其他合家欢低龄动画清楚地划好了界限,另一方面尽管故事显得离奇、巧合,但人物、台词、环境等重要元素却非常现实地组成了脏乱小镇的浮世绘。很多时候,人以为拥有了金钱,自己就能得到自己想要拥有的东西,但贫穷阶段的人,往往并不清楚自己想要的是金钱还是其他。"蓬生麻中,不扶而直;白沙在涅,与之俱黑。"在金钱至上的环境中,人人都异变为河崖之蛇,只因贪食水中腥膻而遭不测。《大世界》想要告诉的是,金钱并不能真正让你得到自己想要的,恰恰相反,人最终往往会被金钱所束缚和吞没,如果生而为人,却被挣钱的欲望所裹挟,那么最终金钱毁掉的便是你原本想要的生活。而影片最让人绝望的地方正在于,这些为金钱而疯狂的人,根本无法意识到自己正处于欲望的轮回中,如入无间地狱,永生都不得解脱。

悖论也是黑色幽默中的必要元素。《疯狂的石头》中小偷的口头禅是"注意你的素质",大盗麦克的座右铭是"我的招牌是讲诚信",这种言行之间的巨大反差形成的悖谬令人忍俊不禁。《大世界》讲述的是一个破落小城的凶杀故事,但英文名却叫作 Have a Nice Day,又名《好极了》,带有创作者浓厚的黑色幽默和强烈的反讽意味。冷酷杀手却非常有礼貌,口头禅竟然是十分淡然的"我只是路过";市侩奸诈的黑店老板兼民间发明家黄眼,却有着对金钱至上的社会惊人洞察力,他刺刺不休的"闳言高论"——"自由三层次"理论令人不禁莞尔叫绝。影片段子众多:存在于小城网吧电视的 CCTV 加工后的川普,香格里拉式财务自由田园梦想,脱欧的英国留学生二代,传媒语境中已经听腻了的"不忘初心"和创业中国梦等,这些耳熟能详的段子融入手法未必比春晚小品高明,却能令观众心领神会,哑然失笑。凡人绕不开的名利欲念,放在众多段子间时,格外显示出人生的荒谬。酒馆中思考佛祖和上帝哪个厉害信哪个的失败小工人,与身边功成名就加入家庭教会者所求本质并无差别;学生摩拳擦掌,吃着互联网时代盖茨、扎克、乔布斯、马云诸大佬们的成功学鸡汤,与游走在中关村各咖啡厅里,怀揣财务自由梦的 PPT 一族又何尝不是一样的投机心理? 杀猪为业却坚持送孩子出国留学的兼职杀手,看似是这个故事中最有超越物质追求的人,然其谋生手段却是最赤裸裸的杀人交易,真是荒诞无比。

在对现实的批判里,黑色幽默也让人心生希望,更勇敢地面对事物的黑暗面。《大世界》影片的开头，是托尔斯泰《复活》里的一句话："尽管他们肆意把石头砸进地里，不让花草树木生长，尽管它们除尽刚出土的小草，把煤炭和石油烧得烟雾腾腾，尽管树木遭到砍伐，鸟兽尽被驱逐，在城市里，春天毕竟还是春天。"春去春又来，罪恶被罪恶所埋葬后，一个新的春天又会如期而至。

三、一个人的作家电影

《大世界》在中国动画史上非同凡响的意义就是，它不但是作者电影，而且是一个人的"作家电影"。从《大世界》最后的字幕里，可以大概管窥何为"一个人的动画电影"：编剧、导演、制片人、人物设定、场景设计、原画、动画、上色、口型、美术、背景描绘、色彩设定、描线、数字合成、校色、特效、剪辑、配音、海报设计，连主题歌作词都是刘健。① "一个人的动画"的创作方式在动画短片中比较常见，但在长片创作中，放眼世界也是凤毛麟角，更不用说是在当下中国强调高投资、大制作、出精品的背景下会有这样的作品，真正的是"史无前例"。动画电影不仅是艺术，更是电影工业体系下流水线上的产品，同时也是具有投资和回报关系的商品，"一个人的动画"由于太"自我"，市场风险极大，历来被视为商业动画电影之大忌。对动画长片而言，刘健的这种敢于做"第一个吃螃蟹"者的勇气，实在令人佩服。

众所周知，电影是集体劳动的成果，少者需要几十人，多者需要成百上千人，而动画电影更是费时费力。以有史以来第一部影院油画电影《至爱梵高》（2017）为例，影片用梵高的 125 张名画来揭秘梵高的死因，以此纪念梵高仙逝 125 周年。这部 90 分钟的动画电影，由 115 位画师，历时 65 000 张纯手绘静帧油画画面转化的而成。而作为好莱坞商业动画电影，更是动辄数千人的团队作战。就连宫崎骏大师这种特立独行，个人风格及其突出的导演，每部作品也

---

① 在刘健之前，中国曾有"一个人动画"的佳作《打，打个大西瓜》，一经面世便大受好评，且获奖无数。这部 16 分钟的作品，作者杨宇孤军奋战了三年多时间，和刘健一样，三年多来他每天除了吃饭睡觉便是在工作，他自嘲自己这三年半期间"跟生活在空间站中似的，三点一线：客厅、卧室、厕所"。正是这些独立独行的动画人，推动着中国动画不断探索和进步。

必须有稳定的团队一起奋战多年。而刘健以一己之力,历时 3 年完成这部长片动画电影,工作量庞杂超巨,注定他走的是一条"苦行僧"的修道之路。

刘健曾创办过一个拥有数百名员工的动画公司,制作动画剧集,钱是赚到了,但痛苦不堪。那些为钱而进行的创作并不能达到他心中真正的艺术标志,后来他直接把公司关掉,依照初心,开始创作自己真正想做的作品。刘健坚持个人风格,执着如作家写小说一样,把电影变成一个人的作品,他甚至偏执认为,"希望每一缕线条都是我的风格"。他的偏执使得《大世界》形成了与"集体创作"截然不同的风格,揭示人性无边的令人窒息的黑暗——弱肉强食,互害互噬的丛林法则肆无忌惮地践踏着文明社会的道德和法律。影片用如衔尾蛇(Ouroboros)一样吞食自己尾巴的回环式结构表现冥冥天报,用刺眼不和谐的暗调背景色表现压抑的犯罪环境,塑造具有暴力人格和嗜血性格的角色。这种从主题内容到形式执着于个性自我表现的作品,电影史家称之为"作者电影"。

第二次世界大战结束后,法国电影界出现了一种像作家写作一样去拍电影,把影片拍成能完整准确表达作者意图的艺术作品的创作风潮,史称"新浪潮"电影,也被称作"作者电影"。1948 年法国著名导演亚历山大·阿斯特吕克在《法国荧幕》第 144 期发表了一篇名为《新先锋派的诞生:摄影机——自来水笔》的文章,明确提出"电影创作家要像作家用自己的笔写作那样,用自己的摄影机去写作"。1954 年特吕弗在《电影手册》上发表了《法国电影的一种倾向》一文,提出了"作者电影"的概念。1957 年,巴赞在《关于作者论》一文中提出了"作者论"的概念。同年 25 岁的特吕弗发表了《作家的政策》一文,指出:"在我看来,明天的电影较之小说更具有个性,像忏悔,像日记,是属于个人的和自传性质。年轻的导演们将用第一人称表达自己,叙述他们的经历。"[1]作者电影诞生的标志作品是 1958 年特吕弗导演的《淘气鬼》和夏布洛尔导演的《漂亮的塞尔日》。作者电影具有强烈鲜明的个人特色,创作者往往集编剧、导演,甚至制片于一身,常常取用现实题材,以普通人的生活故事为表现内容,叙

---

[1]　尹岩:《弗·特吕弗其人其作》,《北京电影学院学报》1988 年第 1 期。

事冷峻客观,多用非职业演员,常用"街头现实主义"的表现手法使影片更接地气,此外,采用客观冷漠的静止长镜头、用画外音配合画面叙述故事,表达内心活动等。

电影史上的"作家电影",是指与"新浪潮"并起的"左岸派电影"——即作家直接参与电影制作。其代表作有阿伦·雷乃的《广岛之恋》《去年在马里昂巴德》,亨利·高尔比的《长别离》等。这些作品大多把人的内心现实与外部现实结合,表现人的内心与现实的差距和矛盾,探索人的意识和潜意识。后来"新浪潮"和"左岸派"的主将几乎都成了职业导演,人们也就不再称他们的作品为"作家电影"。本文所言的"作家电影",与"左岸派"有相同又有不同,相同之处就是像作家拍电影一样,强调个性表达,不同处特指像作家写作一样,"一个人完成电影"。

刘健作为一个比较孤傲又带有强烈悲观主义色彩的创作者,为了表现出自己的个性,他孤军奋战,使电影具有鲜明的"作者电影"特色。特别是他在影片刻意使用了大量的空镜头和漫长的定格镜头,去强迫观众思考画面背后的意义,这是任何主流商业导演都忌讳的事,因为这样强制性减慢影片的节奏,会导致影片流畅性,从而使观赏快感降低,容易让观众出戏而是注意力发散,从而使影片的吸引力降低。而《大世界》的开场就用了数十组的空镜头来为影片定调,而在影片后段更是采用了两个长达一分多钟的定格镜头来挑战观众,分别是网吧小张后脑勺中景镜头和海浪翻滚近景镜头。

因为《大世界》的工作量对于一个人而言过于超常超负荷,因此在电视动画中常常使用"有限动画"的技术来"偷工减料"的表现手法,就被自然而然地用到创作中,影片因此受到一些诟病,部分动画人无法接受这种表现方式:背景几乎不动,人物原动画极少,还有网友戏称感觉"全片都在拉着手刹开车"。这也就是一个人做动画在技术方面的"讨巧":背景多以静帧呈现,并用实拍加 PS 技术模拟动画的画面效果;动画中间帧数减少等。当然,由此带来的视像不流畅、画面不细腻等弊端也无可避免,甚至影片的节奏把控也被质疑,配音完全没有生活味,很不专业,有种对着剧本念的感觉,结局也过于巧合和刻意。但这种独特的画面风格,与他一贯坚持的批判现实主义的风格一样,都成为刘健动画的专属符号。这种有限动画的做法,画面不流畅是其不足,但是这种不流畅带来的滞涩感与影片所表现的锥心刺骨的内容却是相得益彰。

结　　语

经济基础决定上层建筑,批判现实主义、黑色幽默都是伴随着资本主义的兴衰起伏而生的,物质基础和科技发展也为一个人完成一部动画长片提供了可能性。《大世界》获"费穆奖"最佳导演奖时的颁奖词说:"本片导演从自己的现实经验出发,对动画语言进行了创造性的开掘,将严肃的异化主题以生动的演绎,用幽默含蓄的处理间离了暴力场面,叙述简洁有力,表达准确、犀利,这不仅仅是一部风格独特的非常优秀的动画影片,也是一个具有启示意义的电影文本,它拓宽了中国电影的表达空间。"中国动画从《喜羊羊》系列、《熊出没》系列到《大圣归来》《大鱼海棠》《大护法》《大世界》,从服务低龄的"真善美"动画到以黑色幽默来批判现实的"暗黑动画",刘健在探索和坚守个人风格的同时,也为中国动画开拓出了新路。

《大世界》开创了中国黑色幽默批判现实主义动画之先河,作为"一个人的动画",也是追求个人风格到极致的作家电影之典型。它带给中国动画的,不仅是成绩上的里程碑,更是动画思想和形式的探路石,为中国动画的现实主义创作具有重要的示范效应。在未来也许会有更多的动画人尝试"真善美"以外暗黑主题的选择,随着更多具有个人风格动画的出现,中国动画百花齐放的中兴之日终会来到。

中国"神经"式犯罪喜剧的
借鉴、特点与新受众
——以《唐人街探案2》为例

崔 辰*

摘 要 以《唐人街探案2》为例,分析中国当下的犯罪喜剧如何从传统的好莱坞式神经合理化地借鉴人物塑造、喜剧效果、叙事节奏等,以及神经喜剧中经典的类型化元素在《唐人街探案2》中更加得以充分的借鉴和运用。符合中国新一代年轻观众的审美、品位与新时代讯息陈氏犯罪喜剧已实现对中国犯罪喜剧类型边界的拓展。

关键词 神经喜剧 犯罪电影 新受众

中国犯罪类型电影是根植于当下中国的文化、社会现状,并符合当下中国观众价值观念和需求的一种类型电影。虽从类型的发展来看,不如美国、韩国的犯罪电影类型化得成熟,但在产业潜力和未来的多元化发展上又有着无穷的可能性。尤其是犯罪电影的亚类型之一——犯罪喜剧近年在中国得以迅速发展。

2004 年冯小刚的《天下无贼》走红贺岁档,2006 年宁浩的小成本电影《疯狂的石头》热映,犯罪喜剧成为广受中国观众欢迎的一种电影类型。犯罪电影的核心是犯罪的实施和真相的发现,而喜剧电影的关键是"不恰当的行动"。[2]

* 崔辰,上海交通大学媒体与传播学院电影电视系副教授。
 本文为国家社科艺术学一般项目"生态批评视野下的中国电影研究"阶段性成果,项目编号 15BC040。
② [美]基格里奥:《喜剧难写:一位好莱坞编剧的真实告白》,陈文静译,北京电子工业出版社 2013 年版,第 81 页。

由此可见,犯罪喜剧的重点是将犯罪/侦破过程设置为一次不恰当的行动。"在每种类型中,角色的身份认同和叙事角色(或者'功能')是由他们与社区及其价值结构所决定的。同样,类型角色在心理上是静止的——他/她只是一种态度、一种风格、一种世界观,还有一种预先决定的并且在本质上不变的文化姿态的肉体化身。"①美国学者雷奇(Leitch)在《犯罪电影》一书中提出,犯罪电影里有三种功能性角色:犯罪者、受害者和复仇者。② 犯罪喜剧多数将犯罪者设置为犯罪技能拙劣或因种种意外无法完成犯罪预谋的喜剧功能角色,诸如《疯狂的赛车》《火锅英雄》等。但也有将受害者设置为喜剧角色,如《天下无贼》中的傻根,或将复仇者/侦破者设置为喜剧角色,譬如《唐人街探案2》中的主角——侦探唐仁和搭档秦风。

从传统"神经喜剧"中实现的借鉴

追溯中国电影发展的历史,犯罪喜剧在其间并没有作为一种类型电影的深厚发展阶段和渊源。陈思诚的《唐人街探案》系列可不受既往类型发展的模式桎梏,有着更为自由的类型界定与拓展空间,同时亦可跨类型将其他电影类型中有利于中国犯罪喜剧电影的创作手法融汇其中,《唐人街探案》系列即从传统的好莱坞式神经喜剧中吸收了营养,合理化地借鉴了好莱坞神经喜剧的人物塑造、叙事节奏等,神经喜剧中经典的类型化元素在《唐人街探案2》中更加得以充分的借鉴和运用。

神经喜剧(Screwball comedy,又称疯癫喜剧、乖僻喜剧)是诞生于美国20世纪30年代初的一种电影类型,当时神经喜剧的经典代表作《一夜风流》囊括了该类型的特征:通过性格反差极大的角色组合设定,在电影中产生由性格冲突而发生的喜剧情景的各种冲突。作为好莱坞黄金时期的20世纪三四十年代正是神经喜剧的高峰时期。《唐人街探案2》的两位主角虽然不是传统"神

---

① 〔美〕托马茨·沙茨:《好莱坞类型电影》,冯欣译,世纪出版社,上海人民出版社2009年出版,第32页。

② 〔美〕雷奇:《犯罪电影》,剑桥大学出版社2002年版。

经喜剧"中龙凤斗的男女冤家,但采用了类似"神经喜剧"中"screwball"的概念和角色设置。

首先,在人物设定上,《唐人街探案2》延续了《唐人街探案》的特点:从传统的神经喜剧类型中借鉴组合式人物的设定,通过人物性格的反差来构建影响电影结构、叙事情绪的各种喜剧电影的效果。"神经喜剧"中主要角色的特质一般为:疯疯癫癫、不通人情,外表有一定吸引力,但行为古怪且性格乖僻,处事原则与方式迥异于常人。且两个人物性格相差极大,一个多言,一个寡欲,话不投机,互相鄙视。这些人物性格和差异体现在了《唐人街探案2》中唐仁和秦风这对侦探搭档的人物定位上,他们是一对年龄、外形、性格、做事风格都极为迥异的侦探搭档。唐仁身材矮小,肤黑貌陋。自称为唐人街的职业侦探,但欠缺基本的逻辑思维判断力和原则,常常过火地吹嘘自己的破案能力,甚至表现得贪财好色,唯利是图。如为了破案的赏金不惜骗秦风来纽约参加"婚礼",破案的间隙一直念叨着"五百万"。两部《唐探》电影都设置了一个女性角色(第一部的阿香和第二部的女警员陈英),叙事上一方面作为关键的支线人物推动情节的发展,她们的被绑架或失踪都会成为电影叙事中的重要线索,另外一方面也是唐仁追逐的对象。唐仁外形滑稽,个性鲁莽且常会惹出一些意外之事,他承担着电影中多数的喜剧功能。侦探二人组中的秦风外形帅气白皙,思维严谨,《唐人街探案》中他曾如实回答考刑警学院的目的是为了完成一出完美的犯罪,从而落榜。在《唐人街探案2》的开始,他已顺利考入华夏刑警学院,在被唐仁以参加婚礼的名义欺骗加入断案小组后,秦风发挥他快速捕捉信息的能力,从海量信息中迅速提取和总结出关键线索。在线破案的APP"犯罪大师"上,秦风名列第二,他擅长推理,有超强的逻辑分析能力,电影中多数犯罪逻辑的推理皆来自秦风。在某种程度上,唐仁和秦风的人物设置分别完成了"喜剧"和"犯罪"两种类型的不同功能。

其二是语言冲突的设置。传统神经喜剧一向重视语言,男女主角唇枪舌剑不断,"神经喜剧中男女主人公语速飞快的争吵、妙趣横生的讥讽,都是必不可少的标志性类型元素。可以说,当时的观众所能够感受到最刺激、最挑逗的对白,就来自于神经喜剧中男女主角之间永不停息的'舌尖上的战争'"①。譬如神经喜剧的开山之作《一夜风流》，男女主角从相识到行旅途中，对话一直充满机锋。唐仁和秦风辈分上是表舅和外甥的关系，却丝毫不见长辈和晚辈之间固有的传统关系，说话方式上他们也是截然不同，唐仁爱说，但缺乏逻辑，絮絮叨叨，秦风因为结巴话少，对唐仁不合理的推论无可奈何又鄙视，两人断案的过程中充满了各种争论。在《唐人街探案2》中，唐仁和秦风之间语言的冲突也成为侦破的武器，他们被陆国富的手下抓起来之后，两个人立刻默契配合，开始表演争吵及发生肢体冲突，并通过这种冲突在囚禁的空间临时摆脱了被捆绑的束缚。这一点也类似传统的神经喜剧《一夜风流》中爱莉和彼特为了逃避警察追查，佯作夫妻吵架的桥段。

其三是人物在矛盾性格之上达成的共识。在传统神经喜剧的叙事中，虽然两个主角的成长背景、性格、观念都极为迥异，但在价值观念上有一致和相通之处，并通过这种一致性取得关键性的进展。唐仁和秦风的契合在于他们能在关键时刻用互补的方式搭配找到破解案件的密钥：唐仁表面上行事疯癫古怪，逻辑能力差，但对传统的周易、五行等文化了然于胸，在秦风精密的分析下，他从而得以判断出连环杀人案件有着与中国传统的五行之间的对应关系，推动案件迅速解密。而秦风在极端情况下依然可以冷静判断宋义救自己用的是左手，从而得出宋义之前隐藏了自己是左撇子的信息。唐仁对传统文化的了然于胸和秦风的推理能力联袂成为破译疑难案件的制胜法宝。

其四是视觉化的喜剧效果。神经喜剧注重视觉张力带来的喜剧效果。《唐人街探案2》在推理情节之外，亦甚为注重喜剧情节设定的视觉效果，即通过外形、长相、身材的对比、异性换装和各种碰撞等来制造喜剧效果，这种通过外在视觉呈现而不是语言幽默来制造喜剧效果的方式，最早在黑白喜剧默片例如卓别林的电影中已大量使用，在当下的中国甚为符合春季档电影"合家欢"的观影需求。譬如《唐人街探案2》中用唐仁和酒吧彪悍大叔反差萌制造的"粉红的回忆"笑点、唐仁秦风宋义三人在医院穿上护士服男扮女装等。

---

① 冯欣：《作为意识形态战场的性别喜剧——好莱坞神经喜剧研究》，《北京电影学院学报》2010年第2期，第68页。

最后是跨类型的实现。美国传统神经喜剧以龙凤斗的爱情故事为基础,同时亦常会结合公路类型片的样式。《一夜风流》即是爱情电影+喜剧电影+公路电影的综合,在公路电影的旅程中,两个人物之间的关系也一直在发生变化。《唐人街探案2》唐仁秦风救下宋义后集体被通缉,导致三人一起游走在纽约城市各处,从而形成了犯罪喜剧电影+公路电影的跨类型叙事的基本架构。

陈氏"神经"式犯罪喜剧的特点与开拓性

"类型电影不止创造和遵从模式,还破除、改变和综合模式。在观众熟悉并厌倦某些模式、社会对类型片的观念提出质疑时,类型片会通过反用模式、讽刺、综合新元素等方法来震撼观众的固定情感观念,造成审美上的新鲜感。"[1]吸收神经喜剧的相关类型元素,从而积极构成自身犯罪喜剧的特点,并同时实现犯罪喜剧类型边界的拓展。通过《唐人街探案2》,可看出作为导演的陈思诚比拍摄第一部时已经有更全面的全局视角和更为大胆的开拓性理念,在某种程度上,也已实现对中国犯罪喜剧类型边界的拓展。

其一,"侦探宇宙"概念的提出。从泰国曼谷到美国纽约再到筹拍中第三部的日本东京,陈思诚将以全球唐人街断案的系列故事,讲述中国侦探在全球破案的故事,这是一个将中国文化与全球不同地域文化碰撞和融合的构思理念。陈思诚在访谈中称,要把《唐探》系列做成中国人的侦探 IP。这是一个架构上类似美国漫威公司超级英雄系列"漫威电影宇宙"的概念:"以唐人街为底去构建世界观,从世界各国的唐人街,华人群体为链接去进行一种文化融合的尝试。"[2]根据维基百科,"漫威电影宇宙"(漫威 Cinematic Universe,缩写:MCU),是"由漫威漫画工作室基于漫威漫画出版物中的角色独立制作的一系列电影所构成的架空世界和共同世界。该共同世界像漫画中的漫威宇宙一样,是由共同的元素、设定、表演和角色通过跨界作品所建立的。"漫威将旗

---

① 郝建:《影视类型学》,北京大学出版社 2004 年版,第 61 页。
② 《"世界侦探排名"——陈思诚这是要搞侦探宇宙啊!》,搜狐网,http://www.sohu.com/a/223707205_99900259。

下超级英雄分批曝光,每部电影互相衔接,并用彩蛋为下一部上映的电影宣传,构成了"漫威电影宇宙"系列。因此,所谓的"侦探宇宙"也就是通过一系列电影构成一个全世界唐人街的破案系列,由共同的人物、设定、表演建立而成。

其二,用剧情中的虚拟 APP 加深侦探世界的联络,也深化了和观众之间的深层联系。《唐探》系列拟在系列电影中设立一个侦探宇宙,因此就相应要加强所有探案故事之间的关联和系统性,《唐人街探案2》采用的方式是:建立名为"Crimaster(犯罪大师)"的侦探 APP,构成网络侦探的世界排名和社交网络,主角秦风在此 APP 上排名第二,他这样介绍这个在电影里非常著名的APP:"全球推理侦探的专属社区,很多人在上面上传真实的案件,供大家探讨,许多国家和地区的破案率,因为这个软件而大大提升"。电影开始的序曲部分即为秦风在一个虚拟空间中完成"犯罪大师"的断案,却被别人抢了先。

其三,留下未解之谜,激发观众对下一部的好奇心。来破案的各国侦探有许多都在这个 APP 上排名前列,被通缉的宋义则自称在"犯罪大师"的排名是1998 名。而排名第一的"Q"虽然在整部电影中都未被解密庐山真面目,处于镜头外的"Q"却又是一个无所不在的人物,虽然不在美国,但是对案情特别关注,在案件的关键时候,都有"Q"的引领和提示线索。"Q"成为一个谜团,又在电影结束后引发了人量推理爱好者的持久讨论。例如在豆瓣关丁《唐人街探案2》的论坛文章中,有一个豆瓣话题"看完《唐人街探案2》,你知道 Q 是谁了吗?"引发了热烈而持久的探讨,有多篇文章参与此话题的讨论,也引发了大量的浏览。截止到上映后两个月,话题下的 73 篇文章已有超过 117 万人次浏览,并有大量跟帖和讨论。漫威宇宙用多个系列和不同超级英雄的单个与群体故事建立起漫威系列的因果、相关人物、时间点的脉络。《唐探》系列想要打造的侦探宇宙只是刚开始建立,侦探论坛的网络破案、有影无踪的"Q"、未解之谜与隐藏在背后的关键人物,都是在给未来的新系列留有余地和空间。这个侦探宇宙能否成功建立,也要看接下来的唐探系列能否讲好故事,继续激发观众的期待了。

中国"神经"式犯罪喜剧的新受众

新时代年轻的观众的内心成长和价值观念的变化,让这个时代的电影创作期待新类型和新的价值观念,并促进旧有电影类型的衍变和发展。中国犯罪类型电影的产业热度变化体现了当下主流电影观众的需求,犯罪推理悬疑电影的新一代年轻受众已经由网络文学、悬疑漫画推理小说受众孵化的方式培养完成。犯罪电影寻求事物真相,追本溯源的故事特征契合了当下电影院中主流观众的心态。同时,犯罪电影的批判和反思也是这个时代所迫切需要的,早在黑色电影时期,这种思索的精神即表现出社会、心理学上的意义。"将黑色电影视为一种即将消亡的形式,但可以从中衍生出其他的东西;它仍然可以保持它在心理和社会意义上的犀利,但也可以被从一定的距离之外来考量,用它来对当代生活进行批评性的和自我反射式(self-reflexive)"①。《唐人街探案2》比之第一部有了更成熟的设计、更大的格局和更全面的受众定位,针对推理悬疑的爱好者"90后"乃至"00后"观众,电影有一系列符合影片全局定位的新受众符码。

其一,在《唐人街探案2》中进一步摸索和拓展了中国式犯罪喜剧的类型特点,并以"侦探宇宙"和新的受众符码构建了自己的电影风格。作为一部犯罪喜剧电影,《唐人街探案2》在风格特征上体现出中国式犯罪电影的一些新特点:1. 重视叙事张力胜过电影的其他元素。在犯罪类型的叙事段落中穿插喜剧梗。2. 人物有中国式犯罪人物图谱的特征,并强化喜剧角色的极品性格设定。3. 注重空间和场域的选择,无论是作为犯罪背景的城市,还是犯罪发生的固定封闭空间的选择和相关影像特征,乃是构成中国式犯罪电影影像风格图谱的重要元素。4. 人物设定借鉴了传统神经喜剧的特点,性格既对立又有协调一致之处。

其二,电影中当代青年亚文化的体现。青年亚文化(youth subcultures,又

---

① 〔美〕詹姆斯·纳雷摩尔:《黑色电影:历史、批评与风格》,徐展雄译,广西师范大学出版社2009年版,第218页。

译青春亚文化)指的是由年轻人群体创造的、与父辈文化和主流文化既抵抗又合作的一种社会文化形态。《唐人街探案2》中的侦探kiko一角是一个典型的符合青年亚文化形象的角色:她是一个现代黑客,蓝色头发的朋克少女——在人物设定上颇为类似《龙纹身女孩》的主角丽思贝丝。kiko不仅在黑客侵入空间上可以说是无所不为,她的电脑不仅入侵了NYPD(纽约市警察局)的系统,还同时入侵了CBP(U.S. Customs and Border Protection,美国海关和边境保护局系统)。青年亚文化所代表的是处于边缘地位的青少年群体的利益,它对成年人社会秩序往往采取一种颠覆的态度,所以,青年亚文化最突出的特点就是它的边缘性、颠覆性和批判性。而kiko一角的设定就充分符合了青年亚文化的特点,她的穿着举止虽然偏离主流,甚至违法入侵重要的美国网站,但这一形象较易被青少年观众所接受。

其三,多元化的怪咖侦探世界。《唐人街探案2》在唐仁和秦风的组合之外,加上了一个新的搭档——宋义。宋义和第一部中的唐仁一样,在电影开始是一个被怀疑成杀人犯的人。在剧情的发展中宋义确实因为替妹妹复仇参与了案情,在第一部中唐仁因为受到意外犯罪指涉从而统一了受害者和复仇者(侦探)的身份,而第二部的宋义则综合了犯罪者、受害者、侦探三种不同的角色功能。除了几位主角之外,电影中还有来自世界各国的侦探,他们的身份和形象千奇百怪,复杂又怪咖,也有各种不同的能力,虽然这些侦探的戏份很少,但集体参与了营救,侦探世界多元化的设定也非常符合年轻观众对多元文化的喜好。侦探组合的固定和创新,也会引起对新系列的期待——电影线索和彩蛋揭示第三部为发生在日本东京的唐人街探案故事,会和APP中排名第三的日本侦探野田浩有很大关系。

其四,时尚化快节奏的推理视觉景观。电影在某些环节有较快节奏的剪辑处理,尤其充分发挥了纽约的城市特色和都市感。电影中,当秦风运用高速运转的脑子整理案情时,和纽约市的地标性建筑画面结合在一起,数次推理段落皆运用特效叠加了建筑和人物,将现场的悬疑和紧张的气氛充分展现给观众,空间和质感处理出色,这些都成为吸引新受众的类型符号。在秦风描述运用曼哈顿计量法推断杀人犯居住地时候的画面变化,这种计量法是能够精准推断连环杀人案罪犯居住地的一种数学模型,整个纽约在秦风面前变成了他可以随意改设的模型。变成了一个可以代入公式的 X 和 Y 地标,通过画面的变化表示秦风正在通过这种方式计算出犯罪者作案规律,并进一步推算出犯罪者住所所在地的概率,他在画面中变成了上帝视角俯瞰整个纽约,秦风将犯罪概率最高点连成区域,构成了连环杀人犯居住地概率最高的地方。另一次比较重要的段落是监狱中,秦风和唐仁汇集几次杀人案的信息,秦风进入推理的瞬间,电影空间随着他的思维迅速发生了改变。他进入不同的案发现场,从第一次案发现场的灶王庙推开一扇墙即来到第二次案发的哈德逊河的水面边上,跳下河岸就来到了第三次案发现场的公园中。镜头甚至穿过秦风的眼瞳,呈现出复杂的纽约地标和地图,并再次出现上帝视角。秦风根据唐仁总结的五行判断:凶手将纽约市当成了自己的法坛,是要修炼成仙。在推测到第四次杀人地点时,纽约空间的高楼大厦全部变成了积木大小的模型,可以任何变化,《唐人街探案2》成功地用这种三维空间的极速变化画面模拟出秦风快速的头脑风暴。将原本不可视的"大脑"思维过程以非常生动的画面的形式展现了出来。

中国目前尚缺少如科恩兄弟、伍迪·艾伦、昆汀·塔伦蒂诺这样的世界级犯罪电影大师级导演,因为有着极强的反类型特征和作者风格,他们的犯罪电影作品既来自类型电影,但又与传统的犯罪类型电影完全不同,从而得以进入艺术电影的范畴。而如陈思诚这样代表中国犯罪喜剧电影新势力的中青年导演也正在迅速成长之中,他能够敏锐地感知到中国新一代年轻观众的审美、品位与新时代讯息,从传统的类型电影中吸收营养,正在努力构建起自己的"侦探宇宙",从而实现对中国式犯罪喜剧电影风格的新构建。

聚 焦 上 海

新机遇与新趋向
——2018 年度上海电影创作现象分析

王艳云*　　陈志成**

摘　要　2018 年上海市推出了多项政策和具体实施细则，为上海电影创作提供了新的机遇，上海电影创作也由此迎来了自己的丰收之年，在质量、种类和票房上都有所提升。今年在类型多元化的基础上，影片的完成度更加出色，一系列高质量的影片和国产大片给电影市场带来了新活力，艺术片、动画片和戏曲片都有亮眼的成绩，票房收入更是突破了 250 亿元人民币。优质的影片促进了电影市场的优化，出色的票房再次打开了电影市场的容量。这种新机遇和新趋势已经成为上海电影创作的新格局，突出地表现出上海在电影产业改革中锐意进取的姿态，让我们看到上海在焕发中国电影发祥地新活力，振兴上海影视产业，推进全球影视创制中心建设过程中强大的决心和能力。在成绩之外，还有一些问题需要我们关注。如上海作为电影产业领

　*　王艳云，上海大学上海电影学院副教授。
　**　陈志成，上海大学上海电影学院电影学研究生。

头羊的地位不够突出,上海电影产业竞争的原生力和区位优势还需要提升,"上海文化品牌"的公众影响力和辨识度还有待于加强。此外,今年表现上海特色文化的"上海影像"缺失。我们期待有明年有更好的成绩。

关键词 2018年 上海电影创作 类型多元化 上海文化品牌

截止于11月24日,2018年中国电影市场票房已达557.62亿元,超越了2017年的559亿元,再次创下了内地市场新纪录。这些成绩的获得离不开国家近年来对影视产业的一系列的扶持和指导政策。得益于国内电影产业环境的良好现状,上海市政府也加大了对本土电影产业的大力扶持。2017年末上海市委、市政府推出了《关于加快本市文化创意产业创新发展的若干意见》(简称文创50条),从多方面极大扶持、推动上海电影发展。2018年5月又印发了《关于促进上海影视产业发展的实施办法》,在具体实施细节上,加强对现有的电影选题孵化、剧本创作和拍摄制作的扶持,统筹形成"1+3+X"的发展布局,鼓励传统影视企业与互联网企业跨界融合等一系列措施,给上海地区的电影产业发展提供了充足的创作与优化空间。同时,设立于2015年的"促进上海电影发展专项资金"在2018年继续资助了207个项目,催生了一批优秀的电影作品。这些政策和具体实施细则都为上海的电影创作提供了新的机遇,有力地促进了上海电影产业的繁荣和发展。

的确,正是在这样的新机遇之下,伴随着2018年中国电影市场票房创下新高,上海电影创作也迎来了自己的丰收之年。据统计,截至11月底,2018年上海地区出品或联合出品的影片共计75部,总体数量较去年的85部虽略有下降,但整体呈现出平稳发展的态势,同时票房总收入突破了250亿人民币,占国产电影总票房的70%,票房再创新高。今年上海地区的电影出品种类丰富,其中既有以创意为核心的中小成本类型片,也有依靠大场面、奇观特效和一线明星的商业大片;既有驰骋沙场多年的大导演的新作,也有跨界导演首次执导便有不俗表现的处女秀;既有口碑爆棚的现象级现实主义影片《我不是药神》,也有致力于探索多元人性复杂人生,以及影像语言边界的艺术片;与此同时,动画电影和戏剧电影也在今年一如既往地保持着持续拓展。总体来看,2018年上海地区出品或联合出品的影片整体质量较往年有了新跨越,观影体验得到上升。在新的文化和产业机遇下,上海电影发挥上海深厚的文化底蕴、丰富的影视产业资源以及区位优势,勇于开拓,显示出较强的创新能力和输出活力,为打响"上海文化品牌"做出贡献。

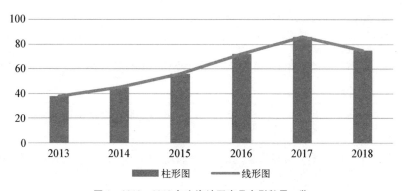

图1　2013—2018年上海地区出品电影数量一览

一、商 业 电 影

商业电影作为上海地区出品电影的重要部分,占据总出品比重的80%。据统计,2018年上海地区出品或联合出品的75部电影中(表1),商业电影共计63部,其中包括了动作片、犯罪片、动画电影等多元类型。票房总收入突破了250亿人民币,占国产电影总票房的70%,票房再创新高。在商业电影当中,国产大片有了新突破,产生了《红海行动》《狄仁杰之四大天王》《捉妖记2》等现象级作品;IP改编不断拓宽,不仅有漫画IP电影《快把我哥带走》,还有歌曲IP《后来》改编的《后来的我们》以及第一部由网络游戏改编的IP电影《古剑奇谭之流月昭明》;现实主义喜剧题材影片数量增多,合拍片仍以内地+香港的模式为主,但区域化特征渐趋模糊。

表 1　2018 上海地区出品或联合出品电影表

喜　剧	唐人街探案　新乌龙院之笑闹江湖　无名之辈　天气预报　人间喜剧 爱情公寓　西虹市首富　解码游戏　幸福马上来　胖子行动队　神谕通天
动　画	肆式青春　赛尔号大电影:圣者无敌　风雨咒　阿凡提之奇缘历险
爱　情	南极之恋　闺蜜2　三伏天　约会大师之爱在响螺湾　21克拉　脱单告急 后来的我们　萌宠入殓尸　勇敢往事　你好,之华　地球最后的夜晚
犯　罪	江湖儿女　盲道　低压槽:欲望之城　道高一丈　反贪风暴3　无双 找到你　英雄本色2018　卧底巨星　时空终点　灵魂当铺之时间典当 暴裂无声　时间监狱
动　作	红海行动　邪不压正　解码游戏　影　功夫联盟　一意孤行　那些女人
冒　险	毕业作品　动物世界　一出好戏　欧洲攻略　云南虫谷　谜巢
奇　幻	西游记之女儿国　捉妖记2　战神纪　古剑奇谭之流月昭明　武林怪兽
惊　悚	玲珑井　怨灵3
社会/家庭	命运速递　西小河的夏天　宝贝儿　米花之味　寻找雪山　监狱犬计划 我不是药神
青　春	青春24秒　奇葩朵朵　给十九岁的我自己　无问西东　快把我哥带走 进击的男孩
戏　曲	曹操与杨修
纪　录	张艺谋和他的"影"

表 2　2018 年上海地区出品或联合出品电影票房 TOP15

排名	类　型	影　片	导　演	上映日期	票房(亿)
1	动作、战争	红海行动	林超贤	2018.2.16	36.48
2	喜剧、冒险	唐人街探案	陈思诚	2018.2.16	33.97
3	社会、现实	我不是药神	文牧野	2018.7.5	30.7
4	喜剧、幻想	西虹市首富	闫非、彭大魔	2018.7.27	25.3
5	喜剧、奇幻	捉妖记2	许诚毅	2018.2.16	22.37
6	青春、爱情	后来的我们	刘若英	2018.4.28	13.6
7	喜剧、冒险	一出好戏	黄渤	2018.8.10	13.4
8	动作、犯罪	无双	庄文强	2018.9.30	13.1

排名	类　型	影　片	导　演	上映日期	票房（亿）
9	青春、爱情	无问西东	李芳芳	2018.1.12	7.54
10	魔幻、爱情	西游记之女儿国	郑保瑞	2018.2.16	7.27
11	荒诞、喜剧	无名之辈	饶晓志	2018.11.16	7.1
12	动作、武侠	影	张艺谋	2018.9.30	6.1
13	动作、奇幻	狄仁杰之四大天王	徐克	2018.7.27	6.06
14	动作、犯罪	邪不压正	姜文	2018.7.13	5.83
15	喜剧、爱情	爱情公寓	汪远	2018.8.10	5.6

数据来源：淘票票专业版，统计截至 2018 年 11 月 30 日。

（一）题材多元化

商业电影市场仍旧延续去年，以多元类型片为主。据统计，多元类型片之中，喜剧、爱情、犯罪题材占据 48%，其中犯罪题材占总比 19%，喜剧占总比 14%、爱情占总比 15%。其他题材的影片中青春题材、动作题材、奇幻题材、冒险题材、动画题材、社会题材较为均衡，惊悚类、戏曲类、纪录类则数量相对较少（图 2）。

图 2　2018 年上海地区出品电影类型风格比例图

1. 犯罪片

犯罪片一直是被电影市场所青睐的类型，今年的商业电影市场犯罪类型片共有 14 部。包括《卧底巨星》《低压槽：欲望之城》《英雄本色 2018》《暴裂无声》等等。排在票房榜首的是庄文强执导，周润发、郭富城、张静初主演，上海博纳文化传媒有限公司、英皇电影、上海阿里巴巴影业出品的电影《无双》，该片狂揽 13 亿票房。影片以制造伪钞为"面"，以揭示人性为"里"，通过印制假钞犯罪团伙的跨国作案,讲述了人性的双重善恶。电影最大的爆点不仅在于对假钞复制细节的考究,而且在于对正反双面人格的复杂人性的辨析。除了无懈可击的剧本,导演庄文强为发哥量身定制的角色吴复生,即便只存在于李问的想象之中,依旧过足了观众之瘾,发哥手持双枪、以钞点火的桥段,让观影者得以一窥"后英雄本色时代"的酣畅淋漓和旧日"港式枪战片"的激烈与爽快。这部在国庆档上映的电影,面对着《影》《李茶的姑妈》《胖子行动队》等斥巨资、投巨力的营销和宣发策略裹挟下,显得势单力薄。尽管如此,在题材与内容的双优势下,影片口碑发酵上升,成为国庆档票房黑马也在"情理之中"。

另一部具有代表性的犯罪片《反贪风暴3》是"反贪"系列的第三部,这部由黄百鸣监制,林德禄执导,古天乐、张智霖、郑嘉颖领衔主演的电影,在上映四天就收获了 2.28 亿票房,超过了《反贪风暴2》当年的总票房。就整体而言,影片虽然叙事节奏拖沓、情节平淡无奇,但故事结构较为完整,属于一部较为"中规中矩"的续集电影。廉政公署陆志廉和情报组刘保强分别侦查贪污和洗黑钱案,正当案件陷入囹圄之时,陆志廉收到控告其贪污受贿 1 200 万的举报。情报组刘保强搜罗罪证,发现陆志廉被诬陷,于是展开调查,刘保强发现这绝不是一件简单的诬陷,背后的长线竟然是与洗黑钱案有关,最终在层层侦查,陆港两地联合追击下,大贪官张部长和银行洗钱手游子新被绳之以法。整个影片效果十足,追车、爆破、肉搏、枪战一应俱全,在 3D+IMAX 视野中,让观影者感受到畅快淋漓的刺激感和强烈的视觉冲击。

作为《心迷宫》之后的又一部烧脑悬疑犯罪片,《暴裂无声》可以说开启了国产悬疑电影的新高潮。这部由上海并驰影业有限公司和上海和和影业有限公司出品,青年导演忻钰坤执导的电影,"将镜头对准了不堪的社会现实,批判食利者阶层对底层群体无情地碾压,也对人类疯狂攫取自然资源、破坏生态环境的暴行予以无声地控诉。"①影片主要场景设定在导演的家乡内蒙古包头市,为了营造荒芜与枯寂,剧组更是进行了大量的前期清扫积雪工作,才呈现出灰蒙、干荒、凋敝的视觉效果。电影整体结构完整精细,悬念设计妥当,推理过程

---

① 路春艳:《暴裂无声:沉默的羔羊》,《当代电影》2018 年第 5 期。

层层递进,是一部完成度非常高的作品。

2. 喜剧片

除了犯罪片,2018 年的喜剧电影数量和质量都相当可观。据统计,2018年上海地区出品的喜剧电影有十部。除了今年春节档上映的续集电影《唐人街探案2》(陈思诚导演)、暑期档开心麻花电影《西虹市首富》(彭魔、闫大非导演)、国庆档《爱情公寓》(汪远导演)、《胖子行动队》(包贝尔导演)之外,其他诸如《新乌龙院之笑闹江湖》《幸福马上来》《无名之辈》等都收获不小的成绩,特别值得注意的是《无名之辈》,在前期宣发动力不足的境遇下,依托过硬的内容和自来水式的营销,经历一周之后华丽逆袭,甚至反超好莱坞大片《毒液》和《神奇动物》,成为单日票房榜冠军。该片以黑色幽默和现实荒诞的手法,讲述了一群底层小人物的困境与挣扎,叙事结构缜密,起承转合到位,人物塑造鲜活立体。

2018 年国产电影票房榜 TOP15 中,喜剧电影占据 5 席。其中《唐人街探案 2》票房收益 33.97 亿人民币,位列第 2;《西虹市首富》票房收益 25.3 亿人民币,位列第四。作为《唐探》的续集,导演将空间从泰国转移至美国,将故事

(电影《西虹市首富》剧照)

线索不断拉长和放大，在《唐探1》中，剧情主要以寻找"失落的黄金"为线索展开，在警察追捕、匪帮追杀、黑帮围剿的层层环节中交织喜怒悲乐。而在《唐探2》中，时间线索紧随其后，不同的是所面对的案件更加复杂和多变，为了寻找杀害唐人街教父七叔孙子的凶手，世界名探齐聚美国，在层层地推理和遭遇中，真相大白。作为"春节档"量身定制的影片，依旧主打"王宝强+刘昊然"的CP招牌形式，不过增添了日本演员妻夫木聪、老香港喜剧大师元华、内地火热的流量明星"筷子兄弟"肖央和王迅，使得影片的基调更加具有趣味性。在营销策略中，借助《唐探1》打开的市场路径和口碑，影片的宣发似乎容易很多，除了预告片和海报的猛料"刘昊然女装""时代广场千人共舞""王宝强'基'情四射"成为当季微博热搜词之外，导演陈思诚更是带着幕后团队斥1.5亿元巨资全国造势，从一线城市北上广到二线城市，可谓是尽心尽力。在《唐探2》中，"导演陈思诚的取巧之处在于，无需遵照好莱坞的商业模式，不用搬用艺术电影的方式，更不用国外成熟的类型样式来做标准，而是用现代人可接受的方式来构筑自己爆笑、都市、探索、喜剧的类型样式"[1]。

开心麻花今年一共有两部电影上院线，一部是暑期档热映的《西虹市首富》，一部是国庆档的《李茶的姑妈》。从《夏洛特烦恼》以来，几乎每一部开心麻花电影都相当成功，不仅在内容"笑果"上，而且每一部电影的票房收入都相当乐观，并且带动一系列衍生产业链发展，如音乐产业、舞台剧行业等等。《西虹市首富》是由北京开心麻花影业、新丽传媒股份有限公司和上海阿里影业共同出品，沈腾、张一鸣、宋芸桦、常远领衔主演，李立群等参演的搞笑喜剧，影片主要讲述贫困潦倒的王多鱼，在比赛失利开除离队，却意外天降横财十亿，走上"花钱特烦恼"之路，是幸运亦是挑战的人生抉择。影片的成功之处在于它准确地挖掘到社会阶层复杂的心理机制，对于金钱与爱情的考量，并且满足了人类的"物恋"想象。总体而言，影片是一部充满逆向思维，有着丰富想象力的喜剧片。另外，影片的铺陈效果也相当不错，除了各种形式的炫酷——"跑车秀""海报秀""烟火秀""演唱会秀"之外，影片关切现实，将生活中的很多小细节放大，如"碰瓷""踢假球"等进行喜剧化处理，这些有意味的存在形式，增添

---

① 周星：《唐人街探案2：类型的快感与泛文化的隐忧》，《当代电影》2018年第4期。

了影片观看的愉悦度。

3. 其他类型电影

今年上海地区出品的青春爱情片数量较为可观,例如《南极之恋》《闺蜜2》《无问西东》《脱单告急》《你好,之华》等等。早在上映之前,《无问西东》就已经在宣发力度上鼓足全力,这部拍摄制作并完成于 2012 年的电影,直到六年之后才得以上线,这期间的"遭遇"更是成为观影者猎奇线索之一。影片集结了章子怡、张震、黄晓明、王力宏等当红一线实力派演员,塑造了王敏佳、陈鹏、沈光耀、张果果四个不同时代的人物形象,有意识地将民国初期、抗战时期、"文革"时期和二十一世纪初期(市场经济初期)放置在影片序列中,将历史的关节点放大,展现大时代洪流到来时,个体命运的抉择与去留。独生子的沈光耀,面对战争与灾难,毅然决然参军卫国,在与敌军空中斡旋之时,选择了同归于尽,壮烈牺牲。王敏佳为了小虚荣,不惜谎言包围谎言,原本单纯善良的姑娘在"人民的唾液"下丧失自我,把爱情放在首位的陈鹏,最终并没有获得爱情,他将青春献给了共和国。而身处当代的张果果,陷入职场如战场的勾心斗角、尔虞我诈之中,经历猜忌,自我怀疑,最终不忘初心。作为清华百年校庆的作品,片名"无问西东"直接取自清华校训:立德立言,无问西东。导演有意识地将叙事结构打乱,但每段历史又都彼此相关联,在叙事中悄然插入"梁启超、闻一多、朱自清、钱钟书、泰戈尔"等与清华大学具有深厚渊源的人物,引发观影者的集体共鸣。

商业电影市场除了犯罪片、喜剧片、青春爱情片三巨头之外,其他类型的影片同样可圈可点,不仅有大导演姜文执导的动作片《邪不压正》,还有马楚成导演的"特工"题材电影《欧洲攻略》,以及被称作"中国版古墓丽影"的中美澳合拍冒险题材影片《谜巢》等大大小小一系列影片,从一定程度上丰富了上海地区出品电影类型。作为姜文"民国三部曲"的最后一部,《邪不压正》可以说集合了姜文电影的一贯形式与风格,不论是在台词处理还是人物形象上,都具有极强的张力,充斥着浓烈的"荷尔蒙"气息,这部影片也是收获了 5.83 亿的票房。而马楚成导演,梁朝伟、杜鹃、唐嫣、吴亦凡主演的特工类电影《欧洲攻略》,在叙事结构上断裂严重,剧情七拼八凑套路满满,捏造和杜撰的噱头并没有带给观影者足够的震撼，至多算一部插科打诨的平庸作品。好在，演员选择上梁朝伟+吴亦凡 CP 给足了女性观影者的想象空间，这部"流量作品"也收获了 1.5 亿的票房。作为中美澳三地合拍的冒险电影，《谜巢》开启了合拍片的新方向，国外投资人将"李冰冰"视作中国票房的保底，却不想弄巧成拙，票房收入不足亿元。平心而论，《谜巢》是一部具有国际视野的合拍片，为了营造真实的"蜘蛛视角"，特效团队研究了世界上现存已知的四万多种蜘蛛，从前肢到身体构造，都进行了细节化处理。影片中的荒漠飙车似乎有《疯狂的麦克斯：狂暴之路》的模仿，人物设定也参考了《古墓丽影》安吉丽娜·朱莉，不足的是影片的逻辑性和探索性太弱，人物的主角光环痕迹明显，"姐弟情深"不足以成为叙事驱动力。

（二）国产大片

所谓"国产大片"是指我国本土拍摄、制作的商业电影，具有场面大、规模大、观赏性强、投资高、面向市场等特征。我国第一部国产大片开山鼻祖当属张艺谋 2002 年拍摄的《英雄》，紧随其后，陈凯歌《无极》、冯小刚《夜宴》等一系列大片产生。无可否认，国产大片的诞生是我国市场经济发展水平迈上新高度，电影迈向产业化的新趋向。

2018 年上海地区出品或联合出品的，形成现象级的国产大片数量可观。数据统计，截至 11 月底，国产电影票房榜 TOP15 中，约有 4 部属于高水准化的国产大片，排在第一的当属林超贤导演，博纳影业、英皇电影、上海星梦工场出品的军事动作片《红海行动》，以其独特的题材、酣畅淋漓的战争场面占领市场，获得 36.48 亿人民币。不得不说，《红海行动》开启了中国新主流大片的趋向。在中国电影快速发展的当下，"多元化价值观的迷失是广为诟病的问题，而展现主流价值观、弘扬正能量、表现民族精神是进入中国特色社会主义新时代的需求，以《红海行动》为代表的新主流大片，恰能吻合时代潮流"①，导演林超贤作为北上的香港导演，能够准确有效地洞察到电影市场所缺乏的类型，并

---

① 赵卫防：《红海行动：主流价值观表达的新拓展》，《当代电影》2018 年第 4 期。

且进行"超级英雄"的本土化改造。从《湄公河行动》开始,再到《红海行动》的成功无疑彰显了主旋律电影的市场化是可取的。影片主要以"反恐"为叙事驱动,从蛟龙突击队解救货轮、战地记者解决黄饼和脏弹问题、我方军舰解决人质三条线索入手,叙事结构流畅清晰,人物塑造立体,故事细节丰富。另外,影片的成功之处在于视觉冲击力够硬,爆炸场景真实,刺激性强,该片主要取景地在摩洛哥卡萨布兰卡,因为靠近撒哈拉沙漠,气候条件尤其恶劣;其次,片中的军舰均来自我国海军编队,如此大格局大动员也是投掷电影创作的第一次。

其次是续集奇幻冒险电影《捉妖记2》,这部由上海企鹅影视文化公司、上海淘票票影视文化公司出品,集结了梁朝伟、白百何、井柏然、李宇春等一线大牌和流量明星,以井柏然+白百合 CP 为噱头,"胡巴"为电影推广标签,强势占领春节档,收获 22.37 亿人民币票房。而暑期档大片,则以徐克导演"狄仁杰"系列第三部《狄仁杰之四大天王》为首,以天马行空的想象和视觉奇观,营造出以狄仁杰为叙事内核的"神探宇宙",除了雷打不动的"刘嘉玲+赵又廷"组合,马思纯、林更新的加盟也带来了大量"粉丝票房"。《捉妖记2》和《狄仁杰之四大天王》作为续集电影,首先得益于其先在的电影口碑,作为电影产品,《捉妖记》和"狄仁杰系列"本身就收获了很好的电影群众。在影片的宣传方面,《捉妖记2》承接《捉妖记》的先在影响力,并且以"胡巴"萝卜的卡通形象作为卖点,以梁朝伟和李宇春形成的明星偶像效应来助推"粉丝票房"。与《捉妖记》不同的是,《狄仁杰之四大天王》主推电影工业技术,以丰富的历史想象力和生动的视觉还原力建构了一个亦真亦幻、亦盛亦乱的世界,作为 3D+IMAX,影片的视觉冲击相当深刻,这和徐克偏爱 CG 动画制作紧紧关联;其次,人物造型绮丽诡谲,以叙事线索来带动奇观特效,以人性的"贪婪、自私、虚伪、爱恨"为引,最终回归到"佛"的层面,一切幻影皆为心魔。

除此以外,国庆档上线的张艺谋导演的《影》,亦是国产大片的一次美学实践。影片将中国传统水墨画融汇与电影影像之中,用物理的控制代替后期的褪色处理,电影中的大部分实拍戏份都是在阴雨天拍摄完成的,直接从物理上控制了色彩,无需后期电脑调色。所有的服装、道具、场景也都尽量呈现黑白化,最终达到像国画风的感觉,但又不是纯黑白色的效果。作为中国电影领军人物,张艺谋用其过人的想象,对中国传统文化的把握,对影视画面的创新和对视觉效果的突破上,再次奉献出一次视觉大餐。尽管影片口碑不一,但我们不能否认《影》在传统文化的传承与影视语言的创新性上的价值。

（三）IP 改编与明星效应

IP 改编是近五年来出现的最为火热的电影创作方式。然而 IP 改编也是一种双刃剑,对于 IP 改编而言,一个足够有影响力的"IP"改编成电影自然会吸引"原初粉"的青睐,但由于"IP"已经先在的桎梏了受众群体的审美想象,一旦改编出来的电影不符合"原初粉"的想象则会跌落谷底,票房口碑双崩塌。

2018 年上海地区出品或联合出品电影中,IP 改编共有 6 部,包含了歌曲 IP《后来》改编爱情电影《后来的我们》,小说 IP《鬼吹灯》改编《云南虫谷》,古典名著《西游记》改编《西游记之女儿国》,网络漫画改编的同名电影《快把我哥带走》,日本漫画家福本伸行的《赌博默示录》改编《动物世界》,以及第一部游戏 IP 改编的电影《古剑奇谭之流月昭明》。

《西游记之女儿国》是西游系列的第三部,该片主要以《西游记》中唐三藏入女儿国为线索展开,以唐三藏与女儿国国王的"爱情"故事为主线,以河神与国师的爱情故事为辅线,探讨关于爱情的真谛。影片的改编程度较大,除了人物没有大动,故事对原著小说进行了大范围的解构,例如河神与国师的爱情故事,先祖女皇的爱情传说等等。影片更是有一种青春片的视觉,即将青春爱情母题"暗恋"进行了奇幻化改造,这似乎更符合当下青年受众的口味。"据'创世界'花絮,影片从选题到外景考察到实景拍摄、棚内拍摄,共跨越中国四省,搭建了超过八万平方米的外景,摄制团队超过千人"①。如此大工程的投入,亦是代表我国电影工业的新水准,尽管人物造型一直遭到网友吐槽,但电影的特效和场面都具有震撼感。从《花千骨》开始,"流量大花"赵丽颖就以单纯、清新的容貌和性格快速地吸收了大量迷粉,这亦成为电影的票房担保,其次郭富

---

① 高艳鸽:《西游记之女儿国:当代电影工业能够创造的"壮美"》,《中国艺术报》2017 年第 004 版。

城、冯绍峰、梁咏琪等都有自己的粉丝群体,发挥他们的流量作用以此来带动票房收入成为该片的策略之一。

暑期档最热门的电影来自韩延导演作品《动物世界》,影片改编自日本漫画家福本伸行的漫画《赌博默示录》,主要以"赌博"为故事载体,以"默示录"为核心,伊藤开司整日喝酒赌博,没有工作,本以为这样浑浑噩噩度日,却不曾想被最好的兄弟背叛,赌上三百多万的债务,最终踏上艾斯波瓦鲁号赌博船,经历生死悬殊的赌博竞程。这部漫画以其层层递进的悬念设置、饶有趣味的游戏体验给了受众极大的兴趣。影片大部分内容都是直接搬演漫画原本,只不过进行了本土化的改造,除了角色名称之外,还增添了"心理动因",即扮演的男一号的郑开司是一个小丑化的人物,既是对人物职业设置,又是对现代人心灵体验的表征。另外,影片还深刻地讨论了社会结构关系和权力话语,艾斯波瓦鲁号改为"Destiny",游戏环节指涉社会阶层,这些莫不是关于权力/话语/规则的讨论。

此外值得一提的还有,今年的国产电影市场出现了第一部由网络游戏改编的 IP 电影《古剑奇谭之流月昭明》,该片是由上海淘票票影视文化公司、博

电影《动物世界》剧照

纳影业出品,王力宏、高以翔、宋茜等主演。影片最初构想来自游戏《古剑奇谭二:永夜初晗凝碧天》,人物角色也来自游戏当中,主要讲述了乐无异、闻人羽、夏夷为了阻止大祭司与心魔毁灭人类的企图,找到封印在画中的神秘少女阿阮,踏上寻找昭明神剑斩杀心魔的故事。雷尼·哈林作为资深好莱坞导演,其故事的结构仍旧是以好莱坞三段式为模板,对于游戏空间的视觉呈现是影片最大的看点,如壮阔华美的海市、奇异瑰丽的卖场等等。可以说影片集奇幻、功夫、魔幻于一身,在创作上致力于场面的宏大与奇幻,在场景塑造、人物造型和视觉风格上尽量与游戏保持一致。这一点也得到一些游戏迷的肯定。因此,对于玩家来说,电影吸引他们的是一些对游戏玩家而言津津乐道的梗,即使电影的叙事单薄生硬,不够连贯,人物形象不够丰满,依然能让玩家找到兴奋的点。然而反过来,对不熟悉游戏的普通电影观众而言,不仅这些梗得不到积极的响应,反而会因为叙事的不足,在接受上造成难以逾越的障碍。影片正是因为这些改编上的困难,在复制游戏和创作电影之间产生矛盾,无法同时满足游戏粉和电影观众的需求,因此反响平平,影片的票房收入只有1 300万,可以说在国庆档"扑街"。

（四）新生代导演与跨界导演

与往年不同,今年的电影圈出现了具有代表性的新生代导演群,虽然是第一次执导电影,但票房成绩和口碑都相当乐观,如文牧野《我不是药神》、刘若英《后来的我们》、黄渤《一出好戏》、包贝尔《胖子行动队》等。其中,《我不是药神》《后来的我们》《一出好戏》更是打入了2018国产电影票房榜TOP前15中,可以说是一份沉甸甸的导演处女作成绩单。除了文牧野以外,刘若英、黄渤、包贝尔都是歌手或演员出身,并没有专业导演背景。

文牧野师从田壮壮导演,曾拍摄过大量现实主义题材的短片,并获得青年电影影展的各种奖项,但《我不是药神》是其第一部长故事片,亦是第一部院线作品。影片内容取材于真实事件"陆勇案",再经过艺术化的改编和处理,讲述了神油店老板程勇由于现实生活的窘迫走上代购"仿制药格列宁"的故事,在代购的过程中程勇阴差阳错地接触到了白血病群体,善良之心迫使他不得不违背法律为白血病群体代购假药。另一方面,面对着法律的严正,程勇银铛入狱,而他的行为也引起了社会巨大的回应。《我不是药神》是近些年来国产电影中为数不多的现实主义题材的影片,叙事结构清晰流畅、人物形象底层化、细节刻画细腻生动,在创作上,将现实主义题材与类型化创作合为一体,"影片对'平民英雄'程勇的塑造入木三分,既鲜明地刻画出他的市井气息,又从英雄主义的角度建构他'药神'形象。"①正是因为尖锐的现实主义批判和流畅的类型化叙事,该片赢得了口碑和票房的一致肯定,最终形成了现象级事件。而徐峥饰演的程勇更是带给观影者巨大的惊喜,并且凭该片荣获了金马奖最佳男主角的奖项。

作为歌手的刘若英,《后来的我们》是她从歌手/演员跨界到导演的处女作,是对其经典歌曲《后来》的改写,讲述了一段跨度十几年的爱情故事。影片采取的依旧是青春片的固有套路——对青春的回忆与埋葬,两个人"相恋于乡间,分手于都市"。与校园青春爱情电影不同,《后来的我们》是将故事放在两个从东北小镇来到北京"北漂"的年轻人身上。两位主演井柏然和周冬雨可以说是新生代演员中最具有流量价值的演员了,不管是外在条件还是性格,都符合当下青年群体的审美风格。当然,作为歌手的刘若英,《后来》也是她非常具有代表性的爱情歌曲,对爱情充满着无限的遐想。《后来的我们》似乎是刘若英给歌曲《后来》的一份 MTV 式的回答。

《一出好戏》是黄渤执导,黄渤、王宝强、舒淇、张艺兴领衔主演的喜剧冒险片。尽管该片是黄渤的处女作,但影片水准相当成熟,不论是叙事结构、人物设定、剧情反转都极具震撼力,甚至可以用鞭辟入里、入木三分来形容。故事讲述一群流落荒岛的人,最终为了食物、地域、话语进行了一场人间百态的文明进化史。影片以喜剧的方式,为我们呈现了悲剧的内核,面对着土地、资源、话语、权力的争斗,面对着人性的复杂层面,面对着真情与假意的追问,铺陈出一个巨大的后现代的荒诞寓言。

总而言之,今年的商业电影虽然种类很多,但显示出越来越明确的趋向,

---

① 刘藩:《我不是药神:社会英雄类型片的中国经验》,《当代电影》2018 年第 5 期。

（电影《一出好戏》剧照）

即只有拥有优秀的创意、扎实的故事、流畅的叙述、高度的类型化创作的作品才能成为市场的主流。电影创作与市场的铁律只能是以质量为中心，口碑才是电影后续发力的决定性因素，恶搞的粗制滥造的圈钱之作已逐渐被市场所淘汰。只有在此基础上，电影工业才能形成一个巨大的推进和持续的优化。今年多部优秀之作以及它们带来的市场效应就是最好的证明。

二、其他类型电影

（一）艺术电影和主流电影

除却商业电影爆发以外，今年上海地区出品的艺术电影和主流电影也较为出色，数量虽然不是很多，但质量却不俗。首先是贾樟柯导演的作品《江湖儿女》，该片由上海电影集团出品，赵涛、廖凡领衔主演，讲述了矿区模特巧巧和出租车公司老板斌哥之间跨越时空的爱恨情仇，以及在爱恨情仇中释然与解怀的故事。如果说《小武》《任逍遥》《三峡好人》《天注定》是贾樟柯电影影像中碎片，那么《江湖儿女》则是其电影序列的一个重要的组接和回答。影片的故事跨度长达二十年,这段时间不仅仅是国家经济从体制内向体制外的转变,由资源依赖型经济向技术密集型产业的转变,更是社会主义市场经济所带来的生活方式的巨大转变。影片就本身而言,不一定是贾樟柯最好的作品,时间线索过度拉长,大量的细节流失。但导演创造性地将不同媒介、不同时空、不同符号融汇一体,达成了一次对中国当代社会变迁的一次深层次解读。同时,赵涛、廖凡两位演员也凭借着出色的演技,成功地塑造出了"巧巧"和"斌哥"这两位中国电影史上很少出现的"侠女"和"黑社会老大"形象,人物扎实可信,鲜明生动,他们是贾樟柯电影的一种延续,但更是一个突破。正因为此,《江湖儿女》成为今年唯一提名戛纳国际电影节主竞赛单元的中国电影,在国际影坛荣获了大量奖项。

自《路边野餐》之后,毕赣以富有诗意和魔幻的影像风格成为艺术电影节的新宠儿,《地球最后的夜晚》是其第二部作品,不仅入围了戛纳国际电影节"一种关注"单元,而且获得了金马奖最佳摄影、最佳音效、最佳原创配乐三项大奖。影片最大的亮点在于其长达"60分钟"的长镜头,创造出一种新的神秘观影体验,更有甚者认为毕赣是"中国的塔可夫斯基"。影片的梦境与虚幻体验确实很强,但在虚实之间的转换处理稍显生硬,有"炫技"之嫌。此外,"导演不仅坚持在同一空间中重复使用同一拨演员,《路边野餐》中曾出现的手表、渡船、诗歌、流行金曲等影像均被编织进《地球最后的夜晚》中,摇镜、闪回、黑屏等镜像语言,跨越过影片文本,创造出无限贴近现实,又充满间离感和驳杂性。"①不可否认,毕赣是新生代导演当中具有极强天赋的人,其对于电影影像的探索,对于长镜头叙事的表现都富有"实验性"和"先锋性"。这部影片是由汤唯、黄觉领衔主演,张艾嘉、李鸿其等加盟,上海荡麦影业公司、上海企鹅影视公司出品,其中荡麦影业是导演自己成立的公司。

另一部青春爱情片,当属岩井俊二《你好,之华》。这部由中日合拍的电影,在未上映之前,就获得了足量的传播和期待,不仅仅在于剧组阵容的强大,日本青春电影教父岩井俊二,搭配上实力派演员周迅、秦昊以及香港金牌监

---

① 柳莺:《地球最后的夜晚》:梦境亦是现实的一种,《21世纪经济报道》,2018年11月19日。

制、导演陈可辛,还在于影片本身对于爱情的解读,有着某种"后青春时代"集体哀悼的意味。不同于电影《情书》,一个美丽而又忧伤的青春故事,《你好,之华》是一部深沉的后青春爱情往事。某种意义上,《你好,之华》是一个关于"时间与我"的故事,导演不再把镜头对准暗恋的甜蜜与隐秘,而是转向已然年华老去的袁之华和尹川,他们再去回头看过往,再去"想当年",再一次面对"爱情"面对自我的样子和态度。在宣发策略上,"或许是电影始终面对的是岩井俊二的原初影迷,自始至终的风格都呈现出十足的文艺趋向,从 Vogue Film 的电影短片、周迅与陈可辛联合《时尚芭莎》所做的对谈,或者是岩井俊二直接与'知乎'合作的直播"①,然而这些避开"市场化"的策略,却造成了一个不可避免的短板,那便是对于普通观影群体的缺失,因而在票房收入上,《你好,之华》显得差强人意。最终该片获得了金马奖最佳原著剧本、最佳女主角、最佳女配角三项提名。

由中国第四代导演代表人物吴贻弓担任总导演,江平、李作楠执导的女性英雄题材电影《那些女人》,是为了献礼世界反法西斯战争胜利七十周年而摄制的一部弘扬民族精神的主旋律电影,展现了在国家危难时刻,一群女性与敌军斗智斗勇、奋勇抗敌的可歌可泣的故事。影片于 2015 年拍摄完毕,直到 2018 年才上映。在这部主要由女性角色构成的电影中,以水芹娘、江家嬢嬢、风尘女子惠姑娘、女学生张家大小姐、刘家少奶奶小玉、开水西施、杂货店老板娘、铜匠嫂嫂等女性群像为线索,讲述了不同身份、不同职业的女性们在面对灾难来临前,同仇敌忾,不畏牺牲的崇高品格。影片一反传统战争电影中男性为主的叙事策略,而是以女性视角诠释战争,以女性群像的方式来建构女性传奇的史诗,她们不同于男性,但亦是"民族英雄"的一份子。影片由百位明星加盟演出,被称为女性版的《建国大业》。

另外,今年还有几部现实主义题材的影片,如上海电影集团出品的《找到你》,以孩子和家庭为线索展开,讲述了李捷、孙芳、朱敏三个女性在男性社会

① 微信公众号"影视产业观察":《〈你好,之华〉,岩井俊二写给中国的〈情书〉》,2018 年 11 月 11 日。

中对于自我身份的探讨问题。影片延续了中国电影史上"社会问题剧"和"苦情戏"的传统,聚集了女性的时代困境、强烈的戏剧冲突、曲折的故事叙述、催泪的悲情命运等诸多元素,将女性关于家庭、职业、阶层、性别等传统话题再次呈现在观众眼前,在赚足了泪水的同时,也引发了大众积极的思考。并且在两位大女主出色演技的加持下,影片的观赏度也很高。不足之处在于,马伊琍所饰演的角色过于强调悲情和不幸,而部分内容又缺少了相应的社会合理性,一味地煽情反而使角色显得刻板而单薄,从而影响了影片的社会写实性和批判力度。另外,刘杰执导、侯孝贤监制的影片《宝贝儿》更是从边缘人物入手,铺陈了一个集体失语时代的身份指认。

(二)动画电影

2018 年上海地区出品的动画电影共有四部,分别是《肆式青春》《赛尔号大电影:圣者无敌》《风语咒》《阿凡提之奇缘历险》。总体而言,四部影片制作水准都不差,观赏效果也比较高,而且各具特色。其中《风语咒》更是收获 1.1 亿的票房收入。

《风语咒》讲述了上古时期四大凶兽祸害人间,英雄侠岚用秘术"风语咒"拯救苍生的故事。就故事本身而言,影片已经跳脱出国产动漫的幼稚化倾向,浓浓的游戏古风,人物形象丰满,打破了传统动漫视域内英雄的单一化。其次,影片对于"侠"更是赋予了新定义,在传统文化角度,所谓"侠"乃是"事了拂衣去,深藏身与名"的洒脱,亦是"江湖的传说",在《风语咒》中则颠覆了传统,不仅没有洒脱和传说,更像是街头杂耍的术士,贪生怕死,和母亲插科打诨,混迹赌场。这种对比似乎是对于"侠"的解构,即侠和我们一样同为普通人。最后,影片体现出对中国传统文化的传承,将优秀的传统文化发扬光大。"侠岚的'金、木、水、火、土'的超能力设置源于道教的阴阳五行学说,以唢呐、二胡、扬琴、琵琶为主要元素的电影音乐则彰显国乐之美。"①

由上海绘界文化传播有限公司、伊犁卓然影业有限公司、日本动画工作室

---

① 聂伟、王钰天慧:《风语咒:技术赋能与新武侠动画创制》,《当代动画》2018 年第 2 期。

CoMix Wave Films 联合出品的动画电影《肆式青春》,以上海、北京、广州三个超一线大城市为叙事背景,通过《一碗乡愁》《霓裳浮光》《纤雨初晴》三个故事,讲述了几位青年人的情感、生活和工作,将当代都市生活放置在影像中,讨论人的境遇,迷失和获得。作为第一部中日合拍的动画电影,影片画风极具日本动画电影的风格,色彩阴郁,人物丰满立体,影像构造线条轮廓细腻,在影片故事和人物画风上都充满了新海诚的风格。在宣发策略上,尽管影片已经打出"CoMix Wave Films"作为噱头,但仍然陷入了排片少、上座率的境遇,最终票房并不够出色。

动画电影中值得一提的还有上海电影集团、上海电影美术制片厂出品的动画作品《阿凡提之奇缘历险》。阿凡提是上个世纪 80 年代上海美术电影工厂制作的木偶系列动画片《阿凡提的故事》中的主人公,作为一部经典的动画人物,它承载了我们童年的记忆。如今,这部时隔 39 年的动画人物终于登上了大荧幕。值得肯定的是,影片在充满怀旧的气息的同时,更看到主创人员的与时俱进。影片除了保留阿凡提原有的机智聪明、诙谐幽默等特征外,还加了各种沙漠探险灯惊险环节,以及机变百出、身手不凡的动作戏,突出了阿凡提勇敢的一面。整部影片色彩艳丽,节奏紧凑,风趣幽默,充满了正能量,是一部老少皆宜的全家欢影片。影片最终累计票房收入 7 667 万。

今年的动画电影数量虽然不多,但都各具特色,更重要的是增加了新的元素,开拓出新的发展路径。动画电影,尤其是传统动画电影一直都是上海电影最为宝贵的资源,今年的这些变化都将成为上海动画电影在今后发展的重要推手。

（三）纪录电影和戏曲电影

今年上海地区出品的纪录电影只有一部进入了院线,即由上海腾讯影视文化公司出品《张艺谋和他的"影"》。纪录片团队深入到了《影》摄制组,进行了历时三年、从剧本策划到后期制作的全程拍摄,将摄像机对准这些平时隐藏在镜头后的幕后工作者,记录他们的工作、生活、疑惑甚至冲突,向观众呈现中国电影剧组最真实的状态。例如邓超在影片需要一人饰演两角,一个健壮挺拔、一个瘦骨嶙峋,因此邓超需要先增肥再减肥。同样应角色的需求,琴箫表演必须由演员本人演奏,于是孙俪也是跟随着琴瑟老师集中训练。此片也是第一部深度揭幕电影拍摄"工业"的电影纪实录,尽管该片票房只有80万,远不及拍摄投入,但此片仍然是一部具有意义的作品,它构筑了从前台到幕后的电影匠人的努力与创造!

而在戏曲电影部分,由上海尚世影业有限公司、上海京剧院、上海广播电视台出品的电影《曹操与杨修》较为突出,影片取材自新编京剧,主要讲述了东汉末年,曹操败而不馁,招贤纳士,力图东山再起,名士杨修往投,深受赏识,且功绩卓著的故事。影片由滕俊杰执导,著名京剧表演艺术家尚长荣和言兴朋分别饰演曹操与杨修。在艺术风格上,影片除了保留原汁原味的传统京剧舞台风格之外,还加快了节奏以及悬念感;在科技手段上,影片采取3D现场拍摄的方式,通过3D浸润性的视觉体验,力争将更多的年轻人吸引到银幕前,使他们了解并爱上传统戏曲。该片出色的成就使其获得了第6届日本京都国际电影节"京都国际电影节最受尊敬大奖"以及第十四届中美电影节荣获金天使"年度最佳纪录片奖"。从第一部3D全景声京剧电影《霸王别姬》到如今的《曹操与杨修》,近几年来上海始终在探索如何将经典的传统艺术与前沿的现代科技相结合,以此让传统艺术得到传承,得到更广泛的传播,并且逐渐摸索出一套反响不错的方法。这份对传统戏曲艺术的敬仰心和责任感最为值得肯定。

上海今年的成绩有目共睹,在各项政策的扶持和促进之下,新的机遇带来了新的趋势,上海电影创作在质量、种类和票房上都有所提升。优质的影片促进了电影市场的理性发展,出色的票房再次触碰到电影市场新的底线。这种新机遇和新趋势已经成为了上海电影创作的新格局,突出地表现出上海在电影产业中改革创新、锐意进取的姿态,让我们看到上海在焕发中国电影发祥地新活力,振兴上海影视产业,推进全球影视创制中心建设过程中强大的决心和能力。而作为上海文化产业重要领域之一,电影产业的新机遇、新趋势和新格局,对于上海实现文化产业升级、提高城市文化软实力和国际文化影响力,显然都有重要意义。

在亮眼的成绩之外，还有一些问题需要我们关注。第一，在今年上海出品的电影中，以上海出品公司为主要出品单位的数量还不够多，大多数属于联合出品，这必然会影响"上海文化品牌"的公众影响力和接受度。上海作为电影产业领头羊的地位还不够突出。第二，上海内部各制作单位迸发出越来越强的活力，但彼此之间还需要形成一个更为有效的互动机制，尤其是在产业链的前端和后端的合作上，以及在出品影片的制作和形成上，希望有更加醒目的表现，以提升上海电影产业竞争的原生力和区位优势。第三，表现上海特色文化的"上海影像"的缺失。相比较于去年《捍卫者》《我只认识你》《上海王》《我是医生》《归去》等多部表现上海本土空间的影片，今年的"上海影像"不够理想。虽然《我不是药神》取景于上海空间，但显然它并没有将其作为一个重要的表现因素，总体而言，今年上海地区出品的电影里，"上海特色"的辨识度不够清晰。上海作为中国城市文化代表，其历史、当下和未来都具有多重表现的可能性，我们期待有明年有更好的成绩。

媒介实践、创意聚集与上海电影产业的能级提升

赵　宜*

摘　要　上海电影有着辉煌的艺术传统与历史积淀,理应在上海加快建成国际文化大都市的行动计划中扮演重要角色。而如何在中国文化事业具备独特需求、媒介生产经历技术变革、电影艺术呈现全新形态的当下进一步优化本土产业结构,探索可持续发展道路,则是上海电影产业亟待解决的核心问题。全力打响"上海文化"品牌建设路径的提出及其在文化产业的实践,为上海电影提供了全新的发展空间,提出了更高的功能要求,同时询唤不同的身份定位。而只有将上述这些要素及其内部机理加以细致梳理,由此认清挑战、问题与机遇,才能在此基础上实现产业结构调整,进而抵达上海电影在全新历史起点探索和形成可复制的本土/区域发展路径的可能。

关键词　泛娱乐　文化品牌　IP 开发　上海电影　供给侧改革

2007 年,上海市第九次党代会第一次正式提出建设"国际文化大都市"的目标。此后的十年间,上海不仅成功主办了 2010 年世博会,并借由每年的上海国际艺术节、上海国际电影电视节、"上海之春"音乐节等国际规模艺术节庆、展览活动持续丰富着城市的文化内涵、扩大着上海的文化影响。2017 年,上海将基本建成社会主义现代化国际文化大都市列入"十三五"规划目标,并

＊　赵宜,上海师范大学人文与传播学院副教授、硕士生导师。主要研究领域为媒介文化研究,影视产业与文化研究。近年来承担一项国家社科基金艺术学项目,在核心学术期刊与重要报刊发表学术论文与评论文章 20 余篇。

随后设立了全力打响"上海文化"品牌，加快建成国际文化大都市的三年行动计划。计划聚焦服务国家文化发展战略，探索城市文化发展新路，为全国文化改革发展提供可复制、可推广的经验，以打响"上海文化"品牌助推产业转型升级和新旧动能转换，着力构筑上海文化发展新优势，不断提升城市文化软实力。

上海作为中国电影曾经的发源地和绝对中心，曾为中国电影贡献了大批的影视人才和优秀作品，承载了中国电影辉煌的历史，并在当下持续性地发挥着核心影响力。2017年12月，中共上海市委、上海市人民政府共同出台了《关于加快本市文化创意产业创新发展的若干意见》的通知，影视产业作为八大重点发展领域的首位，明确提出将影视产业作为上海文化创意产业发展的着力点，焕发中国电影发祥地新活力，振兴上海影视产业，构建现代电影工业体系，推进全球影视创制中心建设。上海电影一方面因其悠久辉煌的历史积淀与充满活力的当下发展成为了引领城市文化创意产业发展的"头部产业"；一方面也因电影特殊的媒介地位与产业规模，使本土电影产业成为数字时代跨媒介文艺创作与生产过程中的关键节点。

近年来，无论是在票房贡献、本土出品、院线建设、产业集群搭建乃至影视人才教育层面，上海电影都成绩喜人。但如果要承载更重要的历史使命与文化功能，上海电影依旧需要更清晰的战略定位，把握历史契机、发挥文化空间优势、带动区域交流合作，并借此机会，完成以电影媒介为核心的文创产业创意集聚、以电影产业为主体的身份转型与以影视创制为基础的功能升级，由此擘画国际文化大都市的战略未来。

一、回溯 IP 开发历史：从"全版权"到"泛娱乐"

当下，全球性的产业结构转型与媒介生态革命正深深影响着世界电影工业，越来越多的国家与地区开始寻求差异化的路径以融入全球电影产业链的国际分工当中，并尝试在媒介革命进行时的当下突破既有全球文化产业的"阶层壁垒"、抹平与以好莱坞为代表先发电影工业的发展时间差。这一系列全球范围内联动的产业结构转型与秩序协商重塑对于以电影为代表中国文化产业来说无疑是难得机遇,更为十九大以来坚定文化自信、推动文化繁荣、提高国家文化软实力的建设目标提供了历史性的实现条件与发展空间。

在这波媒介革命的浪潮中,以跨界影视改编为代表的 IP 开发以本土化的传播方式与叙事策略,形成了近十年来华语电影中最具原生经验的产业实践范式与媒介文化景观。与上海建设国际文化大都市的战略几乎同期,中国文化产业中真正具有规模化的跨媒介生产也始于十年前,并率先经由网络文学与游戏产业对"全版权"与"泛娱乐"布局的自发实践,最终形成了汇聚于影视终端的 IP 开发格局。上海的文化产业不仅全方位地深度参与了这场实践,更主导着这一格局的未来发展方向。因此,一次对于跨媒介文化生产的历史回溯,将有助于厘清上海电影在中国电影产业处于结构调整和升级重要节点中的历史地位。

在两条几乎平行的实践路径中,以本土网络文学为参与主体的"全版权运营"战略因为网络文学的特殊原生魅力而显得特殊。经历了充分且独立的探索时期,网络文学成为了当下跨媒介写作中最主要的原创内容生产部分,也是近年来最早地依靠其媒介特性成功"走出去"的本土文化输出案例。而 2010 年前后影视产业基于"全版权运营"的大规模"网文转向"则成为了 IP 开发战略的雏形,以及最具本土特色的文化生产。

中国网络文学的发展大致经历了四个时期:第一个时期是新世纪前后作为传统文学外延和非主流写作实践的探索时期,此时网络文学被视为"主流文学"之外的亚文化写作,网络文学生产更是传统文学生产机制规划之外的不牧之地,呈现出的是缺乏规训的野蛮生长态势。第二个阶段是 2003 年以来经由资本收编后以类型化写作为表征的更为有序的产业化发展时期,直至 2008 年的两大标志性事件将这一过程推向高潮:盛大文学合并六大原创文学网站,一度占据整个原创文学市场 72% 市场份额,将"全版权运营"的集约化经营机制全面铺开,网络文学平台成为文学市场的核心组成部分。第三个时期是 2010 年前后以畅销网络文学的影视改编为代表的跨媒介开发时期。网络文学产业的飞速发展,促成了影视创作的大规模"网文转向",也由此将网络文学产业引渡向"泛娱乐战略"之中,成为了网络文学突破媒介壁垒,与影视、动漫、游戏等多种文艺形态实现跨文本叙事、跨媒介传播的开端。网络文学由此参与了 IP 开发的准备时期,并在此后同其他艺术形式一样,卷入了 IP 开发的产业浪潮当中,跨界 IP 开发成为了以网络文学为代表的多种文化生产形式创作、传播和消费的新方向。

盛大文学想要构建的网络文学商业版图所依靠的是"版权撬动文化创意产业链"①,作为国内最大的版权运营商,盛大文学掌握着网络文学市场上绝大多数的内容资源版权,2011 年至 2014 年间,盛大文学通过对版权的运营和分销,实现线下的图书销售,甚至是对于游戏、影视行业的跨媒介开发。2011 年,盛大文学就曾售出 651 部版权作品,整个影视创作行业,也将目光转向对于网络文学的改编再创作,其中《搜索》《步步惊心》《裸婚时代》《美人心计》等盛大文学旗下作品均已被改编为电影、电视剧,迎来了此后中国影视产业中突出的"网文转向"景观;另外《星辰变》《斗破苍穹》等网络文学的游戏改编版权也被游戏运营商购买制作网络游戏。这些生长于互联网土壤的文化资源迅速借由跨媒介生产与消费的技术通道,结构了新世纪第二个十年以来具有鲜明特征的"网生代"文化。

与此同时,不同于盛大文学基于"全版权运营"的跨媒介开发尝试,腾讯公司在 2011 年提出了由游戏衍生品网络为代表的"泛娱乐化发展战略"。以《洛克王国》为试点,腾讯从游戏周边授权到电影制作再到杂志及动漫等产业的联合规划,意在以网络为中间媒介对动画、影视、音乐等文化资源进行整合,打造基于互联网传播特性的文化产业链。②《洛克王国》作为腾讯自主开发的游戏 IP,从最初的社区网页游戏形式进行了图书、电影、动画、舞台剧及衍生品的跨媒介开发。

早在 2010 年,腾讯就与江苏文艺出版社合作推出了《洛克王国宠物大图

---

① 姜蓉:《盛大:"榕树下"版权掘金》,阿里云,https://www.aliyun.com/zixun/content/2_6_1068858.html,2015 年 1 月 15 日。

② 蔡经:《腾讯开放儿童互联网平台　发布泛娱乐化战略》,中国网,http://www.china.com.cn/economic/txt/2011－03/18/content_22171822.htm,2011 年 3 月 18 日。

鉴》等系列丛书,2011 年腾讯与优扬传媒、炫动传播进行合作共同出品了《洛克王国! 圣龙骑士》这一游戏 IP 的改编并计划推出系列电影,并在电影上映后不间断地继续图书连载。2013 年,腾讯与北京儿艺共同进行儿童舞台剧《洛克王国大冒险》的合作,同年,与《洛克王国大冒险》同名的动画片也在金鹰卡通和中央电视台少儿频道进行播出,腾讯视频、爱奇艺、央视网作为网络视频播放平台。

腾讯以游戏进行第一亩"泛娱乐布局"的试田,对《洛克王国》的跨媒介开发进行了全产业链式的部署,在进行内部版权闭合开发的同时,也积极对外寻求跨界合作,以此扩大"泛娱乐布局"。2014 年,腾讯不断将版图扩大,相继推出"腾讯动漫""腾讯文学""腾讯电影+"等三个实体业务,围绕着核心版权产品进行动漫、小说、电影、影视与游戏等不同领域的媒介内容衍生,系统性地升级了全新的"泛娱乐"生态。彼时,移动互联网的全面升级也给手游市场和掌上阅读带来了机遇,腾讯"将基于互联网与移动互联网的多领域共生,打造明星 IP 的粉丝经济,全面布局互动娱乐产业,致力打造全球领先的综合互动娱乐服务品牌"[①]。作为产业概念的"IP"由此正式被提出。

2015 年,腾讯收购了盛大文学,在此基础上与腾讯文学整合成为新的"阅文集团"。自 2013 年 9 月腾讯文学作为腾讯互娱业务之一到 2014 腾讯文学以子公司形式独立运营,以手机 QQ 阅读为中心,围绕男频"创世中文网"和女频"云起书院"为内容端,腾讯对于网络文学的布局稍晚于盛大,而网络文学作为 IP 最大的内容源,又是必不可少的一部分。阅文集团的成立,使"泛娱乐布局"建构起了全新的业务矩阵,盛大文学原先的"全版权经营"模式也被得到更大范围的实践。腾讯旗下已经拥有内容输出平台、支付平台和社交平台,阅文的成立又带来了内容版权优势,通过集团式的运营模式,将 IP 开发形成企业全产业链内部的闭环,同时亦能够扩大 IP 开发的辐射范围。

《2015—2016 中国泛娱乐产业发展白皮书》中明确划分了"泛娱乐"产业

---

① 《回顾过去 6 年的 UP 发布会　腾讯泛娱乐战略在不断进化》,腾讯网,http://games.qq.com/a/20170414/032332.htm,2017 年 4 月 14 日。

的三大产业链层次,"网络文学、动漫(不含衍生品)为上游孵化层,电影、电视剧、音乐为中游运营层,游戏、演出、衍生品等为下游变现层。"①而IP即是多领域共生的联动与协作。基于网络文学和动漫本身拥有的优质精良的内容源、巨大的粉丝量和高度的用户黏性,网文和动漫作为IP产业的上游孵化层为中游和下游蓄力;而中游对于电影、电视剧、音乐的衍生开发是对IP的持续运营,通过更进一步广泛传播来吸引更多的流量和建立更广阔的粉丝基数;下游对于游戏、演出、衍生品等的拓展是在前两者的基础上利用庞大粉丝基数来实现IP衍生品的变现。

自腾讯提出"泛娱乐化发展战略"以来,BAT(百度、阿里和腾讯)三大互联网公司巨头分别进行了对泛娱乐生态的布局,将IP的价值通过全方位的辐射进行最大化处理。在"互联网+"的经济社会发展新形态下,传统文化产业已进行了与互联网的深度融合,BAT的泛娱乐布局也因此延伸到了文化创意产业的各个部分。传统观念下的跨媒介运作通常对文学作品进行影视改变,银/荧幕通常作为跨媒介的终点。而从"全版权运营"到"泛娱乐"布局下的IP深耕,跨媒介生产已不再是从文本向影视的单一媒介转移,而是将"版权""IP"作为跨媒介生产的要素,围绕着IP借以互联网这个元媒介的优势进行更深度的开发和延伸。"泛娱乐"下的跨媒介生产已形成为一种景观式的跨媒介形态,从各个维度整合了互联网时代下的娱乐工业系统,从而形成了中国本土式的文化创意产业链。

二、打造"文化品牌"生态:从媒介 融合到创意聚集

作为媒介融合技术语境与粉丝经济转型背景下被提出的概念,"IP开发"暗示着在全新媒介环境下本土文化产业的增长空间和突破可能。从2010年

---

① 《2015—2016 中国泛娱乐产业大规模发展及重点发展方向分析》,中国产业信息网,http://www.chyxx.com/industry/201608/437598.html,2016 年 8 月 12 日。

以来具有起源意味的"全版权运营"下的"网文转向"与覆盖全产业链的"泛娱乐布局",再到 2013 年奠定 IP 开发基调的"粉丝电影"创作,直到近年"青春片""科幻 IP""影游联动"等创作风潮,"IP 开发"战略如今早已越过了探索阶段,正成为当下中国文化生产的主流范式。

不过,与对 IP 开发战略的理想模型不同的是,自 2014 年诞生以后的 IP 开发概念常常表现为流量先行的舆论炒作,不仅没有体现应有的资本专注度和产业层面的深耕,甚至连初步开发都常常流产、迅速被新的热点替代出局。以"科幻 IP"为例,2015 年 8 月,刘慈欣的科幻小说《三体》获"雨果奖"最佳长篇小说奖,成为国内科幻文学获得的最高级别的世界类奖项。伴随着《三体》获奖后带来的本土科幻文学热,当时正处在"IP 开发"蜜月期的冗余资本与影视产业迅速嗅探到了可能的开发空间,一时间,本土科幻似乎成了中国影视产业的解决之道:除了游族影业包揽了《三体》电影的版权、中影公司准备开发刘慈欣的《超新星纪元》《流浪地球》和《微纪元》三部小说之外,2015 年共有八十多部科幻题材的电影经由电影局立项准备制作,本土科幻 IP 一度被抢购殆尽。但随着时间的推移,《三体》电影几近流产,此后也并未出现国产科幻电影的成功开发案例,反倒是资本和产业的兴趣早已又经历了 2016 年底的"影游联动"概念,继而转向了 2017 年初对"网文改编"的回归。显然,理应度过探索阶段的 IP 开发战略,一度呈现出的却仍是一种原始掠夺和积累的特征:哄抢资源、圈地运动和"囤粮囤地",并继而产生了"粗制滥造""跟风创作""流量为王""天价片酬"等生产上的投机行为。对于资本和文化产业来说,IP 成为了需要尽多买入、尽早变现的"概念股",完全脱离了文化产业层面的实际应用,也由此陷入了文化生产的供给侧结构性困境。

另一方面,即便是那些已经颇具生命力的明星产品能够借由其影响力的外延而完成跨媒介的产业链覆盖,但媒介融合是否只是简单地将媒介内容投放到不同媒介渠道的传播途径呢?至少从 IP 概念应具备的潜力来看,这种带有机械印刷时代外向扩散特征的传播方式显然落后于当下的媒介环境。以著名的"盗墓"IP 为例。从 2006 年《七星鲁王宫》在起点中文网上开始连载,成为"盗墓文化"开端以来,经历了从网络小说到纸媒文学的媒介跨越、2009 年

《盗墓笔记亚洲版》漫画发行后的艺术体裁更迭、2013 年在"盗墓"贴吧中粉丝自创《盗墓地图》的"盗墓文化"大事件、同年开始延续至今的《盗墓笔记》话剧巡演、2014 年美国版漫画发行、2015 年《盗墓笔记》网页游戏上线和粉丝线下活动"长白山之约"、2016 年《老九门》系列的电视剧改编和《盗墓笔记》的电影改编，以及 2018 年《爱情公寓》电影版本的跨界改编。在十余年的发展中，《盗墓笔记》及其衍生作品、同人创作和 IP 开发几乎横跨了所有媒介平台，且贯穿了大部分主流艺术形式，形成了媒介融合的文化整体。不过，在"盗墓文化"的跨媒介、跨文化传播过程中，始终缺乏一个可以向外延展的中心。两部上海出品的 IP 电影——2016 年的《盗墓笔记》电影与 2018 年的《爱情公寓》就是案例，它们仅仅借用了"盗墓文化"的品牌，非但没有实现跨媒介的融合叙事、同其他媒介和文本形成互动和勾连，而且在粉丝看来，电影本身恰是同"盗墓文化"割裂的个体，是借用"盗墓文化"外壳的孤立开发。

媒介融合带来的启示，应该是打破既有的媒介壁垒，使电影、小说、游戏和任何一种媒介形式向内聚拢，使多种艺术间的符号生产具有相互纠缠和互补的可能性。在这个过程中，一种具有向心力的文化内核将是突破自上而下式模式的关键力量，并将成为勾连、凝聚起多种媒介力量的新中心。2018 年，腾讯修正了"泛娱乐"布局的战略表述，取代以"新文创"提法，试图"更系统地关注 IP 的文化价值构建"，并由此通过更广泛的主体连接，推动文化价值和产业价值的互相赋能，从而实现更高效的文化生产和 IP 构建。[1] 从"泛娱乐"到"新文创"的概念升级，显然便是来自于对这一向心力与新中心的求索。

事实上，这一向心力的线索依旧可以回溯到 10 年前。2008 年，当盛大文学开始"全版权运营"实践的同时，在中国作家协会的指导下，网络文学十年盘点暨首届网文（1998—2008）年度点评活动举办，网络文学正式进入主流文学舞台。主流文学对网络文学的反应与接纳可以算得上迟缓，而彼时，技术赋权下的网络文学作为新生媒介力量，更多地行使着反哺主流文化的功能。不过，网络

---

① 张彦如：《腾讯提了 7 年的"泛娱乐"为何改为"新文创"？》，百家号，https：//baijiahao. baidu. com/s？id=1598585263794735160&wfr=spider&for=pc，2018 年 4 月 24 日。

文学的主流化依旧为本土媒介生产绘制了这样的发展理路:在探索时期和产业化发展时期完成艺术主体与产业主体建构之后,本土文化产业成熟于跨媒介生产和消费,经由 IP 开发的路径实现艺术主体间的融合、互补和有效传播,并在此基础上经由产业成功而抵达社会主义文艺在当下媒介语境中的文化成功。

在腾讯与盛大文学合并重组为阅文集团的同一年,2015 年 10 月出台的《中共中央关于繁荣发展社会主义文艺的意见》中明确提出了"大力发展网络文艺"的号召,为以网络文学为代表的多种网络文艺形态"正名",将其纳入了社会主义文艺的整体文艺观之中,本土文化产业的跨媒介生产迎来了全新的发展阶段。如何进一步推动本土网络文艺的创新发展,在全球性的艺术媒介革命中体现中国特色、传递中国形象、讲述中国故事,成为了本土文化产业的全新发展目标。这恰似 2008 年故事的延续,只不过,2015 年的中国文化创意产业历了多年的探索后,已然具备了横跨多种文化产品的产业条件与穿越多种媒介终端的技术准备;而 2015 年提出的"大力发展网络文艺"则为愈发庞大的生产体系与市场规模寻找到了"核心价值观"。

自 2012 年以来,上海持续保持着网络文学产业发展优势。2017 年上海网络文学产业营业收入 40 亿元,比 2016 年增长 74%。落户于上海的行业龙头阅文集团完成在香港联合交易所挂牌上市的工作,市值 780 亿港元,其旗下平台作家数量占中国网络文学作家总数近九成,成为中国"网络文学第一股"。2017 年也是中国网络文学现实主义题材作品井喷式增长的一年,十九大报告第一次将"现实主义题材"单独作为一个顶层设计提倡的互联网内容建设、文化产业和内容创作与生产的方向与重点,现实主义成为中国网络文学"主流化"的年度旗帜,中国网络文学开始出现"重点主题、基层写实和重大题材"等蓝海领域创作和生产引导机制体制,根据艾瑞咨询研究显示,该年度中国网络文学头部平台的现实题材作品相比幻想题材作品数量更多,占到平台内容的半数以上,其中,阅文集团旗下的起点中文网现实题材作品占比超过 60%。可以说,现实题材网络文学的创作已经被打上了"上海制作"的标签。

对于上海文化产业来说,立足既有的网络文学创作与产业的优势基础上,进一步探索现实题材的创意实践、打通媒介间的固有壁垒实现跨媒介的发展理路,利用现实题材网络文学的独特叙事魅力,成为具有凝聚力与向心力的 IP 开发核心,更由此成为媒介融合中的创意集聚核心。正是在这一思路的指引下,我们可以将上海"文化品牌"的建设融入跨媒介 IP 开发的过程当中,以社会主义文化为产业实践的前进方向,以充分而广泛的产业实践为基础,以"文化品牌"生态的建构为创意集聚,沿着跨媒介传播的超维通道,深化建党、改革开放等伟大业绩传播,深刻呈现中华民族伟大复兴的光荣历程,打造全媒介的文化精品,由此构筑上海文化发展新优势。

三、推动产业能级提升：从
"策源地"到"试验田"

在这个过程中,最为关键的步骤将是上海电影产业的身份转型与功能提升,并以超越银幕思维与票房意识的产业身份,深度参与上海文化整体发展的历史节点。

要实现对本土文化产业的供给侧改革,首先需要改变的是依赖粗放型增长的电影产业现状,形成规模化、集约化的可持续发展路径。回顾近年来的中国电影生态,在荣登全球第二大电影市场的背后,天价片酬、产能过剩等结构性问题集中爆发,结构性的产业调整迫在眉睫,综合来看,中国电影产业尚处在传统的票房思维以及满足国内市场需求为主的内向型经济,非票房收入以及国际参与能力依旧相对较低。"迄今为止,票房收入依然是电影投资回报的主要渠道,盈利模式仍显陈旧,未能形成多向面可持续的有机产业链。"[1]而当下全球范围内的媒介革新与文化生产格局调整,提供给了中国电影突破全球文化生产原有的阶层壁垒、协商国际分工地位的历史机遇,借由建设全球文化大都市的蓝图,升级本土电影的产业功能、占据全球分工与文化传播的高附加值环节,形成更为完善的产业生态,这既是上海在对本土电影产业进行创新实践与向上升级的突破口,也同样是中国电影的历史性挑战。

---

① 饶曙光:《当前中国电影的十大挑战》,《电影新作》2017 年第 3 期。

在这一媒介迭代发展的当下技术语境中,银幕绝非电影的终端,在成熟的电影工业中,票房早已不是一部电影的唯一收入,甚至不是主要收入来源。而除了继续拓宽银幕外的收入来源、打造基于扩散性的媒介消费系统的全产业链模式以外,更应该充分认识到在以互联网为代表的新媒介所形成的融合文化结构下,高品质的内容创意才是当下文化产业的核心生产力和真正价值所在。IP 取自 Intellectual Property 的首字母,意为"知识产权",而 IP 开发的基本思路也主要来自于盛大文学的"全版权运营"。然而讽刺的是,当下跨媒介艺术生产中面临的最大问题之一,恰恰来自于产权的争端:2014 年,琼瑶诉于正改编剧本《宫锁连城》抄袭其作品《梅花烙》一案将跨媒介影视剧改编过程中大量存在的抄袭问题揭露了出来;其后,2015 电视剧《花千骨》被曝出原作抄袭多部网络小说情节,2016 年的电视剧《锦绣未央》的原著被指认与 200 多部小说的内容高度重合;2017 年,电视剧《三生三世十里桃花》热播的同时,原小说作者唐七公子也深陷抄袭指控;此外,《甄嬛传》《如懿传》的原作小说也被重新"挖坟",曝出抄袭嫌疑。可以发现,这些近年来的著名案例都具有相同的鲜明特征:都是经由网络文学改编的热播影视剧,而网络文学原作作为 IP 开发中的知识产权部分,其自身却往往难以摆脱产权争议。尤其是 2017 年的金庸诉江南一案作为又一件标志性事件,则彻底将跨媒介改编固有的、普遍性的和结构性的知识产权问题彻底展现了出来:2000 年,尚处于中国网络文学起步阶段和探索时期,网络作家江南的小说《此间的少年》发表后迅速走红,小说中,江南化用了多个金庸小说中的角色名,构建了一个迥异于金庸武侠世界,但也蕴含某种结构性相似的青春校园故事。也就是说,常常作为跨媒介 IP 开发起点的网络文学,不仅常常受到抄袭的指控,其"出身"亦带上了侵权嫌疑的原罪,而恰同 IP 的字面意义背道而驰。跨媒介改编与传统媒介生产的产权之争当中,一个关键因素被放大了出来:媒介变革。而当下影视产业的诸多产权问题,事实上正是一种"新旧媒介的冲突地带"[1]的体现。因而,在全面树立

---

① [美]亨利·詹金斯:《融合文化:新媒体和旧媒体的冲突地带》,杜永明译,商务印书馆 2012 年版,第 2 页。

版权意识的前提下,如何顺应媒介技术的发展规律,提供适用于当下创作、生产与消费环境的知识产权服务,由此充分利用起 IP 作为创意核心的生产价值,是当下中国电影进行供给侧改革的关键所在,也是上海电影融入国家整体文化产业链,进行功能升级、服务升级的切入点。

事实上,在实行知识产权保护、促进知识产权转化运用与完善知识产权服务方面,上海自贸区走在了全国的前列,并将持续性地产生区域乃至全球影响:2016 年 1 月,中国(上海)自由贸易试验区知识产权综合服务平台在上海启动,提供知识产权代理、托管、运营、金融、维权、中介、国际、项目、培训等九大服务①;2 月,上海市委市政府发布《关于加强知识产权运用和保护支撑科技创新中心建设的实施意见》,把将上海建设成亚太知识产权中心城市定位未来发展目标;2017 年 11 月,中国国际贸易促进委员会(上海)自由贸易试验区服务中心揭牌,将在推进上海亚太知识产权中心建设等六大方面与上海自贸区开展深入合作。在这样的现有基础上,以电影为代表的本土文化创意产业应该思考如何对接自贸区的知识产权中心建设,共同打造具有国际影响力的版权服务平台与创意流通平台,使上海不仅仅作为票仓城市、不停留在电影版权买卖,而成为辐射亚太、眺望全球的创意汇聚中心与 IP 交易展台,由此占据国际电影分工体系中的高附加值环节。

除了在知识产权服务方面的发展空间以外,诸如中外影片译制传播、国际性的电影金融服务平台都是上海电影可以探索和实现的全新分工领域。文化折扣现象是文化对外传播与交流过程中的重要障碍。相比国内的热门,《我不是潘金莲》在全球电影市场的冷遇难免让人想起曾经国内票房过 6 亿的《让子弹飞》北美票房仅 6 万元的惨痛经历。由于译制水平存在诸多问题,中国电影在走向海外的过程中无法很好地将片中的精神传达出去,也难免降低外国观众对中国电影的兴趣和期待。而 2016 年 6 月 6 日至 15 日,"中外影视译制合作高级研修班"活动在北京、上海两地成功举办,这是推广译介工作的重要一步。在此基础上,上海可以在现有影视教育的基础上,率先培养符合产业需求

① 参见"中国(上海)自贸区知识产权综合服务平台":http://www.ftzip.org/.

的专门性人才,在相关院校开设影视译制专业,并以上海译制片厂为品牌核心,同时凝聚来自民间的网络字幕组,形成能够服务于全国的影视译制平台,以区位优势融入国家整体文化战略之中。

此外,电影产业的发展离不开金融服务,其中最主要的两个环节则是融资与保险。20世纪30年代的美国电影产业就已经与金融业结合,而中国电影产业发展至今,金融服务滞后的现象已经愈发显得严重。政府的政策措施往往不够灵活,远不及市场本身的效率。上海作为中国最重要的金融城市,拥有足够的条件率先摸索出电影产业与金融服务业的联合,探索如何以专业、有效的方式对影视剧产品进行融资、共同承担风险,如何搭建金融机构与制作人之间的良好交流平台,推进面向独立制作人和个人投资者的电影制作基金等。同时,作为全球性的金融大都市,上海也完全有理由和潜力提供国际性的电影金融服务,真正以其在中国乃至全球电影产业链中的核心功能,吸引更多国家和地区的电影人、电影机构与电影公司,成为全球电影产业价值链中不可或缺的一环,并由此定位全球文化大都市的全新身份。

结　　语

上海电影已经深度嵌入了城市文化的脉搏,更深刻地参与到了中国文化发展新局面的开创乃至全球文化产业变革的激浪之中,由此站在了全新的时代起点之上。因而,借力技术革新打开全新生产空间、升级全新服务功能,将是上海电影决胜全新历史发展时期的关键要素。借由打响"上海文化"品牌计划的提出,深度地进行本土产业功能、产业模式和产业构成的改革与调整,正是上海文化创意产业在国家战略构想与全新国际形势下的难得机遇。

同时,在这一场牵涉广泛的改革浪潮中,上海电影产业的身份重构也是一份全新的挑战。作为曾经的中国电影策源地,上海电影有过其辉煌的历史,也有过其茫然的过去,在经历了从中心到边缘的过渡后,上海电影再次回到了历史舞台的中心。2016年,上海的电影票房首次超越了北京成为中国第一市场;2017年,上海出品的电影累积票房接近50亿元人民币,占全国国产片票房的

16.5%,创下历史新高;2018 年,在加快建成国际文化大都市三年行动计划的新起点,上海电影需要承担起全新的历史使命与责任。2013 年,上海自贸区正式成立,是全国首家自由贸易试验区,并在成功实践后在全国复制推广改革试点经验,成为名副其实的试验田,承担了积极探索改革的重任。如今,当上海乃至全国的文化创意产业在寻求全新的改革路径之时,上海电影也应当义不容辞地承担起探索者的重任,发挥好促进我国文化产业发展转型升级和培育国际文化合作竞争新优势的"试验田"功能,对中国电影发展起到示范和引领作用,更为世界电影发展注入源源不断的中国影响。

上海影视产业园区发展策略研究

谈 洁*

摘 要 上海影视产业的发展近年来始终保持全国领先地位,但上海的各类
影视产业园区在社会、经济和文化效益总体上有待讨论和发展的空
间。本文探讨了"十三五"时期上海影视产业园区如何在新形势下朝
向国际化、平台化方向发展并提出相应的发展策略,即促进在地拍摄
与现实主义题材创作,加速影视产业园区平台化建设;立足长三角,
面向全世界,影视产业园区发展应发挥国际化、平台化的资源配置优
势;坚持创新驱动,加强国内外人才流动,不断探索"影视+"产业互
动发展新模式。提升和更新原有的影视产业园区发展模式,将会进
一步完善上海电影产业布局和加强电影产业体系建设,逐步与上海
建设卓越全球城市目标相匹配。

关键词 上海影视产业 上海电影 影视产业园区

中央"四梁八柱"若干意见出台后,如何更快更好地发展上海影视文化产
业,保持上海影视产业在全国的领先地位,并在中国文化走出去国家战略中发
挥上海自身的优势与作用,是当前面临的重要课题。近年来,在国家影视政策
和上海地方政府的支持和促进下,上海已经形成了独立成熟的产业链和影视
生态圈,但客观而言,上海作为影视文化主要生产基地的角色和定位与上海建
设卓越全球城市目标未能匹配,在长三角地区作为龙头的带动作用不强,离国
际著名的影视文化产业集聚地(如洛杉矶、温哥华)也仍有一定的距离。目前,

---

* 谈洁,上海艺术研究所助理研究员,主要研究领域电影史、上海电影产业。

上海专业影视拍摄基地及专业摄影棚已达 13 家,其中包括了国内知名的上海影视乐园、上海胜强影视基地有限公司、环上大国际影视园等,数量虽然居全国前列,但社会、经济和文化效益总体上有待讨论和发展的空间。

探讨新形势下上海影视产业园区的发展策略,特别是国际化、平台化发展方向,有助于提升和更新原有的影视产业园区发展模式,在供给侧改革的大趋势下,通过影视产业园这一"中枢"实体,进一步深入激活优质资本、市场和人才资源的配置,吸引更多的驻地和非驻地制片企业在上海活动,促进影视文化产品生产的精品化和规模化,以此打造良好的影视文化生态圈。对于进一步完善上海电影产业布局和加强电影产业体系建设,带动"上海故事""中国故事"的讲述,对于整座城市电影文化艺术氛围的营造都将会起到较好的促进作用。

一、新形势下以打造全球影视 创制中心为目标

《上海市城市总体规划(2017—2035)》(以下简称"上海 2035")将上海的战略发展目标定位于"卓越的全球城市"。这个目标,不仅包含了经济、金融、航运、贸易上的影响力、支配力,同时也包含了科创文化上的巨大影响力。影视业作为文化产业的重要部门,对文化产值贡献巨大。在纽约州,影视业是核心经济引擎,仅纽约一市,影视业为其带来的经济活动每年就多达 50 亿美元左右。英国的影视行业在全球处于领先队列,2016 年,伦敦是继洛杉矶和纽约之后制作电影最多的城市,为英国带来的投资创下了 13.5 亿英镑的纪录。巴黎则是欧洲电影制作的重镇,法国 90% 与影视相关的产业分布在巴黎大区。①

2016 年,中国影院屏幕数量已经超越美国居世界第一,中国已经成为全球影业市场最强劲的增长引擎和增量空间。上海电影市场呈现多元发展、全面

---

① 参见吴信训、李琦:《国际大都市视野下上海影视产业竞争力辨析》,《媒介产业全球化多样性认同——第七届世界传媒经济学术会议论文集》,2006 年 5 月 1 日。

繁荣之势。2017 年,上海地区影院票房为 35.02 亿元,比去年同期增长 6.99%,其中国产影片 15.16 亿元,占 43.28%,进口影片 19.86 亿元。放映场次 337.23 万场,观影人次 8 305.97 万人次,分别比去年同期增长 31.68% 和 13.68%,平均票价 42.16 元,同比去年下降 5.89%。上海地区票房占全国票房的 6.26%,继 2016 年之后,上海蝉联全国年度城市票房冠军。上海出品的电影进入院线放映票房近 50 亿,是上海出品历年票房之最。[①] 但上海除了票房消费位居全国之首,整个影视业发展却不尽如人意。在电影产业方面,上海尽管具有一定的产业基础,以及一定的人才和景地设施存量,配套相对齐全,但上海同时面临着人才流失、行业交流氛围缺乏、电影企业数量不足、规模偏小、拍摄成本高且后继乏力等困境。

近年来,上海市委、市政府高度重视影视产业发展,出台一系列政策,助力构筑上海现代影视工业体系。2017 年 12 月 14 日,中共上海市委、上海市人民政府共同出台了《关于加快本市文化创意产业创新发展的若干意见》(简称"上海文创 50 条"),影视产业作为八大重点发展领域的首位,明确提出将影视产业作为上海文化创意产业发展的着力点,焕发中国电影发祥地新活力,振兴上海影视产业,构建现代电影工业体系,推进全球影视创制中心建设。

三大举措中包括构建影视产业目标体系、优化影视产业扶持机制、提升影视产业链发展能级。其中,围绕构建影视产业目标体系,将推出一批价值内涵与艺术品格相统一的优秀剧本,加强影视剧本扶持,着重扶持重大革命和历史题材、现实题材、农村题材,着重扶持原创,着重扶持计划在重要时间节点播出的选题项目。出品一批代表性作品,争取"上海出品"作品数量位列全国前茅。集聚一批制片、后期制作、发行等领域标杆性企业。做强一批优势院线,加快艺术、教育特色院线发展。建成一个现代化、前瞻性、支撑影视生产链的影视制作基地,催生一系列创新技术,占领影视制作技术高地,发挥重大载体带动作用。凝聚一批领军性人才,孵化一批新生代人才。引入一批国际性教育机

---

① 根据上海市电影发行放映行业协会 2018 年 1 月 4 日公开发布的《上海电影产业政策持续推出,创作和市场全面向上向好——2017 年年度上海电影创作与市场信息》。

构,加快产学研用一体化发展。搭建一系列国际性平台,做大做强专业节会。

　　围绕优化影视产业扶持机制,将在深化落实上海电影发展促进政策的基础上,用好电影扶持专项资金,加大对产业载体建设、产业融合发展、产业技术研发创新的支持力度,加大对优质电影创作、摄制、发行、放映企业的支持力度;重点培育一批技术领先的影视后期制作企业,支持企业参与国家高新技术企业认定;加大对艺术、教育等特色院线的支持力度,支持发展细分人群专业影院和创新放映方式的新型院线;引导制作企业合理安排影视剧投入成本结构,优化片酬分配机制;推动相关地区结合本地区实际试行影视制作扶持政策;支持开展影视完片保险和制作保险等新型业务。

　　围绕提升影视产业链发展能级,将打造"1+3+X"发展格局,建设松江大型高科技影视基地,构建人才培养孵化类、影视制作投资类、影视取景拍摄类等三类特色影视摄制服务功能区,整合若干影视产业资源。推动建设大型综合性影视活动中心。挖掘衍生产品市场潜力,健全影视作品授权交易模式,大力发展影视品牌授权和形象营销,鼓励企业参与影视作品后续运营。

　　在"文创50条"的全面助力之下,上海电影产业的新发展站上了一个新起点和新高度,上海"文创50条"中推进全球影视创制中心建设的构想,就是要"筑巢引凤",吸引更多的剧组和电影人来上海拍片,并由此带动上海影视产业更好更快地发展。从上海市城市总体发展规划来看,2040年,上海要建成为一座具有全球影响力的科创中心和具有全球影响力的国际文化大都市。成为全球影视创制中心之后的上海,有望满足如今沪上影视产业发展的迫切需求,用视觉技术的创新作为影视产业的内在核心动力,和影视内容的创新一体两翼,共同扶持影视产业的发展,为城市总体规划目标的达成夯实文化基础。

二、上海影视产业园区个案——松江影视基地

　　为建设国际文化大都市的需要,上海亟需对标全球顶尖的电影工业化标准体系,高标准谋划影视摄制发展的布局,进一步加强拍摄环境建设、政策引导、政府服务,吸引全球优秀电影人来沪拍片。其中,尤以打造"1+3+X"产业

基地为重点。"1"是松江大型高科技影视基地,将与现有的仓城、车墩等拍摄基地充分联动;"3"指代人才孵化、影视制作投资、影视取景拍摄三类服务功能区,涵盖着诸多高校与摄制机构"产学研用"的一体化布局;"X"代表着散布在全市的影视资源,加强沟通联动,形成互补、协调发展的整体格局。

今年上海国际电影节期间,《松江科技影都总体发展策划》发布,提出"松江科技影都"将打造对标国际一流、全产业链的平台型影视产业基地,成为全球影视创制中心的重要承载地、上海文化大都市的影视特色功能区。

作为上海历史文化的发祥地,松江享有"上海之根"的美誉。以上海市松江区广富林村发现并命名的"广富林文化"距今约 4 200 年左右,与崧泽文化、马桥文化共同构成上海三大古文化。松江地区地缘相接、人缘相亲、文化一脉、历史渊源深厚,经过几千年的兴衰变迁,形成了包括江南文化、海派文化、广富林文化在内的形态各异、融行政区划和文化形态为一体的文化圈,在影视文化产业方面有着广阔的合作空间。在这一特定区域内,与影视文化产业相关的企业和机构,完全可以凭借彼此的共通性和互补性组成一个有机整体。

目前已建成了上海仓城影视文化产业园区和叁零·SHANGHAI 文化产业园两大影视文化产业园区,以及车墩、胜强、盐仓三大影视拍摄基地,形成了良好的影视文化产业发展氛围。

上海影视乐园(车墩影视基地)是中国十大影视基地之一,上海影视乐园特有的老上海风情,让它成为许多大片的拍摄圣地,成就了《新上海滩》《功夫》《色戒》《太平轮》《华英雄》《霍元甲》《后会无期》等多部影视作品。1998年开始对外开放,鉴于建设时间久远,需要增加适应时代发展的硬件设施,上影集团对标国际水准,前瞻思考,于今年启动了上海影视乐园二期工程,同时对一期部分不合理布局进行调整。基地以老上海为建设主题,充分挖掘上海历史人文底蕴,增设教堂、学校、医院、火车站和码头等场景。二期工程计划投资 20 亿元,占地 10 万余平方米,建成后将配置 13 个综合性专业功能摄影棚,包括水下摄影棚、虚拟摄影棚等,并与国际接轨,配套置景、制作服务等。今后,还将在园区内实现数字化影片拍摄、特技拍摄等,提供影视拍摄、影视制作一条龙服务。

胜强影视基地内含有大量明清时期仿真建筑群。《天下无双》《河东狮吼》《杨门虎将》《铁齿铜牙纪晓岚》《康熙微服私访记》《锦绣缘》《少年四大名捕》《千金女贼》等众多影视剧片都在这里取过景。盐仓影视基地有十多个民国时期的实景摄影棚,吸引了多个影视剧组前来拍摄创作。《十月围城》《叶问》《投名状》《铁齿铜牙纪晓岚》《大上海》等著名影视剧都在此取景拍摄。除了三个专业影视基地,松江到处都可以作为取景地,比如松江大学城更是青春剧新宠。同时,松江拥有两大市级文化产业园区,上海仓城影视文化产业园区,"叁零·SHANGHAI"文化产业园,聚集了5 000多家影视企业在这里发展。

此外,备受瞩目的占地4.6万余平方米的昊浦影视基地一期工程已完成结构封顶,正在进行内部装修,预计年内启用。基地以特效拍摄和后期制作为主,建设有4个特效摄影棚,最大的一个有5 000平方米。基地内还搭建了影视剧组生活区,从拍摄开始到后期制作完成,为剧组提供一系列完备的影视拍摄产业链服务。

中视儒意影视基地一期也即将开工建设,项目整体完成后将涵盖高端摄影棚、影视后期制作中心、影视发布中心三大功能片区。保云智慧文创云基地已竣工,招商工作正在有序推进。上海聚鹰堂影视基地也在进行装修和设备搭建。另外,永丰街道还根据影视企业发展需求,完善"仓城影视信息中心""金融影视贷""仓城版权服务工作站"三大服务平台,成立10亿元数字影视产业基金扶持影视产业发展。目前,另有一批影视产业项目正在紧锣密鼓筹备中。

聚焦打造国际一流的全产业链平台型影视产业基地目标,松江科技影都将重点集聚一批与国际主流产业技术接轨的影视后期制作、特效技术研发等高端人才,吸引一批影视教育培训、影视文化装备研发、影视项目管理等专业技术人才,孵化一批新生代影视创作、编导、表演、互联网影视制作等青年影视人才。

目前,从松江影视基地的建设和发展现状来看,具有国际影响力的产业集群和文化协同发展机制尚未形成。要按照"1+3+X"的发展规划,建设松江大型高科技影视基地,构建人才培养孵化类、影视制作投资类、影视取景拍摄类等特色影视摄制服务功能区,优化影视产业资源。可在整合上海现有影视文化产业资源的基础上,搭建影视拍摄、金融服务、版权交易、衍生产业开发、高科技影视体验等平台,通过发展特效影视工业和影视金融创新,加大影视产业链的科技和金融支撑强度,提升上海影视在制片、发行、后期制作、放映、衍生品开发的产业能级。

"1+3+X"产业基地、"产学研用"一体化布局,乘着上海建设具有全球影响力科创中心的东风,以科技撬动的产业升级。"1+3+X"的产业发展格局将加快平台建设和功能积聚,吸引更多国内外优质影视企业和影视项目落户上海,开展影视创意制作、影视拍摄、后期制作、人才培训及衍生品的开发等业务,全面提升上海后期制作技术力量,产业协同效应和衍生配套能力,使上海成为国内影视产业的主要集聚地,为全国影视产业发展做出贡献。

三、上海影视产业园区发展策略与建议

(一)促进在地拍摄与现实主义题材创作,加速影视产业园区平台化建设。

一直以来,对于建设与发展影视产业园区似乎有两种主要倾向,一种是过多地把发展重心放在实景搭建上,或者直接将影视拍摄基地约等同于影视产业园区;另一种是利用税收等相关优惠政策吸引大量影视企业入驻园区,包括大力招揽一些知名导演、明星开设工作室,但往往一些知名的企业或明星工作室"分店"四处开花,实际经营业务不会也不可能完全扎根在本地,难免造成影视产业园区"空心化"的现象。

固然"横店模式"的成功极大地影响了全国各地区影视产业园区的发展道路,然而,"横店模式"是以丰富、低廉的土地资源加以整体利用为前提条件的,这对于土地资源十分宝贵且有限的上海来说,尽管"横店模式"在打造产业链融合方面有值得借鉴之处,但绝不可能借鉴横店原始、粗犷的发展模式。

当各地的影视基地积极"复制"着上海,而上海真实的城市空间就在这里,这座魅力十足的城市,空间丰富多元,文化兼收并蓄,充满历史与人文色彩,本

身就是一个绝佳的影视摄制场。"上海"的建筑和场景或许可以被复印无数，但真实的上海却是唯一的，当追求品质的影视创作力主求真求实时，在地拍摄所带来的真实感是无可替代的。因此，在地拍摄与现实主义题材创作或许能为上海电影产业发展提供破局之思，成为加速影视产业园区平台化建设的契机。

上海在百年影视发展中，塑造了众多文化地标，如外滩、大世界、外白渡桥和车墩影视城等。随着上海影视产业发展进入新时代，有必要挖掘和打造海派文化特色影视地标、红色文化特色影视地标和江南文化特色影视地标。这些影视地标借助影视产品的传播，能够让世人增加对上海的认识和理解，进而有效提升上海文化的影响力。

电影《喜欢你》的结尾，一个在武康大楼顶层阳台欣赏夕阳的镜头，可能是近年影视作品中对于"上海"这座城市最美丽的一个注脚。在《唐人街探案2》的结尾彩蛋里，取景地是世界上最繁华的道路纽约的第五大道，而上海闻名遐迩的南京路步行街已经多久没有这样真正出现在镜头里了。

曾经的"上海制造"是中国电影屹立于世界影坛的一块里程碑，是中国电影学派的发源地，闪烁着现实主义的光辉，位于苏州河以北区域的制片厂，生活在上海租界和弄堂里厢的电影创作者们，不断地用影像的语言讲述本土的空间以及本土空间里发生的故事。而近些年来，上海地区影视行业在生产环节的相对薄弱是有目共睹的，上海更多地被认知为过去是一座拥有电影历史和文化底蕴的城市，如今是一个票仓城市，就电影文化体验方式而言，是一座无差别都市。尽管在上海"文创50条"的大背景下，大力推动"上海文化"品牌建设，就影视行业的发展而言，依然难以看到上海地区在民族电影产业和文化制造各环节的特殊性和不可替代性。随着今年4月28日，在青岛西海岸灵山湾畔，总投资500亿元人民币，历时4年多建设的青岛东方影都项目正式宣布落成，朝阳山上"东方影都"四个大字，显然是比照好莱坞山坡上"HOLLYWOOD"的样式而设计的。而年底，浙江横店的"梦上海影视旅游拍摄基地"即将开门迎客，这个项目复刻了上海外滩民国建筑群，并引入了迪士尼乐园和环球影城的项目设置和管理经验，浙江影视产业的整体崛起已呈现出以浙江为主,上海为辅的态势。相形之下,上海发展影视产业的本土优势到底在哪里?

电影像其他产品一样,一出生就自然会带有电影的属地标签,只不过随着电影行业跨地域合作越来越频繁和紧密,电影作为一种文化产品所体现出的"地域性"开始有两个新面向上的实践意义,其一是渐渐从地理属性更多地转为文化属性,人们从电影的内容和精神气质来判断符合之前认知的哪一种电影,继而将之归类,另一种则是更为细致地对于具体的电影生产行为予以充分关注。电影产业和电影文化,基本上指代了人类围绕电影的一切行为和活动,包含电影产业链上的全流程、电影的内容及一切内容的衍生。通过近年的电影社会生产实践经验,我们可以很清晰地看到,"霍尔果斯"的税收优惠等政策无非是提供了注册地,营造了影视产业繁荣的假象,而在国际合拍项目中,不论中方投入多少比例的资金或人才(演员、导演),这些合拍大片终究面向的是国际市场,对于中国观众来说仍旧是一部"好莱坞"电影。在现今多元合作、高度流动的电影生产行为活动中,制片公司归属地、资金、人才都是相对的,一部影片的出品方可能来自国内外或全国各地数家制片公司,编、导、演甚至后期制作人才都可能分布在不同的地方彼此合作,因此并不足以定义电影的属性特征,而拍摄地(或制作地)因为故事讲述的需要成为电影生产中的一种"绝对"因素。这种"绝对"不仅指电影真实的在地拍摄行为是客观的,还指对于所拍摄的地理空间的呈现是绝对的,并且从创作者的角度是希望观众绝对接受并相信的(即便是摄影棚里面搭建的场景)。可见,在地拍摄(电影生产行为具体发生地)已成为电影文化产品归属的重要表征之一,并对影视产业的整体发展越来越起到举足轻重的影响。

与全球化或跨区域合作成为世界电影文化格局潮流形成表面悖论的是,发展一个国家或地区的电影产业的核心恰恰是回到电影生产中的"生产"本身,即追问究竟电影是在哪里被拍摄出来的,电影生产的状况和水平如何,本质上是一个不断追问电影的"在地性"问题,不断塑造和强化电影的"本土"特质的过程。事实上,从电影发展历史的角度看,一直以来,电影生产就占据着电影工业发展的核心地位,是一系列电影生产的行为触发并推动了电影业生产关系和人才资源的聚集乃至文化生态形成,继而形成一个整体的地域电影文化氛围,参看 20 世纪三、四十年代的"上海制造",八、九十年代的"香港制造",以及好莱坞、温哥华的发展轨迹莫不如是。

外滩、外白渡桥、陆家嘴,观众一旦从镜头里看到这些标志性的地域,影视作品里的故事发生地不言自明。2014 年秋天,上海发布《关于促进上海电影产业发展的若干政策》,上海影视摄制服务机构在巨鹿路正式挂牌,从前端政策咨询到后期制作协调,围绕影视企业需求,罗列出 113 项精准化、具体化服务,而且咨询费用全免,并推出《上海影视拍摄服务手册》,罗列了上海 200 多处推荐取景地。今年在上海国际电影节期间,《上海影视拍摄指南 2018》也正式上线,只要用手机对准二维码扫一扫,取景地的影像就可以通过 AR 技术立体展开。"在车墩、胜强等专业影视基地里寻找老上海,拍摄谍战片、年代剧,那是 1.0 的取景版本;陆家嘴的天际线、外滩的万国建筑博览群、江南水乡朱家角等,这些游客趋之若鹜、影视镜头里一眼可鉴的城市空间可算 2.0 版本。这两个版本里,无论历史纵深里的波诡云谲,还是潮流前端的摩登时尚,抑或百年悠悠的小桥流水,它们都是显而易见的上海。而 3.0 版本的取景地中,落叶不扫的梧桐街区,在时代风雨里站成一位见证者的河滨大楼,渐次变身为创客天堂的工业遗存等,移步换景的上海文创空间,正为影视取景打开想象边界。"①

在地拍摄贵在真实,当现实主义题材的影视剧作品渐成主流,对于在地拍摄的需求必然会大大提升。从 2017 年的《我的前半生》《欢乐颂》,到今年的《下一站别离》《阳光下的法庭》《老男孩》《归去来》等,以及最近网络热议的《北京女子图鉴》《上海女子图鉴》,现实题材电视剧创作量质同升,社会影响力和受众关注度也强势回归;电影方面,去年《嘉年华》《引爆者》《暴裂无声》《暴雪将至》《闪光少女》《相爱相亲》《二十二》《大世界》等多部现实主义题材的电影作品相继引发观影和评论的大小高潮,使得 2017 年可以称得上是现实主义题材影片的"大年";足见越来越多的影视行业创作者主动将目标投向了

---

① 王彦:《这些热门影视剧里,有打开上海的新方式,你发现了吗?》,《文汇报》,2018 年 4 月 24 日。

现实主义题材,用更底层的视角和社会责任感,表达和思考着中国当下正在发生的故事和人物命运。在中国文化走出去的大背景下,中国乃至世界的观众也通过这些影视作品,进而更全面、深入地了解中国文化与现在中国的发展,这些都有力地证明了现实题材电视剧成为主流创作发展的必然趋势。

现实主义题材的影视创作,从技术的角度对于反映"现实"/"真实"场景有着较高的要求,现实主义创作要求的"求真求实",对于故事场景和人物的再现都要从"在地性"出发,从真实的场景和人物出发。上海要推动现实主义题材的创作,促进这一类作品的发展,就要同步解决促进创作的"在地性"问题。因此,除了政策和资金的扶植之外,还要通过政府部门更为合理高效的辅助工作,打破创作障碍,完善协拍机制,进一步深度开放城市可拍摄空间等。当然,在大力促进在地拍摄的同时,也要对在地拍摄活动进行场地、设备、器材、人员、车辆、交通、环境保护、噪音控制、拍摄时间等方面制定相应合理的规范,以最大程度地不影响公共事务和居民生活为原则,这无疑对这座城市的管理者提出了新的挑战。通过建设健全影视生产创作的行业微生态环境,降低拍摄成本,提高拍摄便捷度,规范拍摄行为,吸引更多的影视创作人才和项目聚集到此,让上海这片土地的影视生产活动进一步频繁起来,在创作充分活跃的基础上培育出本土影视文化作品和精品。可以说,现实主义题材创作的潮流为上海进一步推动在地拍摄带来了急迫性,同时也为上海打造影视文化品牌、明确自身在当下中国影视产业中的独特位置带来契机。

20世纪三四十年代"上海制造"的电影里,记录下了当时美好的上海街景和城市风貌,而今天的上海城市时代风貌又必将由当下的现实主义影视创作活动所承载。当上海作为故事空间呈现在大、小银幕上时,上海不再是观看行为发生时受众心中的无差别城市,而是位于真实上海空间和银幕上海空间两者形成的互文关系之中,即使影视作品中没有出现典型性的环境指明是上海,观众自发的主动性也会通过追问电影(电视剧)的真实拍摄地将故事空间与真实空间进行缝合,影视作品给大众阅读上海这座城市以新的角度和新的生命力,并且很大程度上将大大促进这座城市的文化旅游和文化消费。在这层意义上,广义的上海文化空间即包含实体的上海文化空间和"软"体的上海文化空间才能真正实现整合、扩容并产生广泛的传播力和影响力。在地性拍摄是促进影视作品"上海制造"的重要一环,同时也为促进国际合拍,对接国际制片资源发挥相当大的作用,当好莱坞的商业类型片,欧洲的艺术片,都主动寻求"made in Shanghai",才是发展上海影视产业与国际接轨的根本推动力,上海的城市形象和文化气质通过影像画面走出国门,也是促进本土文化走出去的重要手段之一。

上海这座城市的地域本身就是一个"乐园"——影视产业发展的空间和土壤,一旦我们充分认识到这一点,那么对于影视产业园区如何国际化、平台化发展的重要性和路径则会有进一步清晰的认识,避免走重复建设、资源浪费的弯路。

(二)立足长三角,面向全世界,影视产业园区发展应发挥国际化、平台化的资源配置优势。

近年来,得益于长三角高铁网络所打造的"一小时交通圈",沪苏浙皖影视产业不断强化区域合作,以各种方式,主动融入长三角更高质量一体化发展。上海国际大都市的地位、对全球资源配置的优势,都吸引着长三角影视人。今年的上海国际电影节开票前三天,展映板块出票总数超 40 万张,其中来自浙江、江苏和安徽的影迷线上购票共 23 964 张,聚合了沪苏浙皖城市群观影效应。上海社会科学院文化产业研究中心主任花建认为:"当长三角一体化发展到了全面提升的新阶段,上海影视节助力'四大品牌',正进一步发挥'龙头'作用,在长三角影视一体化发展上提供更高端、更专业、更国际化的突破口。"①

沿杭州湾一带横店、象山、海宁、余杭诸多影视城已各具形态,其中横店的500 多家制作机构,已为中国电视剧贡献了四万多部作品。无锡国家数字电影产业园体现于数字电影、动画制作领域,连同苏州、常州均有成规模、有影响力的动漫制作企业。以浙江华策集团、江苏的幸福蓝海影视文化集团为代表的

---

① 王彦:《聚合沪苏浙皖城市群观影效应　推动长三角影视创作资源共享》,《文汇报》,2018 年6 月13 日。

业内领先影视机构,与上海本土的影视机构一直有着紧密的合作与良好的互动。

因此,立足长三角,面向全世界,上海的影视产业园区必须要有鲜明的自我定位,那就是紧紧抓住上海作为全球城市在资源配置方面的优势,园区的国际化、平台化建设应朝着优质资源配置者的目标努力。

上海对长三角影视产业更高质量一体化发展,在许多高端、国际化的领域都大有可为。"上海制造"能为影视产业提供智慧影视装备体系发展,"上海服务"在进出口贸易、完片担保、海外法律咨询等方面都有明显优势。上海是国际金融中心,有着相当数量的影视剧制作机构,资金雄厚,苏浙皖有丰富的旅游资源和人才资源。

上海影视产业园区应立足上海,联动苏浙皖,针对长三角各省市不同的人文、自然风貌、影视资源和条件,以影视产业园区为节点,积极探索互动联通的初步经验,逐步形成长三角区域联动的影视产业园区群互动体系。届时,以上海影视产业园区为载体搭建的各种影视平台,有利于各地区通力合作,既能满足人民群众日益增长的精神文化需求,又能促进地方旅游和文化产品消费,提升整个地区在文化产业方面的竞争力,充分发挥"1+1>2"的效应。

当长江三角洲区域一体化发展并上升为国家战略,对外服务全球一体化,对内服务长三角一体化和城乡一体化,打造长三角协同创新的主阵地、上海对外服务的人前门和江南文化发展的示范区是不可逆转的人趋势,上海影视产业园区的发展必须借势而行。

从国家战略层面努力把上海建设成具有世界影响力的国际影视之都,必须树立全球化思维,把影视产业园区的发展放在国际化和全球产业的背景下进行思考,使影视产业在建设卓越的全球城市的战略中发挥支撑作用。对于政府来说,要有国际化的思维和意识,坚持以服务型理念为指导,实现从管理本位到服务本位的转变,从命令与控制的管理转向协商、对话和合作的管理。贴身服务影视生产,激发影视企业活力,为影视产业园区营造良好的发展环境,最大限度地解放和发展影视文化生产力。

在全球化背景下,散布于世界各地,处于不同价值链环节上的企业或组织从事着影视产品的选题策划、设计开发、生产制造、营销发行、购销放映等各种增值活动。在全球价值链背景下,任何一个国家的影视产业及其相关的经济活动,不再仅仅是本国影视产业或影视企业的个体行为,而是本国影视产业或企业融入全球价值链各个环节及其产业网络的过程。所以,很多国家影视产业的发展不再仅仅重视本国影视产业结构的优化,而是强调向高附加值、高效益核心价值链环节的升级。

所以,政府部门应鼓励影视产业园区加大对影视产业核心价值链的创意开发、剧本创作、品牌营销、衍生品开发等环节的关注和投入,以影视产业园区国际化、平台化建设为抓手,构建影视融资、制作、发行、放映的一体化协调机制,加强建设全球化市场运作机制。只有发挥资源配置功能,影视产业园区具有高效益、高附加值的特征,最能体现一个全球城市影视产业的国际竞争力。

(三)坚持创新驱动,加强国内外人才流动,不断探索"影视+"产业互动发展新模式。

坚持创新,是上海影视产业园区提振高质量电影创作,助力上海建设全球影视创制基地的核心动力,特别是要坚持科技创新,因为影视艺术是科技含量最高的现代艺术,科技就是电影的生产力,高科技是未来影视行业的发展趋势。

作为20世纪重要的文化现象,电影与电视是工业化社会的温床培育的姊妹艺术。电影与电视的诞生、发展都是产生于现代科学技术基础之上的,与现代科学技术有着十分密切关系。近些年高科技技术手段在影视领域先后得以广泛应用,如3D技术,CG技术,VR技术等等,8k数字摄影相机也已经被生产出来,比如索尼F65,相信在不久的将来,各大院线将会相继上映8k屏幕,并将原本的4k标准提升为8k。目前国内首部8K HDR技术实验电影,由美国电影人阿列克谢·凡·赫克曼(Alexis Van Hurkman)和国内独立导演熊科进正在分别独立拍摄。在音效方面,随着3D音效相关技术的不断发展与逐渐成熟,影院的音效也有了很大的提升,为观众感受身临其境的效果提供了更好的体验。

在传统拍摄中,由美术组掌控的道具、环境、服装、人物造型等可以直接看到颜色,而现在 ARRI 推出了一款 SkyPanel 灯。这款器材在一定程度上颠覆了摄影师操作色彩的部分工作方式,同时也转变了原来建构电影色彩的认识和理念。另外,在摄影技术中,曝光控制也能改变色彩。目前,可以深入研究并能在实践中运用曝光控制技术,来控制色彩关系的专业人员还不多。后期调色还可以建立影像风格,参与前期的整体色彩设计,甚至能决定影片的色彩风格。随着调色设备的功能越来越完善,技术门槛在降低,这就意味着,调色将运用的更为广泛,而不仅限于超级大片。

观众最关心的"服化道"技术,科技的发展会为影视"服化道"的发展提供新的引擎。一方面,以 3D 打印为代表的新制造技艺会更便捷地帮助剧组制作、还原特殊物件。另一方面,更为逼真的影视 CG 技术也大大地扩展了导演和制作人的想象空间,采用动作捕捉、绿幕构景等方式的新兴技术在未来影视行业发展中也将有更广泛的应用。

CG(Computer Graphics)技术与 3D 技术完美结合,将那些奇幻的场景用 CG 技术显示出来,再通过 3D 技术将这些场景呈现在观众的眼前,就能让观众产生身临其境的奇妙体验。虚拟场景的普遍运用促使虚拟摄影棚技术会有很好的发展空间。原来觉得那些高不可攀的动作捕捉,会随着技术的更新,让捕捉变得更加方便。以前演员要对着绿幕表演,现在通过后期与前期技术的合成,导演可在监视器观看合成后的画面。以后技术带来的壁垒会越来越少,特效也可以让创作者达到所见即所得。

科技创新推动电影高质量发展的另一个显著的例子是航拍技术。在现阶段,航拍技术系统的升级进化非常快,并会为此开发出一套全新的拍摄方法。同时,航拍的门槛也在降低,它的运用会很广泛,毋庸置疑是它的价格和灵活性等优势,这种拍摄方式以后一定会成主导。小型无人机携带和操作更加方便,但是抗风性较差,无人机飞行速度不够快,稳定性还有待进一步提高。中国的大疆公司对航拍技术系统的发展有革命性的贡献,大疆的航拍无人机将其航拍的稳定性、控制性做得很好,还推出了可以更换镜头的无人机,它改变了世界航拍的游戏规则,让航拍已不再是只用于拍摄俯瞰镜头的工具,它也适用于精确调度的拍摄。比如先手持无人机拍摄,放手后再与宏观的大场景镜头相嫁接,以其特有的拍摄方式,成为电影的新镜头语言之一。

科学技术在不断革新,而世界电影技术也在革新,上海电影如果想跟上时代的脚步,对话国际,影视产业园区就必须积极引入和孵化科技创新型技术、人才和企业,鼓励企业在制片环节上采取更多高科技手段,在影视产业园区平台化建设中坚持"双创"思路,来运作包含制作、发行、放映以及相关衍生物在内的整套流程,只有坚持创新才能把握影视行业未来的发展方向。

作为一座国际化城市,上海电影全产业链发展拥有最前沿、最深入的全球化视野与合作优势。特别是松江科技影都作为 G60 科创走廊"一廊九区"的重要组成部分,未来有可能成为转变经济发展方式和提升城市功能的新引擎。

创新永远是影视生产的动力、内涵和姿态。缺乏原创的影视文化是没有生命力和影响力的临时产品。营造创新体制和氛围,培养具有国际视野的创新影视人才显得十分紧迫和重要。影视文化的创新和国际影响力,要靠具有全球视野的优秀导演、策划、演员、摄影、后期制作、营销、发行等影视人才提供支撑和保证。2015 年,符合国际最高声音制作标准的立鼎影视后期制作中心建成,标志着中国可以与好莱坞一流技术人才直接对接。

上海要以创新为驱动,以培养全球化影视人才为导向,从影视教育、理论研究、创作、管理、营销、服务等各个层面切实加强具有国际视野的创新型影视人才的培养。上海积极引入国外优质教育资源,持续创新电影人才国际培养模式。如上海科技大学携手美国南加州大学电影学院成立编剧培训班,上海师范大学、上海交通大学南加州大学文化创意产业学院、上海戏剧学院纷纷推出国际电影大师班。上海温哥华电影学院,迄今仍是国内唯一一家内容、师资、硬件悉数与国际顶尖产业同步并以全英文授课的中外合作高等教育学院。本地培养的影视人才如何借助上海影视产业园区的平台,激发原创活力,获得创作创新机遇,乃至参与国际化影视工业生产合作,仍是摆在我们面前的课题。

2018 年,浙江东阳为加快打造"全球最强影视产业基地"专门制定实施了"影视文化人才集聚计划",对影视企业引进具有 10 部以上较大影响力院线上映作品的后期制作主创人员,经认定,按照企业支付工资薪金的 20% 予以补助;引进在国内外知名影视企业工作 5 年以上的后期制作优秀人才,按照企业支付工资薪金的 10% 予以补助。同时加强"横漂"培育,开展影视文化产业特殊人才评选,入选人才享受东阳市"首席技师"同等待遇等内容。[1][2]

目前松江区政府已推出松江科技影都人才激励工程、青年导演扶持工程、人才安居工程、人才培养工程、人才服务工程等一系列政策服务,进一步优化影视人才发展综合环境,强化松江科技影都建设的人才保障。对松江科技影都建设有卓越贡献的杰出人才,采取一事一议办法,加大激励扶持力度。例如,对于完成三年培养计划,考核达标,取得相应成绩的影视产业人才,给予相关政策支持和奖励。设立松江科技影都创新创业团队奖,每三年评选优秀影视产业创新创业"团队+项目"若干,给予资助。对经认定的影视产业优秀人才,符合相关要求的给予购房和租房补贴。另外还将在子女教育、医疗健康服务、公共服务等方面为这些人才提供便利。[3]

通过比较浙江东阳和上海松江区两地人才政策,不难发现,浙江东阳的人才政策更为具体,落地性和可实施性更强,上海需要在人才政策方面转换服务思维,推出一些革新性举措。

上海的影视产业园区建设要着力搭建国际创新大平台,深化国际科技合作,必须大力培养和引进创新创业人才,加上长三角影视企业之间的沟通合作,也势必会带动产业链各个环节的人才交流。现有的人才政策大多围绕"筑巢引凤",以人才落地(落户)为目的,收效甚微的根本原因在于严重忽视了影视行业的特殊性。影视行业人才的聚集和流动基本上是围绕着电影制作各环节展开的,并有着流动性强,临时性和不确定强,缺乏相应的行业用人规范等

---

① 张国亮:《"横漂"也能照顾 浙江东阳 18 条新政呼唤人才》,央广网,http://www.sohu.com/a/251631610_362042,2018 年 9 月 3 日。

② 杜倩倩、蔡凤:《东阳加快打造全球最强影视产业基地》,《金华日报》,2018 年 9 月 18 日。

③ 《为影视产业人才定制"一箩筐"奖励扶持政策 〈关于加快 G60 科创走廊松江科技影都影视产业人才高地建设的实施意见〉(试行)发布》,上海市松江区人民政府网站,http://www.songjiang.gov.cn/xwzx/002001/20180620/96599bea-a80b-4da3-9350-12f55c8abd5a.html,2018 年 6 月 20 日。

特点。开发和制定合理高效的人才政策,必须对改变过去"筑巢引凤""守株待兔"式的做法,转变旧思路,对影视产业各环节、各层次人才的不同需求有清晰的认识,针对不同人才的需求以平台化思维,加强人才流动,促进人才对接,比如打造一个影视产业高端人才资源系统,人才扶植体系,影视产业园区作为影视人才交流、人力资源集聚的有效载体,带动供需对接,完善配套服务,从而对影视人才进行合理资源配置。

众所周知,好莱坞不仅是全球时尚的发源地,也是全球音乐电影产业的中心地带,拥有着世界顶级的娱乐产业和奢侈品牌,引领并代表着全球时尚的最高水平。当然我们也需要冷静思考,上海影视产业园区在探索"影视+"的道路上,如何注重不同基地的错位和差异化发展,要寻找到自己的风格和特色,而不是简单地复制。近年来,上海在探索完片担保,布局影视金融,探索版权交易、科技装备等方面,都是在影视产业链的边界上不断求索,同时也需要加强影视产业与旅游业、商贸服务业、工业、新媒体产业等产业的联动发展,促进影视与教育科研、高端制造业、高端商务楼宇、高端住宅、产业配套区和上海全域旅游等资源的融合,形成"影视+"各类产业的融合共赢。

结　　语

党的十九大为中国电影未来发展描绘出清晰蓝图,中国电影要按照十九大战略安排的精神,始终坚持以人民为中心的创作导向,加强现实题材创作,讲好中国故事,在提高中国电影核心竞争力、打造中国电影文化软实力、实现中国电影国际竞争力三个目标上努力,最终实现由电影大国向电影强国的迈进。

当下关于中国电影最核心的思考,中国电影从大国走向强国,中国电影走出去,中国电影学派等等,一言以蔽之,都关乎在国际背景下如何建构和强化电影的本土性问题。而对于上海,这座曾经拥有过"东方好莱坞"称号的中国电影制作中心城市来说,上海本土要发展文化产业,打响文化品牌,就必须着力推动和促进围绕生产为核心的文化产业活动,以开放、创新和包容的心态,为本土影视文化产业的发展提供有养分的土壤,重视影视产业园区在国际化、平台化建设中所发挥的整体性、关键性的作用。

上海是中国电影的诞生地,上海出品的电影曾被比喻为中国电影的"半壁江山"。在中国从电影大国迈向电影强国的征途上,上海理应是排头兵,也确实在某些方面扛起了大旗。上海"文创50条"明确提出将影视产业作为八大重点发展领域的首位,将影视产业作为上海文化创意产业发展的着力点,焕发中国电影发祥地新活力,振兴上海影视产业,构建现代电影工业体系,推进全球影视创制中心建设,便是在新的历史与时代下交托给上海的使命,但上海要实现全面领跑,要建成接轨国际的现代化电影工业体系,要将影视产业园区建设作为上海打造全球影视创制中心的着力点,后续还需要更强劲的引擎。

供给侧升级背景中的上海都市影像生产

杜 梁*

摘 要 近年来,上海电影产业呈现出快速发展态势。上海电影意图再现往昔辉煌,既要通过不断引入新技术、新资本、新思维来革新产业链,建立并完善现代化的产业体系,形成具备全球影响力的电影创制中心,还要通过上海故事叙事模式的开发,来推动具备明确的地方性色彩的都市影像生产。都市影像的生产不仅仅是创作者的个体意识和审美趣味的表达,还受到了来自产业、市场乃至城市发展水平等多方面外部要素的制约。西方电影中作为"未来都市"典型案例的上海影像、国产青春片中作为浮华梦境与城市诗意能指的上海影像以及国产现实主义题材影片中作为地方经验承载空间的上海影像,是当前上海都市影像表达的三种主要策略。随着媒介融合语境到来,上海都市影像的创制需要及时根据新的产业形势和媒介生态做出应对和调整,甚至面向未来做出城市影像的可能性预设。

关键词 上海电影 供给侧升级 都市影像 地方经验

近年来,中国电影票房市场持续高位运行。在此产业背景中,上海电影同样呈现出快速发展态势。截至 2018 年 10 月底,上海出品影片年度票房历史性地突破 100 亿元人民币。本年度票房前十名的国产片中,上海出品占据四席,位居全国各省市首位。① 此外,近两年上海蝉联全国城市票房市场

---

* 杜梁,上海社会科学院文学研究所助理研究员。
① 王彦:《"上海出品"电影年度累计票房首次破百亿,叫座更叫好》,《文汇报》2018 年 11 月 20 日。

冠军,①本地市场规模持续扩充。

上海电影交出"完美答卷",关键驱动力在于上海电影产业能级提升。上海电影供给侧升级发展的努力契合了中国电影产业格局整体性升级的基本思路,即"从强调创新、创意、创作为主导价值的传统电影产业1.0格局到由《英雄》开创的、以市场营销和品牌价值为主导的现代电影产业2.0格局,再到近年来处于型塑过程中的,深植且自融于'互联网+'语境,自觉构建以IP创意化、金融化、资产化与技术革新为牵引,以实现上述要素最优配置为目标的复合型产业"②。与此同时,上海电影产业也提出了自身的发展目标。2017年12月,中共上海市委、上海市人民政府发布的《关于加快本市文化创意产业创新发展的若干意见》提出上海要"建设全球影视创制中心",主要包含构建影视产业目标体系、优化影视产业扶持机制、提升影视产业链发展能级等三个层面。可以说,当前上海电影产业发展的重要目的是要构建起现代化的影视创制系统,重新恢复上海电影的往昔辉煌。

上海电影意图再现往昔辉煌,需要从产业发展与内容创制两个层面加以努力。产业发展层面,上海电影不仅需要建立并完善现代化的产业体系,通过不断引入新技术、新资本、新思维来革新产业链,还需充分利用上海的区位优势,形成全国性乃至具备全球影响力的电影创制中心。内容创制层面,出于迎合市场需求的目的,上海出品电影要具备全国视野乃至全球视野,但是,上海电影更需要通过叙述上海故事的模式开发,来推动具备明确的地方性色彩的都市影像生产。针对上海本地进行都市影像的创制,也是衡量该地区电影产业成熟度的重要指标。

都市影像的生产不仅仅是创作者的个体意识和审美趣味的表达,还受到了来自国家意识形态、产业发展能级、市场需求乃至城市地方特色等多方面外部要素的制约。由于不同历史时期主导电影生产的要素各有不同,上海都市

---

① 2017年,上海地区影院票房为35.02亿元,位居全国城市票房市场首位。孙佳音:《35.02亿元! 上海去年电影市场票房蝉联全国城市冠军》,《新民晚报》2018年1月4日。

② 聂伟、杜梁:《国产新大片:站在电影供给侧改革的起点上》,《当代电影》2016年第2期。

影像也随之呈现出不同的样貌。但无论何时,上海都市影像的生产都需要寻找到社会大众关于城市形象和地方经验认知的最大情感公约数。

前产业化时代的上海都市影像生产

从历史发展的角度来看,早期上海都市影像生产的繁盛,在很大程度上得益于当时上海作为我国电影中心的产业优势。由于上海较早形成了比较完备的电影投资、制作、发行和放映的全产业链,而其中多数时装片也选择在本地进行摄制,加之早期上海都市影像传递出的地方经验及其内涵大多关乎现代性的建构,这种文化表达策略也恰巧迎合了彼时的市场需求,故而上海都市影像成为早期中国电影中城市形象的典型代表。20 世纪二三十年代,上海都市的话语表达与经验书写,尤其是上海电影对于都市摩登经验的书写,在符号层面上填补了大量国人试图体验现代性的精神渴望。这一时期,上海都市的个体色彩主要呈现为相互割裂的两个方面:摩登性与市井性。其中,摩登性包含了"物质的畸形繁荣、意识形态的斑驳陆离以及城市景观的西方化、近代化"[1],市井性则主要指处于社会底层的普通市民的拥挤、杂乱的居住体验及其日常生活经验。这种对新奇的现代都市体验的表述,为上海电影在全国市场上通行提供了文化支撑,也在很长一段历史时期内支撑起上海电影的金字招牌。

新中国成立后,影响上海都市影像创制的关键性外部要素从市场需求转向新的国家意识形态以及与之相配套的计划经济体制。一方面,上海都市影像中的摩登色彩与电影为工农兵服务的宗旨形成了冲突,"'旧'上海所代表的都市文化观念逐渐成为必须抛弃和批判的东西。"[2]因此,在《我们夫妇之间》(1951)、《霓虹灯下的哨兵》(1964)、《年青的一代》(1965)等影片中,上海

---

[1] 李道新:《中国早期电影里的都市形象及其文化含义》,《首都师范大学学报(社会科学版)》1999 年第 6 期。

[2] 钟大丰:《论"十七年"电影里上海都市文化形象的变迁——从〈我们夫妇之间〉到〈年青的一代〉》,《当代电影》2017 年第 6 期。

的都市空间被视作飘荡着"资产阶级香风"且亟需接受规训的地域。另一方面,计划经济体系的建立,尤其是电影行业领域国营厂系统与全国性发行网络的建立,客观上助推了我国电影产业格局重心的北移,上海出品的品牌影响力逐步削弱。可以说,这一时期上海电影的产业优势的弱化以及市场号召力的下降,客观上也影响了都市形象的银幕表现。

改革开放之后,国家范围内社会思潮的转向,以及 20 世纪 80 年代电影生产的企业化转型①,深刻影响了上海都市影像的银幕表达。尽管在伤痕题材电影《苦恼人的笑》(1979)和《小街》(1981)中,上海作为现代都市的身影尚且稍显模糊,但是在《街上流行红裙子》(1984)和《绑架卡拉扬》(1988)等作品中,上海都市的摩登一面明确凸显出来。更重要的是,这一阶段的电影生产已经在有意无意之间注意到贴近青年市场的需求,从《街上流行红裙子》中对年轻女性"斩裙"热潮的肯定,到《绑架卡拉扬》对游走于城市街头无所事事的青年群体生活态度的反映,这种文化表达方式显然更能够唤起年轻观众的情感共鸣。

及至千禧年前后,国内电影产业开始悄然出现新的变化。创作群体方面,第六代导演开始崛起,他们面对既有的电影生产体制采取了暧昧且复杂的态度;资本方面,第六代导演群体纷纷尝试自筹制作经费和引入境外资金等多种方融资式。在疏离体制、建立经济自主权的同时,第六代导演们的影像表达也带有愈发浓重的个体色彩。第六代普遍采用的制片模式也影响到上海都市影像的创制,娄烨执导的《周末情人》(1995)、《苏州河》(2000)等文本中,上海不再是繁华的现代都市,而是四处充满着城市改造形成的废墟景观。

从中国电影初生到世纪之交,上海都市影像的变迁充满戏剧性色彩,但也在侧面反映出不同历史时期的城市发展水平、国家形势、市场需求乃至制片模式等多个层面的信息。从供给侧升级发展的角度来看,尽管上海都市影像生产在 20 世纪二三十年代已经初步形成了具备市场影响力的制作模式,但这种"品牌"效应的建立背后缺乏现代化的电影产业体系支撑。新中国成立后至

---

① 尹鸿:《当代电影艺术导论》,高等教育出版社 2007 年版,第 564 页。

21 世纪之初,上海都市影像生产背后的思维逻辑仍然主要是以艺术表达为主的。但随着 2003 年我国电影全面启动产业化进程,上海都市影像生产背后的运作思维开始转向产业逻辑,新的"品牌"效应也随之建立起来。

供给侧升级与上海都市影像生产策略重构

需要注意的是,自 2003 年以来,上海都市影像生产开始面临新的危机。如今上海虽然仍是全国经济中心,但在都市形象建构和都市经验表达方面却很难形成相对优势。上海在都市经验表达方面的特殊性地位开始下降,"随着都市元叙事的消隐,上海已不再是当代中国都市叙事的发出者或终极对象,它既非中心,亦非边缘,它只是全球化都市网络中的众多叙事节点之一。"[1]上海在都市经验表达方面的典型性色彩的消解,使其城市影像的创制遭逢尴尬的市场境况。影片对于上海都市空间地方性的强调,有可能会造成外地观众的接受困难。尽管上海的城市票房产出居于全国前列,但更为广阔的外埠市场和尚处于初级开发中的中小城镇市场对于电影生产主体而言显然更具吸引力。因此,尽管上海都市影像的生产未曾断绝,但是,这类银幕符号的特殊性色彩在不断下降。

近年来,随着上海市电影产业供给侧整体性升级,上海都市影像的创制再度迎来一波小高峰。如今,上海电影正在经历从"电影策源地"到"改革试验田"的身份重构。[2] 上海电影的改革试验是在充分利用上海市作为全国金融中心的区位优势的基础上,进一步加强产业软环境建设,涵盖了政策制定、摄制服务、金融支撑、电影节展等多个方面。政策制定方面,上海市先后出台《促进上海电影产业繁荣发展的实施意见》《关于促进上海电影发展的若干政策》等政策,从资金支持、金融税收、土地规划、人才培育等方面对电影产业链的各个

① 聂伟:《想象的"本邦"与"看不见"的都市——试论新世纪以来上海电影叙事的空间转向》,《当代电影》2009 年第 6 期。
② 赵宜:《"一带一路"视域下上海电影产业的空间转型、功能升级与身份重构》,《电影新作》2018 年第 1 期。

环节给予扶持,形成政策组合效应;摄制服务方面,上海影视摄制服务机构为国内外剧组来沪拍摄提供全方位的"保姆"服务;金融支持方面,上海充分利用中国(上海)自由贸易试验区总体方案获批的机遇,引入并试水完片担保制度,为高风险的影视摄制提供制度保障;电影节展方面,上海国际电影节是本土影业对外展示、交流、沟通的重要窗口,也是上海电影产业的重要组成部分。

上海电影产业供给侧快速升级发展,为上海都市影像生产策略的重构提供了新的可能性。这不仅仅是指外滩、陆家嘴、外白渡桥、苏州河、徐家汇等上海地标的"出场频率"不断提升,在频次的累积之外,上海都市影像也建构出能够适应市场需求的新的文化内涵。整体来看,当前上海都市影像的创制主要从三个层面展开:西方电影中作为"未来都市"典型案例的上海影像、国产青春片中作为浮华梦境与城市诗意能指的上海影像以及国产现实主义题材影片中作为地方经验承载空间的上海影像。值得注意的是,上述三种创制模式分别指向了不同的都市影像生产策略。

先来看西方电影中作为"未来都市"典型案例的上海影像。随着上海电影产业对外合作经验的不断累积和对外合作水平的不断提升,上海都市影像开始出现在越来越多的西方影片中。有趣的是,在《代码46》(Code46,2003)、《致命紫罗兰》(Ultraviolet,2006)、《变形金刚2》(Transformers:Revenge of the Fallen,2009)、《环形使者》(Looper,2012)、《她》(Her,2013)等科幻影片中,上海被视为未来都市的典型代表,《她》的导演斯派克·琼斯(Spike Jonze)曾表示,"上海陆家嘴的摩天大楼从一个走到另一个,中间没有间断,还有那种不锈钢扶手的曲线感,类似场景在洛杉矶找不到,但这又恰恰是这部电影中'未来城市'所需要的感觉。"[①]

随着上海作为未来都市典型代表的银幕形象逐渐显影,这一策略事实上将上海的都市影像纳入到作为当前世界电影产业"头部内容"的科幻题材影片的生产体系中。而且,上海影像中的未来性既为上海电影此后继续与世界先

---

① 施晨露:《上海频繁"出镜"好莱坞大片里重要的"未来"城市》,《解放日报》2018 年 6 月 16 日。

进电影工业的合作提供了契合点,也在全球范围内实现了上海都市形象的宣传与推广。问题在于,除了未来性,上海都市形象在其他国家电影中的多样性和地方性稍显不足,随着上海在合拍片领域持续发力,或许未来多元化的上海都市形象体系将建立起来。

再来看国产青春片中作为浮华梦境与城市诗意能指的上海影像。自 2013 年赵薇执导的《致我们终将逝去的青春》取得票房暴利并引发青春怀旧热潮以来,青春片开始成为国产商业电影的"宠儿"。以上海作为故事背景地的国产青春片的创制,离不开以郭敬明、韩寒为代表的来自上海本地的创作力量的强势介入。有趣的是,尽管郭敬明与韩寒两位新锐导演带有许多相似的"标签",如同样是带有明星光环的著名青年作家并且具备一定的市场号召力,但或许是由于二者面向的粉丝群体存在一定差别,他们分别采取了不同的上海都市影像表意策略。

郭敬明执导的《小时代》系列虽然口碑并不理想,但却依靠来自三四线城市"小镇青年"群体的助力取得了超过 20 亿的票房成绩。① 该系列作品按照资本思维将上海都市内部的不同空间进行分类,"富二代"群体居住的奢华酒店、公寓和别墅被视为都市浮华梦境的典型能指,普通青年居住的上海里弄却往往作为困顿现实生活的表征被一笔带过。单纯从《小时代》系列的票房表现来看,这种建构现代版王子与公主梦幻爱情故事的做法,仍然具备一定的市场吸引力。

相比之下,韩寒执导的《乘风破浪》(2017)尝试还原 20 世纪 90 年代上海的地域性色彩。影片将视角深入到上海核心城区周边带有诗意色彩的江南小镇之上,还将歌舞厅、录像厅等无地域空间②融入其中。《乘风破浪》中浓墨重彩建构起名为亭林镇的乌托邦空间,它也是留存于大众集体文化记忆中的时代"飞地"。更重要的是,亭林镇映射出 20 世纪 90 年代流行文化涂抹下大陆城镇的普遍色彩。显然,此处上海都市影像的地方性色彩的凸显,主要取决于

---

① 数据来源:艺恩网票房统计。
② 孙绍谊:《"无地域空间"与怀旧政治:"后九七"香港电影的上海想象》,《文艺研究》2007 年第 11 期。

导演的个体意识表达。

最后看国产现实主义题材影片中作为地方经验承载空间的上海影像。2018年,上海都市影像生产的一个特殊例证当属《我不是药神》(2018)。其特殊之处在于,影片从生产方式到内容创作都体现出明显的跨地整合色彩:影片第一出品方坏猴子影业注册地在北京,但《我不是药神》在上海立项,属于上海出品;故事原型发生在湖南,影片将背景地设置在上海,主要取景地在南京。但是,影片仍然体现出浓厚的上海地方色彩,不但镜头屡次对准东方明珠这一上海文化地标,而且徐峥饰演的程勇的语言表达中也时常夹杂着沪语,这类地方经验形成了对底层生活困境这一普遍社会议题的承载与包裹。

无论是作为未来都市,抑或作为浮华梦境、地方经验载体的上海都市形象,其生产方式以及文化内涵的表达,均与当前电影产业发展能级、受众市场的审美需求以及流行文化的发展趋势紧密相关。反过来看,都市影像生产不仅是反映城市电影产业成熟度的重要指标,还能够进一步服务于城市文化软实力建设。如此看来,未来上海都市影像的多样化生产需以沪上作为主要叙事空间,但更要注重上海城市现代性的示范意义,并以此地作为"实验场"来探索更为普遍性的都市经验议题。

新的可能性:寻找影游联动时代的
上海城市影像"坐标"

从供给侧升级的角度来看,在经历了以创意和品牌为核心生产要素的产业发展格局之后,当前本土电影业在不断完善产业链内部各个环节的基础上,愈发注重与新的技术平台、金融资本和传播媒介的外部联系。在不断引入新的生产要素的过程中,中国电影产业的市场价值与生长空间得以体现,"互联网+"思维、VR技术、金融资本注入等为本土影业革新提供了更多可能性。

此外,在媒介融合语境中,电影与其他大众传播媒体的竞合趋势逐步强化,电影创制也更加趋向于以知识扩散为基本前提的、开放性的跨媒介生产系统的构建。当前,作为发展速度较快的两大优质文化产业,电影与电子游戏之间的知识扩散与互动融合的规模化发展势头较为强劲。知识扩散模式一般包括知识融合、技术融合、应用融合、产业融合等层面，[①]电影与游戏的互动融合也已经在文本改编、美学借鉴、技术共享、产业组织交融等环节得到充分体现，开始进入"以互联网为传播技术平台/意识形塑系统的'超级链接'（Hyperconnectivity）时代。"[②]

因此，上海都市影像的当下和未来建构，均需要创制群体及时根据新的产业形势和媒介生态做出应对和调整。但是，当前上海的影像生产尚且难以应对媒介融合的复杂态势。一个重要的原因在于，在以上海为故事发生地的电子游戏影像生产领域，上海乃至国内业界在一定程度上处在失语状态。举例而言，在 2010 年上海市举办世界博览会之际，有两款电子游戏《战地双雄：第 40 天》（Army of Two：The 40th Day）与《凯恩与林奇 2：伏天》（Kane & Lynch 2：Dog Days）却不合时宜地在西方社会兜售和展览关于上海的奇观性电子影像，前者将古代中国建筑与现代的高楼大厦堆叠在一起，后者将沪上里弄表述为杂乱不堪的不法之地；2011 年发行的《杀出重围 3：人类革命》（Deus Ex：Human Revolution）将 23 世纪的未来上海设定为带有强烈阶级分化色彩的双层超级都市，街角巷尾还充斥着办证广告和各式垃圾；2013 年，第一人称射击游戏《战地 4》（Battlefield 4）中的上海沦为独裁势力控制中国乃至世界的重要据点，这部作品因此也被媒体批评刻意抹黑中国形象[③]。可惜的是，目前在关于上海都市的电子游戏影像生产中，上海自身尚未形成话语竞争力，因此难以在符号创作层面对上述反面例证进行反击。在影游联动时代，都市影像的开发与跨媒介流动势将成为一种必然趋势，而本土创制群体充分掌握这类形象的开发和阐释权力，也就具备了守卫文化安全的意味。

更重要的是，随着电影、游戏技术美学的不断发展，都市形象的建构和探

① F. Hacklin，C. Marxt，F. Fahrni，*An Evolutionary Perspective on Convergence：Inducing a Stage Model of Inter-industry Innovation.* International Journal of Technology Management，2010，49，p. 220 - 249.

② 聂伟、杜梁：《泛娱乐时代的影游产业互动融合》，《中国文艺评论》2016 年第 11 期。

③ 宫玉聪：《国外游戏抹黑中国形象 扭曲事实误导青少年》，《中国国防报》2013 年 12 月 11 日。

索有望面向未来进行影像预设,这类开发需要符合、满足创制群体与社会大众关于都市形象认知的最大情感公约数。在情感地理学的研究中,个体与环境之间的感性关系与感情联系决定了空间景观的具象化表现。① 这种情感关联模式也同样适用于影像层面的空间景观的建构。目前,以洛杉矶、纽约、巴黎为代表的众多国际大都市都在电影和电子游戏领域建构起了自身影像。可以说,关于某个都市的影像生产能力也是衡量这些城市的文化影响力的重要维度。对于上海以及其他都市而言,创制群体从文化地理学层面展开对未来都市影像的超前实践与预判,或将具备作为城市发展的影像"坐标"的意味,甚至有可能对都市的未来发展产生导向性作用。

---

① Davidson J, Bondi L, Smith M, *Introduction: Geography's 'emotional turn'*. In: Davidson J, Bondi L, Smith M. *Emotional Geographies*. Burlington Vermont: Ashgate, 2005, p. 1 – 16.

开展多样公益活动　推动市民文化建设

——上海电影评论学会访谈

尹艳瑚*

摘　要　"百年巨埠"上海作为中国电影的发源地,具有深厚的海派电影历史文化积淀,电影文化在海派文化建设和优化上海城市文化生态方面扮演着非常重要的角色。而在发展和推广电影文化尤其是面对广大市民的电影放映公益文化活动中,公共文化管理部门调动、协调多方电影文化活动团体,一方面利用互联网开展电影文化服务,另一方面则通过各种实体性服务推动电影文化活动的深化。在此过程中,各种电影民间团体也发挥专业性优势、结合民众文化需求,积极整合、利用多方资源开展活动,从而丰富市民文化生活、推动市民文化建设。本文以上海电影评论学会为例,通过对黄一庆秘书长和从事部分协助工作的青年评论家马圣楠的访谈,探讨开展市民公益电影活动的路径、经验、效果与意义。

关键词　电影公益文化活动　电影文脉　大众影评　无障碍电影

【采访时间】2018 年 12 月 11 日下午

【采访地点】武夷路 697 号上海电影评论学会办公室

【参加访谈人员】:

黄一庆(以下简称黄):上海电影评论学会秘书长

马圣楠(以下简称马):青年影评人

---

*　尹艳瑚,上海社会科学院文学所,研究方向为现当代文学与电影文化。

尹艳瑚（以下简称尹）：上海社会科学院文学研究所 2016 级硕士研究生

在被誉为"东方好莱坞"的上海，电影文化以其深厚的历史积淀、极大活力和吸引力，成为上海城市文化不容忽视的重要因素。近几年，伴随着上海公共文化服务体系建设的加快和电影文化惠民工程的推广，上海联合电影院线、上海国际电影节、上海艺术电影联盟、上海电影发行放映协会、上海电影家协会等沪上机构和团体都推出了面对市民的各类公益文化活动。不仅有助于拓展新的消费市场，也有助于促进居民的沟通与融合，强化市民的城市文化归属感与认同感。本访谈以上海电影评论学会为例，希望以其 2018 年全年的电影公益活动为切口，映照出上海公益电影文化活动的蓬勃风貌。

尹：黄秘书长您好，非常感谢您接受访问！请问今年上海电影评论学会在推广市民文化和艺术教育方面主要开展了哪些公益活动？我在网上看到"上海老电影艺术家肖像摄影展""上海老电影海报展"很受好评，请您介绍一下这两项活动的情况以及以往同类活动。

黄：上海老电影艺术家肖像摄影展，展现了张瑞芳、秦怡、黄宗英等三十位老上海电影艺术家的肖像魅力，展现老上海电影的文化风情。展览中文字材料以影人为点，以影片为线，系统介绍上海电影从新中国成立前到"文革"后的发展历程。通过展览，为一批杰出的上海老电影艺术家留下珍贵的影像纪录，有助于抢救上海电影文化的历史记忆，传承上海电影文化的优良传统，也丰富了市民的文化生活。摄影师宋向阳先生借助讲座活动，普及了相关历史，增强了人们对中国老电影文化的认知。这个活动对老上海电影爱好者来说，是系统了解中国电影在上海的起源和发展的交流平台。

我们举办老上海电影海报展，旨在让人们感受上海电影文化在不同时代所具有的独特气息。"上海老电影海报展"，在 40 年代至 90 年代这个时间段内，每十年甄选出十张设计样式上有代表性的海报展览，合计有五十张参展。许多观众耳熟能详的经典影片的海报，如《女篮五号》《羊城暗哨》《铁道游击队》等等都在展出之列。

此外,近年来,上海电影评论学会在上海文化发展基金会的关心和扶持下,组织和策划了《上海电影大师传记系列》,同时还举办了上海青年导演作品展映系列活动、珍贵电影资料数字化抢救和整理、上海电影史料藏品展览等活动,主旨是记录上海电影曾经辉煌的历史,将资料的抢救和保护工作系统化、理论化。梳理历史,通过历史档案的整理还原,进一步明晰上海电影在中国电影产业中的坐标,是为了更好地面向未来,为上海电影新的腾飞提供历史参照与信心。

尹:在发挥电影学术评论的积极作用方面,影评学会也做了很多工作。我记得学会开展的"纪念改革开放 40 周年艺术电影系列讲座"邀请了多位专家学者进社区,开展电影导赏讲座。

马:对,这个活动是上海市民文化节活动的配套项目,由上海市群众文化项目资助专项资金支持。我们学会由于会员深入在电影策划、编导、制作、研究、评论等各个领域,所以今年,作为改革开放 40 周年的特别年份,我们做了一个大的主题策划——"改革开放 40 周年电影发展"。让艺术电影系列讲座在社区落地生根,成为社区居民了解艺术电影的一个窗口,为上海的电影文化建设添砖加瓦、创造更多效益,是我们的理想。

活动主要有五方面的特点:一是以电影人的初心为出发点。项目活动能够在全市范围内高密度,高质量的连续举办,正是学会电影人初心的最朴素的体现。上海电影评论学会学会理事和会员们等共 17 位沪上影评人、电影导演、编剧及大学电影专业教授登台开讲,举行了 31 场艺术电影讲座。二是以老百姓的身边事为切入点。有些场次听众十分感兴趣,比如贾樟柯电影中显示的时代变迁,或者是国产影片中军人形象的变化等主题。三是以深入浅出的影评活动为落脚点。四是以中国电影的发展历程为着眼点。上海电影评论学会紧扣改革开放 40 年中国电影的发展历程,让听众得以管中窥豹,一同感受时代带来的可喜变迁。五是以社区文化合作共建为结合点。

尹:这个活动的社会参与度很高,请问这些影片或者话题受欢迎的主要原因有哪些?

马:这些影片或者话题的受欢迎主要因为几个原因:一是市场上影片的

火爆带动了社区中一些无法走进影院的群体积极响应；二是因为我们学会中一些老师的专业背景也很吸引人，比如上海音乐学院的教授，从专业角度分析电影音乐；又比如上海知名的电影院校的博导、院长亲自解读影片等等，这些对于日常很难接触到正规影视导读的社区群众而言有非常大的吸引；三是一些现象级的影片，观众有重温的热情，所以例如《战狼2》《红海行动》等年度现象影片的解读，成为很多社区观众关心的热点主题。其实电影的魅力在于分享，电影活动的魅力也在于人际传播的温度。一些观众参与由我会与社区组织的文化活动（如金海文化中心组织的电影之夜），一方面了解电影这门充满魅力的艺术形式背后的知识，一方面也是以电影为纽带的和邻舍们的温情聚会。

尹：上海影评会发挥学术优势，于今年组织了首届"上海青年影评人驻市影评学会短期培训暨作品结集出版计划"，请您介绍一下活动的出发点及具体内容。

黄：上海电影评论学会推出"上海青年影评人驻市影评学会写作培训暨作品结集出版计划"，其策划创意是鼓励、支持上海有一定学术基础、并且在相关媒体上不断发表影评作品的青年影评人，通过持续性、有组织的交流学习，促使他们撰写出更深刻、更有价值的影评文章，以此促进电影产业的发展。该活动师资雄厚，由上海电影评论学会会长、副会长和理事等电影评论家、电影专业教授组成教师团队，按"一人一策"的德艺目标，努力把有发展前途的青年影评人培养成为能独立思考、有专业素养的撰稿者，发挥学会的学术性、专业性方面的优势，让年轻人潜心在电影评论上寻求突破。与此同时，我们为上海14位经过甄选，有一定基础，经常发表影评的青年影评人从三个方面给予帮助：第一，举办"海上青年影评沙龙"，联系即将上映的新片制片单位及主创到沪参加电影观摩座谈，创造机会让上海电影评论学会资深专家和青年影评人与电影主创面对面交流研讨。第二，组织电影观摩、撰写影评文章，在《电影新作》《东方电影》《电影故事》杂志、上海电影评论学会微信公众号"画外音"和豆瓣等网络媒体上开设影评专栏，为青年影评人和电影观众提供交流的平台。第三，在上海青年影评人驻市影评学会培训后期，把他们驻市影评学会期间写作的影评稿结集出版,并举办影评文集首发仪式。马圣楠就是第一期学员,并且在"电影中的真善美"征文活动的匿名评选中获得第一名的好成绩。这个活动我们将继续举行,将更多具有专业背景的影评人加入到大众影评的写作队伍中来。

尹:新媒体时代,聋哑人接触媒介遇到了很大的障碍,"无障碍电影活动"的开展不仅体现的一种人道主义关怀,而且把他们重新拉回到都市文化中。请您介绍一下如何发起这项活动,有什么亟待解答的问题可以吗?

黄:据统计,上海市有盲人十六万,聋哑人二十五万。在整个中国,盲人有两千多万,聋哑人两千三百多万。目前,尽管他们的物质生活有了基本的保障,但是精神生活却是十分单调的。对生活在黑暗之中的盲人等残障人士来说,电影对他们而言是遥远的。因为盲人无法看到那些没有对白的电影画面,而聋人无法听到电影中的对白、音效和音乐。他们迫切要求能看到、听到电影;但视听障碍限制了他们。他们是一个最需要关爱和帮助的特殊群体,繁荣发展适合视听障碍人士欣赏的文化事业是全社会的共同职责。

无障碍电影的创意是 2009 年患有视力障碍疾病的上海电影制片厂退休员工蒋鸿源提出的,我联络并聚集各类社会资源全力支持蒋鸿源制作几部带有画面解说声音的电影,其中主要有上海电影评论学会、上海市慈善基金会、上海市民政局、上海市妇联、上海市盲童学校、上海电影音像出版社、上海图书馆等。制作出的第一部"无障碍电影"就是反映知识青年积极参加高考的电影《高考 1977》。我抱着试试看的态度,以上海电影评论学会的名义,把制作无障碍电影的想法申报给了上海市慈善基金会,结果获得了上海市慈善基金会的资金扶持,就这样上海电影评论学会和上海慈善基金会成了无障碍电影项目的主要发起者和组织者。

尹:活动的受众人群有多少? 您是怎么挑选这些受众人群的?

黄:这项活动现在发展为"安老助残无障碍电影服务云计划",今年推进到第三期。我们目前在根据不同人群的需要来分类进行无障碍电影的放映活动。本项目可以服务到社区家庭中的残疾人士(肢、盲、智、聋);敬老院、福利院的老年人士;行动不便者、独居老人。我们与上海市残疾人联合会、上海市妇女联合会等熟悉这些受众人群的机构合作,他们能够根据机构的自身优势挑选受众人群。比如,针对少年儿童群体,我们在上海市盲童学校做专场放映。

尹: 请问学会是怎么调动志愿者、捐助者的力量的?

黄: 为了维护电影产权,我们还组织了大量志愿者到播映现场去讲解,他们多为大学教授、青年学者、主持人,投入了大量的精力精心准备,这样的付出主要是出于对弱势群体的关爱,出于一份情怀。我们积极申报政府和基金会颁发的志愿者、社区服务奖项,对志愿者的服务给予表彰。此外,还举办以促进残疾人就业为目标的"放映员(限残障人士)培训班、配音演员班、手语班",让残疾人学习制作和放映无障碍电影。授课者包括孙渝烽(著名电影配音演员、导演),戴国峰(资深电影放映师)。最终,建立了一支由残疾人组成的志愿者团队,开始参与无障碍电影的制作工作。由于活动的有效推进,2013年我们申报并获得了美国联合之路的扶助资金。

尹: 这项活动的成效及社会影响是怎样的?

黄: "残障人士观摩无障碍电影系列活动"从2009年以来,十年来各区、街、镇的残联、盲协、聋协组织视听残疾人观看无障碍电影,基本上每月组织1—2场放映。目前,在上海的某些区域,比如浦东新区、徐汇区和静安区等,已经发展到了每月放映4—8场无障碍电影,受益面可以覆盖本社区70%以上的视听障碍者。无障碍电影使得视听障碍残疾人的精神生活更加健康,特别是有视听障碍的少年儿童们,精神状态得到了极大的改观。

上海电影评论学会制作的无障碍电影,通过全国各地的图书馆、电影院和社区工作人员,逐渐散发到全国各地。国内其他地区也成立了制作无障碍电影的工作室,比如北京成立了200多人的口述电影志愿者队伍,著名国际影星章子怡担任口述电影的形象大使。一些国外的社会组织,也开始效仿无障碍电影的制作,促进了视听残障人士的身心健康。

尹: 连续两年来,上海电影评论学会举办的两届"上海听障妇女儿童家庭公益电影季"引起了很大的社会反响,请您介绍一下活动的具体情况可以吗?

黄: 2017年、2018年在上海市妇联的资助下,上海电影评论学会申报并实施了上海首届听障妇女儿童家庭公益电影季项目。首届活动,我们主要采取线下放映的方式;在第二届活动中,我们加大了线上播放的力度,将学会的无障碍电影资源上传到网上,并将在线上如何观看的方法制作成宣传单页,在线下活动中发给听障妇女儿童群体,让她们可以自由地在网上选择自己喜爱的电影观看。此外,聋人纪录片创作大赛和微电影讲座等一系列配套活动在社区内落地开展,得到了许多聋人群体的热烈参与和好评。不仅仅是聋人,连许多社区居民也都积极地加入到社会活动中来。学会希望借助此类活动帮助更多的听障妇女,让她们敢于在镜头前表现自己的才艺。在为听障妇女儿童提供无障碍服务和改善生活质量方面,上海电影评论学会责无旁贷。

尹:上海电影评论学会通过上述活动,为市民文化与艺术教育、上海文化生态的提升做出了很大的贡献。与此同时,面对在城市中占有一定比重的外来务工人员,我们是否有计划针对性的做些推广活动呢?

马:匈牙利的巴拉兹·贝拉作为电影理论史上第一个全面探讨电影理论的马克思主义者,首先提出"认同"论,他的观点是:人民有权得到艺术,艺术也有权得到人民,最民主的艺术就是能使人民认同的电影。学会作为由电影工作者自发组织起,由受文联指导的学术团体,以习近平新时代中国特色社会主义思想为指引,认真学习领会文艺工作者的工作使命,让文艺深入到群众中去,借助电影进一步构建外来务工人员对上海这座城市的认同与热爱。

黄:外来务工群体同样也是我们一直关注的人群,几年前,我们为外地聋哑儿童播放过无障碍电影。十几年来,我们也一直积极参与上海市文广局主导的露天电影放映活动,活动主要在节日和夏天开展,有时有专家会去作导引。播放的内容既有主旋律电影,也有喜剧电影、警匪电影等多种类型的影片,满足观众们的多元需求。

尹:我发现影评会很善于利用网络平台传播,请您介绍一下上海影评会主要有哪些公众号? 主要推送哪些内容?

黄:目前主要有"上海电影评论学会"和"上海影评学会画外音"两个微信公众号,其中"上海电影评论学会"的内容比较多元,有免费的在线无障碍电影,此外还有专业影评人写的热点影评和影评学会的重要活动介绍。"上海影评学会画外音"主要以院线热映影片评论为主,此外还有各种对导演、表演的专业评论,由影评会成员自愿投稿。此外,影评学会积极参与了上海市群众艺术馆和上海东方公共文化配送中心的平台建设,我刚才提到的上海老电影艺术家肖像摄影展、上海老电影海报展等都已经申报上线,这些活动都较受欢迎。

尹:谢谢黄秘书长和马老师。影评学会对社会各阶层文化需求都给予了深切关注,祝愿学会在上海电影文化的传播、创新、发展中发挥更大的作用。

黄:不客气。上海还有很多民间组织在公益电影文化方面都做了大量的工作,期待更多的年轻人加入到志愿者的队伍中来。

马:不客气,谢谢你。

多 方 视 野

中国电影海外传播的关键： 国际吸引力

——基于海外专家访谈的研究

高 凯*

摘 要 全球化背景下,以文化影响为核心的软实力竞争日益剧烈,而电影则
是最具国际化性质的产业类别之一,成为软实力竞争的重要符号。
今年,国家关于"文化走出去"的相关文件政策不断出台,积极推动中
国电影"走出去"。而放眼中国电影发展,国际化程度缓慢,又面临国
外电影,尤其是好莱坞电影的猛烈冲击,"走出去"形势不容乐观,中
国电影海外传播作为一个时代命题,与中国的崛起紧密相关,值得被
更深入、广泛地研究。本文则在海外专家访谈基础上,提出将提升
"国际吸引力"作为实现中国电影海外传播的关键,并从保持中国特
色、东西文明互鉴,取"最大公约数"表达重视国际观众研究,善用
"他者"元素三方面具体论述。

* 高凯,博士,上海外国语大学新闻传播学院讲师。主要研究领域:影视国际传播、电影文化与
批评。本论文得到中国国家留学基金资助,并对所有接受访谈的专家、影评人表示感谢。

关键词　中国电影　海外传播　国际吸引力　民族特色　观众研究

　　自从 2001 年,中国正式加入世界贸易组织,《关于广播影视"走出去工程"的实施细则》也正式颁布实施,这标志着中国文化"走出去"工程的正式启动。2013 年,习近平主席在全国宣传思想工作会议上就对外宣传提出,"要精心做好对外宣传工作,创新对外宣传方式,着力打造融通中外的新概念新范畴新表述,讲好中国故事,传播好中国声音。"而最近召开的第十二届全国人民代表大会第五次会议上,李克强总理做 2017 政府工作报告中也指出,要发展文化事业和文化产业,加强社会主义精神文明建设,坚持用中国梦和社会主义核心价值观凝聚共识、汇聚力量,繁荣哲学社会科学和文学艺术创作,发展新闻出版、广播影视、档案等事业,加快培育文化产业,推动中国文化走出去。

　　全球化背景下,以文化影响为核心的软实力竞争日益剧烈,而电影则是最具国际化性质的产业类别之一,成为软实力竞争的重要符号。放眼中国电影发展,国际化程度缓慢,又面临国外电影,尤其是好莱坞电影的猛烈冲击,"走出去"形势不容乐观,中国电影海外传播作为一个时代命题,与中国的崛起紧密相关,值得被更深入、广泛地研究,进而对电影实践层面有所启示意义。

　　对比,笔者与十余位美国、加拿大、澳大利亚和英国的专业电影学、媒体研究以及东亚文化研究学者、影评人以及国外电影发行公司负责人、首席运营官等就中国电影海外传播过程中的问题,中国电影需要在哪些方面有所提升可实现有效地海外传播,进而更好被海外观众所接受和理解等方面,进行了访谈,获取第一手资料。所访谈对象如 Henry Jenkins 系当今世界媒介研究的领军人物之一,曾在麻省理工学院执教 20 余年,并且是该学院比较媒体研究中心创办人和主任;Robert Lundberg 系北美华狮电影发行公司副总裁兼首席运营官,拥有丰富的在北美地区发行中国电影的经验;Jason Squire 曾在联艺(United Artists)、20 世纪福克斯(20th Century Fox)等电影公司担任高级行政人员;Norm Hollyn 系电影制作人、剪辑师,更担任奥斯卡评委。其他受访对象也都在其专业领域颇有建树,限于篇幅在此不对其余专家学者一一展开介绍。

而采用专家访谈的原因也是希望他们能够从自己的专业知识和从业经验,不仅仅可以找出和分析中国电影海外传播的问题,而且能够提出宝贵的建设性意见,由此获取更深入的、有价值的专业资讯,如此可能要比单纯对一定范围的留学生或外国普通观众所得到的研究结果还丰富、明确。梳理访谈结果后,可得到的研究问题很多。本文将主要就"中国电影海外传播的关键"展开论述。

在被问及如何可以更好地让中国电影被海外观众所接受时,不同的访谈对象因其不同的专业或职业背景所给出的回答不同。

本研究的采访是完全开放式的,并不提供任何答案选项,得到的回答是多样的,这自然与受访对象不同的专业背景,不同的职业背景等都有密切关系。他们有从政策角度,有从电影类型角度,有从市场营销角度,亦有从观众接受习惯和心理角度对该问题予以回答,然而对所有的回答进行总结,不难发现,所有的回答又基本有较为集中的指向性。可以提炼归纳为一个关键词,即国际吸引力(universal appeal),而这个关键词也是在任何一个采访中,出现最多的高频词汇。

曾在联艺(United Artists)、20世纪福克斯(20th Century Fox)和AVCO Embassy Pictures等电影公司担任高级行政人员的Jason Squire接受访问时表示,普适性的故事讲述对于电影的跨国旅行是至关重要的,因为这直接关系到观众是否能够取得共鸣。北美华狮电影公司首席运营官Robert Lundberg在提及公司所发行电影的失败案例及原因时,就指出所提供的电影一旦不能成功地与观众取得情感关联就很容易使观众产生失望或厌倦的情绪。而电影国际吸引力的提升离不开有效的跨文化叙事,对此就该问题尝试提出以下建议:

一、保持中国特色　东西文明互鉴

无论是海外汉学权威专家Kirk Denton教授,抑或是当下媒介文化领军学者Henry Jenkins教授,在与其采访过程中,当谈及中国电影海外传播的进路问题之时,他们都不约而同地提出了中国电影应该要对中国特色元素有所保留、选取和挖掘,进而生产非好莱坞化、非"美国化"的真正的中国电影。在与美国奥斯卡奖评委、电影制作人 Norman Hollyn 进行访谈时，他也表示，中国拥有比美国更为深远流长的文化，这是非常珍贵的财富，可好好地用来作为电影故事的取材。而且处于市场以及观众接受层面考虑，美国观众也并不需要或渴求其他国家为其提供一个所谓的标准的"好莱坞产品"，中国的故事和元素可以帮助"差异化"电影产品的打造，从而在市场竞争中有突围的可能。

诚然，在当下全球化背景语境下，当代文化的趋同性特征越来越突出，而这点在电影方面的体现尤为明显。2000 年后，华语武侠大片《卧虎藏龙》与《英雄》相继问世，凭借东方的景象奇观及中国民族文化所独有的武侠情结结构，在北美市场辉煌登场而后的《满城尽带黄金甲》《夜宴》《无极》《投名状》《十面埋伏》等中国大片相继出现。伴随中国电影产业化热度与中国电影市场繁荣，中国式大片的"病症"日渐凸显。《夜宴》在制作层面精美华丽，从卖相上来看可谓是一部合格的"大片"。考虑到西方观众与中国观众的审美平衡，电影选择了借熟悉度和辨识度相当高的《哈姆雷特》故事，将历史和现实抽象化，用中国古装加以包装。在这出假定的"情节剧"中，西方的故事蕴含了丰富的中国元素，寄希望让中国观众品位到西方味道，又让西方观众产生猎奇，并能够得到认同满足。为了降低内容理解的障碍，电影竭尽"奇观"之所能，简化了故事、背景、人物及关系等方面的设计，更多依赖动作、画面、造型等视觉元素与观众沟通。然而却在故事细腻性、人物动机性以及情感逼真性等方面备受诟病。美国权威杂志《综艺》在当年刊登影评人 Derek Elley 关于《夜宴》的评论，开篇就提及虽然电影致谢名单没有提及莎士比亚，但是依旧容易发现《夜宴》有《哈姆雷特》和《麦克白》的印记，而且直接说明，从专业方面考虑，即便在亚洲凭借章子怡的明星效应，这部电影看起来还是会非常难卖出去。"谭盾的音乐是有力量的、巴洛克式的，然而在全片 129 分钟里面，音乐却显得不够有起伏，缺少变化。袁和平的动作场景设计零散、简短，显得缺乏独到之处，而不够新颖。"[1]之后，Derek 对电影的剧情做了简单介绍，并对一些细节提出

---

① Derek Elley：The Banquet，载 VARIETY http：//variety. com/2006/film/awards/the-banquet-1200513774/，2006 年 9 月 3 日。

疑问,之后对演员的表演进行评点。对影片导演冯小刚的批评也是锐利的,指出《夜宴》"主线和台词都非常的慢,缺乏表演生动的化学效应(而这此前通常是冯小刚电影的强项),并且人物始终一幅令人沮丧的样子。"[①]《夜宴》号称要讲述一个"东方的哈姆雷特"的故事,而电影也的确借用了《哈姆雷特》的故事架构或形式,然而却完全丧失了原本故事中最精华的内核。"哈姆雷特的悲剧来源于他本来不愿意承担对所谓国家、所谓人民的责任,就像《狮子王》里的辛巴一样,但是,他却别无选择地陷入到了这种'责任'的陷阱之中。为了这种责任,他不仅必须战胜敌人,而且必须战胜自己。这个故事中所包含的那种文艺复兴的人文精神,在《夜宴》中当然没有。这个故事,一个'被观看'的女人成为了中心,欲望和复仇成为主题。这些都是商业娱乐的需要,也是当今社会主流情感和价值匮乏的一种时代征候。影片中除了青儿的爱情还散发一点人性光辉以外,其余所有的人在一定程度上都可以说是被自己的个人欲望驱使的行尸走肉。"[②]"再如《哈姆雷特》和《夜宴》中,二位王子得悉父亲被杀细节一事,在《哈姆雷特》通过'鬼魂'的使用,充分做到了'西方化'效果。但在《夜宴》中,飘下的锦帛,则显得分量轻而又轻,并且一点也不'中国化'。其孰优孰劣,立见分晓。"[③]《夜宴》在对《哈姆雷特》无论是戏剧性文本改写,抑或是戏剧性细节描摹方面,都存在表述的缺失,未能做到真正的"东方化"书写,且遗憾地失去"东方魅力"。

中国电影在市场化的进程中面临诸多复杂性问题,历来备受关注、争议。一方面,中国电影市场持续火爆,而另一方面则是中国电影质量与口碑持续走低的尴尬事实。中国电影发展至今,似乎已经不如一个"怪圈":票房与口碑习惯性地呈现强烈地反比态势。

奥斯卡评委诺曼·霍林在接受笔者访问时提及,中国历史久远,远远地长

---

① Derek Elley: The Banquet, 载 VARIETY http: //variety. com/2006/film/awards/the-banquet-1200513774/,2006 年 9 月 3 日。

② 尹鸿:《〈夜宴〉:中国式大片的宿命》,《电影艺术》2017 年第 1 期。

③ 万传法:《论"中国式戏剧性表述"在中国大片中的缺失与错置——以〈夜宴〉和〈满城尽带黄金甲〉为例》,《当代电影》2011 年第 1 期。

于美国,绝不会缺乏好的故事素材、题材,当下中国电影资金、技术、科技等方面也都占据优势竞争地位,缺乏的其实是"真正的'中国电影'"。另有调研数据说明,根据 2013 年,由黄会林教授领衔的"中国电影文化的国际传播研究"调查数据显示,所受访外国观众观看中国电影的理由相对比较集中,选择"理解中国文化"的受访者有 680 人,占据总数的 64%,选择"学习中文"的受访者占据 635 人,占据总数的 59.7%,选择希望"了解中国社会"的受访者 447 人,占据总数的 42.1%。① 且鉴于电影的双重(产品与意识形态)属性,电影的功能绝非仅仅满足大众的娱乐需求或精神想象,作为提升国家"软实力"的重要载体、工具,中国电影的海外传播不能仅仅是"奇观式"的空壳传播,而是致力于让世界观众领略中国民族的文化个性与艺术魅力,让世界观众了解一个"正面的"中国。如果一部内容丰富的中国电影得到积极有效的全球传播,那将不仅是对中国电影工业发展所做出的贡献,更是对中国文化传播、国家形象提升所做出的重要助推。

二、取"最大公约数"表达重视国际观众研究

虽然当下的全球化浪潮让人类生活的世界隔膜越来越稀薄,不同国家、区域之间在政治、经济和文化等诸方面互相依存度也随之越来越提高。全球电影观众的接受和审美越来越多元、复杂、开放,对异域文化的符号解读相对之前也已不再那么困难。但是深层次层面观察,文化差异和隔阂从未消弭,且在可见趋势内,也不会消弭。但是简单的文化背景、共享的文化圈、相同的编码符号、共通的情感体验和共通的价值观念等,却是助推电影在全球得以旅行其可能的要义。

中国电影融入全球化生产的进程中固然要保持民族的差异性、个性,但是这却并非是在着重强调单一民族化、本土化的立场,从而导致盲目排外,抑或

① 黄会林、封季尧、白雪静、杨卓凡:《2013 年度中国电影文化的国际传播研究调研报告(上、下)》,《现代传播》2014 年第 1 期、第 2 期。

对国际观众忽视的倾向。曾经我们所抱守"越是民族的,就越是世界"的观念,如今或许也不免需要重新加以考量。"国际间的文化交流,因文本的异质性等问题,在传播的过程中,很容易出现'被误读'或'不可读'的问题。'越是民族的'程度的深浅及表达则会直接关联'越是世界的'这一传播效果的大小。中国电影在'走出去'的路上遇到诸多不如意的问题,其中一个便是如何在全球语境下讲述自己本土的故事,如何在电影中向国际受众去展示民族审美、情感、理想和思维方式等。"①所谓"文化折扣",具体到影视方面即"扎根于一种文化的特定的电视节目、电影或录像,在国内市场很具吸引力,因为国内观众拥有相同的常识和生活方式;但在其他地方吸引力就会减退,因为那里的观众很难认同这种风格、价值观、信仰、历史、神话、社会制度、自然环境和行为模式"②。

中国电影倘若一味地过于死守民族本土主义就势必会影响传播范围的扩展,导致"传而不通"。而如果盲目抛弃民族本土主义,那么中国电影就可能只是剩下迎合海外观众的"奇观"因素,从而遗憾地失去了其自身的文化稀缺性、差异性。功夫片和武侠片向来是中国电影的类型化标签,此类电影,诸如《英雄》《十面埋伏》等,继《卧虎藏龙》之后向世界不断发出"武侠中国"名片。此类电影炫目的动作打斗场面削弱了因文化差异带来的"折扣"以及语言不通的障碍,实现"观看即可满足",受到一定海外观众的喜爱,然而此类电影却因在制作过程中过于强调场面和动作,如此刻意为之而忽视了对电影人物、主题、思想、故事等方面的深度挖掘以及对中国其他文化元素的展示,在电影质量上饱受诟病。而这点在笔者与外国专家访谈时,亦被反复提及,正如美国俄亥俄州立大学 Kirk Denton 教授再被问及中国电影未来在北美的市场前景时,就表示中国电影在未来的北美市场依旧有可能会成为热门,过去的《卧虎藏龙》就已经受到了欢迎,只是希望下一个热门的作品不再仅仅是武侠片、动作片。

---

① 高凯:《全球化语境下的中国电影跨文化传播思考》,《浙江万里学院学报》,2014 年第 5 期。
② [加]考林·霍斯金斯等:《全球电视和电影:产业经济学导论》,刘丰海、张慧宇译,新华出版社 2004 年版,第 45 页。

张艺谋的《金陵十三钗》是一部连外国人都很容易看得出来是一部具有"全球化野心"的电影，但是这部电影却遭到西方影评人的一致批评，指责其将严肃的民族苦难与色情的传奇故事混淆，是靠克里斯蒂安·贝尔这位好莱坞一线明星脸所无法挽救回来的。

中国电影海外传播过程中，其内容生产需要寻求文化"平衡点"，取"最大公约数"表达，即竭力寻求人类、人性的共同点与共通点。照顾到可被文化翻译的部分，由此尽量减少由观众认知、文化差异所带来的理解问题。

王全安导演的电影《团圆》，于 2010 年获得第 60 届德国柏林国际电影节"银熊奖"，该片取材于海峡两岸亲人跨世纪重逢的一段真人真事。内容"以小见大"，三位老人的个体命运，折射大陆、台湾同胞渴望团圆的历史主题。有论者言，该片之所以可以获奖，且在德国获奖，正是因其故事及人物命运暗合"柏林墙"推倒 20 周年德国人们的情感，这个猜测无法论证，然而作为一家之言亦不无道理。共同的分割经验、分离情感，让这段"乡愁"走出中国，跨越民族、国界。德国的专业影评人马尔·阿德勒在看完电影后，评价"这部电影运用平缓镜头表达人物之间的张力，营造出强烈的对比，'非常、非常感人，角色贴近人的内心。这一带有深厚历史背景的故事本身已足够动人，而演员们细腻的表演更是触及观众心底'"。按说，历史背景对于异域或异质文化观众来说是很容易造成文化接受障碍的与理解难度的，然而《团圆》却因"带有深厚历史背景"打动观众，收获共同情感认同。当然，可以说《团圆》此举可看为个例，同样如霍建起导演的《那山那人那狗》。

伊朗是具有特殊宗教、文化背景的国家，其电影《一次别离》当年与张艺谋的《金陵十三钗》分别作为奥斯卡最佳外语片的国家选送代表竞争。而两部电影相比之下，无论是电影制作层面抑或是跨文化叙事层面，高低立显。美国最负盛名的影评人罗杰·艾伯特（Roger Ebert）对于两部电影皆有评论，前者给出四颗星评价，而这在其"电影星级评价体系"中已属最高质量电影范畴，即"A great movie（上乘之作）"，后者则仅仅得到两颗星，被视为"平庸"。

《一次别离》不是过于倾注于文化历史背景，而重点讲述人与人、家庭、法律和社会之间的复杂关系，讲述普通人都会面临或者可以体会的普遍困境

(universal dilemma)①,用个体的困境和命运去感动观众。知名影评人肯尼斯·图兰(Kenneth Turan)也撰文肯定《一次别离》,评价电影"是一部绝对的外国电影却又让人相当的熟悉。这是一部激动人心的家庭剧,对人物动机和行为皆有犀利洞察,(提供了)正如在一个几乎从不拉开的帷幕背后所发生的迷人一瞥"②。肯尼斯·图兰的评价尤为值得我们思考,他提到《一次别离》是一部纯粹的外国电影,但是却令人产生极为的熟悉感,而这样的传播效果不正是中国电影,抑或是其他任何国家电影所渴望的最理想的跨文化传播效果么?《一次别离》最终获得第84届奥斯卡最佳外语片,第69届金球奖最佳外语片,并成为第一个获得洛杉矶影评人奖最佳剧本奖的外国电影,同时这部电影在第61届柏林国际电影节主竞赛单元大放异彩,是鲜有的一部电影同时获得"三只熊"(最佳影片"金熊奖",男女主角都获得影帝、影后"银熊奖")的电影,从商业的北美到艺术的欧洲,《一次别离》一路旅途顺利。如何在跨文化语境之下,把电影打造的"极具熟悉感",《一次别离》为电影人提供了很好的思考。

取"最大公约数"表达是获取海外受众的好办法,可是如何表达就是一个问题,而这就要从海外观众心理研究出发,研究海外观众的期待视野、欣赏口味和欣赏心理。"美国相关部门早在20世纪20年代就要求驻外代表调查世界各国家的电影市场。美国意识到中国是最巨大的电影市场,也曾出具《中国电影市场》专业报告,专门研究中国人的电影喜好。可见美国电影对观众兴趣的重视程度。可是中国无论在国内还是国外都没有这方面的调研,在中国,本国观众一定程度上都是被动的接受体,缺乏对其了解,更何谈国际受众的口味。"③

中国电影海外传播的直接对象就是海外观众,中国电影想要开拓海外空间,就需要有自己的"国际受众"。在海外观众培养方面,中国电影已有所成绩,早从李小龙开始,到成龙,再到后来的《卧虎藏龙》等,中国的功夫片、武侠

---

① Roger Ebert: A Separation, http://www.rogerebert.com/reviews/a-separation-2012, 2012年1月25日。

② Kenneth Turan: Movie review: 'A Separation', Los Angeles Times, 2011年12月30日。

③ 高凯:《全球化语境下的中国电影跨文化传播思考》,《浙江万里学院学报》2014年第5期。

片已经成为中国电影的海外代名词,在海外拥有一批忠实观众,这批电影让部分海外观众了解中国、了解中国文化,扭转此前电影传播中那个有关陈查理、傅满洲等扭曲的、恶魔的、虚弱的中国形象,冲破刻板成见而接受一个有力的、正义的中国形象。到如今,无论是基于市场开拓,还是基于国家形象传播要求,中国电影需要打造出新的名片。当然,这个过程会是长期的,观众需要慢慢的培养,然而只有通过这一步的努力,中国电影才有可能有更为丰富的海外传播形式与类型,吸引更多海外观众,从而打造好进军海外市场的品牌。

面对全球化浪潮冲击,中国电影制作应在不牺牲民族文化及认同的前提下,加强海外电影观众研究,积极与世界语境相适应,增进文化交流与对话,从而向世界传播民族文化。

三、善用"他者"元素

中国电影想要实现跨文化传播,在海外拓展过程中不可忽视对"异质文化"元素或目标市场元素的借用,在这一方面,好莱坞多年前就已经做到。从《花木兰》到《功夫熊猫》系列,好莱坞完美地打造了一个个美国价值观念为内核,中国元素为装点的产品,而在做更广泛观察,好莱坞不仅善于借用中国元素,好莱坞的"拿来主义"绝不仅仅对准中国。《埃及艳后》便是发生在埃及尼罗河畔,讲述了古埃及文明的故事。《艺妓回忆录》则将场景设置在一家日本的艺妓馆,讲述了一个"日本小女孩"(虽然小百合由中国演员章子怡饰演,但在电影中假定的女孩是日本身份)如何成为头牌艺妓的故事。善于借用其他国家、地区元素也是好莱坞通行全球的秘密之一。

近年来,就美国电影启用越来越多的中国元素这一问题所引发的讨论意见不一,可谓莫衷一是。支持者称诸如电影《花木兰》《功夫熊猫》系列、中国电影明星的加盟、中国取景等,这会有助于让他国观众了解中国,同样有益于中国文化传播;然而反对者持有更多批评意见,即斥责这是一种另类的、变相的文化侵袭,其最终目的都只是为尽可能多的在中国庞大的电影市场中分一杯羹而已。然而不管如何,这个问题于我们的思考是两方面的:一方面就是我们明明拥有那么多优秀的资源,为何不能做到为己所用? 另外一方面这也为中国电影的海外传播提供一个参照视角,即是"他者"元素的善加利用。

"任何一部影片要在国际市场上受到欢迎,先决条件之一是要有为全世界人民所能理解的面部表情和手势。民族特征和民族特点虽然有时候可以赋予影片某种风格和色彩,但它们却永远不能成为促进情节发展的因素。"[①]寻求文化的平衡,就要尽量把握世界趣味中心,在主题上考虑"全球性原则"。

回顾中国电影发展史,中国电影从早期创作阶段就对跨文化改编有积极的尝试,将西方经典文学、戏剧、话剧或其他艺术形式通过改编,将其移植到中国,令中国观众有机会通过银幕欣赏到经本土化改编的"舶来"故事。代表如,长城画片公司出品的 1924 年第一部电影《弃妇》,该片由侯曜改编,李泽源导演的,取材于挪威戏剧家易卜生的《玩偶之家》和《人民公敌》,这部电影描写了一个由王汉伦饰演的豪门家庭的媳妇,被另有新欢的丈夫抛弃后,就带着自己的随身丫头,踏进社会自力更生。她找过不少工作,后在一书局找到职员工作,然而遭受经理侮辱,她的随身丫头到学校读书,却因出身卑贱,遭受歧视。她后来觉悟,妇女需要争取自己独立公平的社会地位,就参加女权运动,并在其中担任重要工作。抛弃她的丈夫后又想跟她重归于好,遭到拒绝,于是恼羞成怒,勾结恶霸破坏她工作,并诬告陷害,迫使她隐居,后又遭受抢劫,最终在惊吓中死去。王汉伦饰演的媳妇饰演了一位中国的"出走的娜拉",而易卜生原剧中未对娜拉出走后的结局有所展开,而后引发读者想象。可是这位中国的娜拉却给出了明确的悲哀的结局。通过改编,根植中国当时社会现实,提出"妇女职业问题"。而后 1925 年,还是侯曜编剧、李泽源导演,《一串珍珠》问世,这部电影主要取材于法国现实主义作家莫泊桑的短篇小说《项链》。长城画片公司出品的不少电影题材都明显带有西方文学艺术的借鉴样貌,并结合当时中国社会现实,提出社会问题。除了长城画片公司出品的这两部代表性作品以外,其余亦不少见,如亚细亚影戏公司 1913 年出品,张石川导演的《新茶花》,改编自小仲马的《茶花女》;商务印书馆活动影戏部 1926 年出品的杨小

---

① [匈] 贝拉兹:《电影美学》,何力译,中国电影出版社 1979 年版,第 33 页。

仲导演的《不如归》，改编自日本作家德富芦花同名小说；明星影片公司1925年出品的包天笑编剧、张石川导演的《空谷兰》，改编自日本黑岩泪香译本小说《野之花》，1934年出品的李萍倩导演的《三姊妹》，则是改编自日本菊池宽小说《绿珠》；新华影业公司1937年出品的马徐维邦导演的《夜半歌声》，则明显是中国版的《歌剧魅影》；华新影片公司1939年于上海孤岛时期出品李萍倩导演的《少奶奶的扇子》，则脱胎于英国王尔德的同名舞台剧；中企影艺社于1947年出品孙敬、马徐维邦导演的《春残梦断》，则改编自俄国屠格涅夫的《贵族之家》；大同电影企业公司于1949年出品郑小秋导演的《欢天喜地》，则脱胎于法国腊比施的舞台剧《眯眼的沙子》……如今看来，或自觉或不自觉地，这都是一系列积极跨文化对话的一种努力尝试。

融入目标市场元素，实现跨文化传播，合拍片也不失为一种"借船出海"的捷径。"合拍片作为一种跨地域、跨文化制作，由于其资金来源较充足，影片的市场较宽广，又能汇聚多方面的创作人员和技术人员，体现出较明显的人才优势，并得到了不少地区和国家有关政策的扶持，所以近年来合拍片的数量不断增长，影响也越来越大，已逐步成为中国电影创作生产的一种十分重要的电影形态。①"合拍片有利于让合拍国家之间更好的了解彼此文化，促进广泛交流，在笔者与不少专家及外国电影制作人、发行人访谈时，他们亦表示合拍片进入目标国家时，会更容易得到目标国家的接受，进而有可能达到市场与文化双重利益的丰收。

合拍片在创作实践中，如果参与合拍方可以充分发挥彼此特长、优势，使得电影拍摄前期、中间及后期都能够有机一体，便更有可能收获理想效果。中法合拍片《狼图腾》就是一个比较好的例子。

《狼图腾》取材于中国作家姜戎颇具人气与好评的同名小说，电影主演则由中国的"小鲜肉"冯绍峰、窦骁担纲，导演则是曾获奥斯卡最佳外语片的法国人让·雅克·阿诺，导演本身就擅长拍摄人与自然、动物关系的电影，并且颇具国际影响力和熟悉度，同时他还组建了一个颇为全球化特色的摄制队伍，包

---

① 周斌：《合拍片的现状、问题与策略》，《电影新作》2016年第2期。

括邀请美国的传奇音乐人詹姆斯·霍纳负责作曲,配乐演奏的也是来是英国爱乐乐团、伦敦交响乐团等乐团的优秀音乐家。演员队伍方面除了对中国人气青年演员的启用,还选用了来自蒙古的女演员昂哈尼玛。此外,邀请到来自加拿大的素有"狼王"之称的业内顶级的驯兽师安德鲁·辛普森。电影筹备长达7年,拍摄16个月,只是驯狼就花费3年。从中文小说到合拍电影,经法国导演让·雅克·阿诺之手,在保留原著叙事脉络及结构基础上,做出跨文化特质的修改,诸如爱情戏的加强、戏剧冲突的强化、小狼结局的改变等。"可以说,上述改动是非常成功的,因为原小说是一部夹叙夹议的小说,它的议论非常多,叙事比较缓慢,而电影做到了非常成功的'瘦身',阿诺不仅使得叙事冲突更为集中,叙事节奏更加紧凑,也使得主题—价值观的呈现变得更为单纯、更具普世性。当然,并非所有中外合拍片都有如此"蜜月",更多的合拍片往往并未集合合拍方优势,反而暴露彼此短处,未能达到预期效果。比如中美合拍片《功夫侠》《太极侠》等,这些故事内容大都具有明显好莱坞痕迹,而在技术支撑方面又无法与好莱坞商业大片匹敌,无论海外口碑抑或海外票房,都可谓惨淡。

在中外电影合拍过程中,中方应该坚持"以我为主、为我所用"原则,创作高质量、高标准的精品电影呈现给国内外观众。

结　　语

中国电影海外传播所面临的问题纷繁复杂,除了本文所探讨的因文化折扣与跨文化语境所造成的电影内容接受困难方面,诸如,中国电影在海外的"可见度"很低(渠道问题);中国电影每年定额引进好莱坞大片,可是美国究竟引进多少中国电影,并能在美国的主流院线有上映机会(政策,甚至外交问题)?另外,中国文化历史深远,有相当内容有"不可译性"问题,加上英语如今作为一门世界语言,在全球被使用,中文虽然使用人口数量大,可主要限于国人和华裔,远远不构成世界范围,这也是中国电影被国际观众理解的障碍。限于文章主题,不在此展开探讨。

2018 印度电影产业述略

余佳丽[*]

摘　要　近年来许多优秀的印度电影被进入中国市场，引发讨论热潮。本文
首先简述了印度电影的诞生与近代发展历程，让人们了解今日印度
电影的渊源与基础。接着本文从电影制片业、发行业、放映业、电影
观众四个方面分析了印度现代电影产业的构成及特点。之后评述了
2018 年中国引进的十部印度电影的题材类型、美学特色及艺术形式：
其现实题材涉社会多种问题；史诗巨片保持本土特色；多类型发展试
探市场反应。最后总结了印度电影产业的总体特点与对中国电影产
业发展的启示：如何保持本土特色，优化组合发展；引发观众共鸣，讲
好本国故事；政府政策扶持，积极文化输出。

关键词　2018　印度电影产业　发展与启示

一、印度电影的历史与近代发展

1895 年电影在法国诞生。半年后，1896 年 7 月 7 日，卢米埃尔派员工毛利

* 余佳丽，上海师范大学人文与传播学院副教授，上海交通大学媒介管理博士。主要研究领域：
电影产业、电影历史及新媒体研究。近期主要相关研究成果：《电视剧跨媒体内容生产与传播
研究》《2017 国产类型电影年度观察》《互联网+想象力消费：中国奇幻类影视作品研究》《"互
联网+"时代电影发行营销变革》等论文发表于《中国电视》《当代电影》等 CSSCI 刊物。另由
上海交通大学出版社出版个人著作《品牌影院经营——上海大光明光影 80 年》，对电影产业
领域长期关注并深入研究。本文系上海师范大学重点学科《广播电视与新媒体》建设项目（编
号：A‑0233‑17‑001002）阶段性成果。

斯·赛斯提尔(Maurice Sestier)到达印度孟买①,一方面进行商业放映,一方面拍摄当地风土人情制成新的影片。1896 年 6 月 30 日,中国上海徐园放映了国内第一场电影。在亚洲地区,印度和中国几乎同时揭开了本国电影发展的帷幕。

（一）印度电影的诞生与初步发展

20 世纪的第一个十年,印度电影停留在短片和纪录片阶段。1899 年,哈里什昌德拉·S·巴特瓦泰柯尔,人们亲切地称他为萨维·达达,是印度拍摄短片的首倡者,拍摄了第一部印度影片。② 1912 年 5 月 18 日,印度出现了第一部由印度人自己拍摄的故事片《蓬达利克》,以马哈拉施特拉邦一位著名圣徒的生平事迹为题材。③ 影片上映时万人空巷,每个电影院都挤满了观众。它成功开创了印度影片的宗教题材传统,被评论认为"有一种吸引印度教徒的力量"。这部影片证明印度比美国更早拥有了国产故事片。亦可见印度电影产业今日的发达有历史的传承。

1905 年,加尔各答戏剧界的著名人士杰姆沙吉·弗拉姆吉·马登兴办的"艾尔芬斯坦电影公司"促进了放映与制片联合企业的迅速发展。后来该公司发展成马登影院,它拥有一个规模宏大的制片厂和范围广泛的影院网。该公司不仅拍摄影片,还经营销售美国早期制造的"活动放映机"和高蒙公司生产的"连续放映机"。1906 年艾尔芬斯坦电影公司几乎独霸了印度的短片生产。④ 与之竞争的希拉腊尔·森的"皇家电影公司"放映外国影片,并在报刊上进行宣传。

20 世纪 20 年代后,涌现出一批新的影片公司和制片人,印度无声影片进入繁荣的全盛时期。1925 年新的影片公司如雨后春笋,纷纷出现,影片数量迅速增加。印度电影已经正式具有工业规模。但制片公司由于组织形式不恰当、缺乏资金和计划、企业领导人因贪图利润而分裂等原因,格局动荡。1920

---

① 刘小磊:《"影"的界定与电影在中国传入伊始的再考辨》,《电影艺术》2011 年第 5 期,第 119 页。
② 菲罗兹·伦贡瓦拉:《印度电影史》,中国电影出版社,1985 年,第 5 页。
③ 同上,第 16 页。
④ 同上,第 9,10 页。

年前后,电影产量最初年产 8 部,之后逐年上升。1920 年有 18 部,1921 有 40 部,1925 年 80 部,到 1930 年就达 172 部。[1]

印度电影与其他国家影片相比,有一个特别之处,那就是多语言。20 世纪 20 年代中叶,孟买电影制片厂就出品了 6 种印度语言的默片。1931 年,有 28 部有声片拍摄了 3 种语言的版本。之后拍摄的 84 部故事片中包括 7 种语言。[2]这归结于印度历史形成的多语言、多宗教特色。印度联邦官方语言为印地语,第二官方语言为英语。除此以外,印度还有 20 多种地方性官方语言。从人口数来说,印地语是现代印度的第一大语言,约有 4 亿人使用,其次是泰卢固语(7 400 万)和泰米尔语(6 100 万)。这也分别是印度电影基地宝莱坞、托莱坞与考莱坞的主要适用语言。[3] 除此以外,还有桑达坞(坎那达语)、莫莱坞(马拉雅拉姆语)两大电影制作基地。

30 年代进入有声片时代,印度制片业继续自力更生艰苦创业,拍摄的电影创造了独特风格。许多影片反映了印度的社会和政治问题。技术改革和实验不断取得创新。电影音乐和歌曲主要来自印度古典音乐。

二战期间,因进口电影胶片严重短缺,印度制片业深受影响。1940 年拍摄的印度电影以现实题材和历史题材影片居多。1943 年,二战对印度制片业的影响进一步表现。英国殖民地政府实行颁发制片许可证制度,严格禁止拍摄与战争无关的影片。印度电影开始转向拍摄轻快的音乐片和娱乐片。因此脱离现实的娱乐片开始泛滥。1945 年,二战结束时印度影片的产量下降到 99 部,其中印地语 44 部。音乐、爱情、戏剧、民间故事和历史题材占据主流。[4] 1946 年印度电影产量翻倍到 200 部,到 1950 年,产量近 250 部。印度成为仅次于美国的世界第二大电影生产国。电影产业也是印度的第五大产业。而当时印度只是一个深陷贫困的第三世界国家,十分了不起。

1947 年印度独立、印巴分治,影片产量不断上升但质量却在下降,很多影

---

① 菲罗兹·伦贡瓦拉:《印度电影史》,中国电影出版社,1985 年,第 33 页。
② Ashish Rajadhyaksha: Indian Cinema: A very short introduction, oxford university press, 2016.
③ 王志毅:《孟买之声:当代宝莱坞电影之旅》,海豚出版社,2016 年,第 19 页。
④ 菲罗兹·伦贡瓦拉:《印度电影史》,中国电影出版社,1985 年,第 102 页。

片不受欢迎。印巴分治后,印度电影产业失去了一部分制片厂和影院,还丧失了东西巴基斯坦两个庞大的电影市场。但印度电影企业不稳定的局面渐渐结束。电影题材和歌曲方面也有了很大突破。之前英国殖民政府禁止的各种文艺作品纷纷被搬上银幕。

(二)印度电影的近代状况

独立后印度电影大致可分为四个时期。第一个时期是从 1947 年到 20 世纪 60 年代末。百废待兴,电影产业只是国家税收的重要来源。印度政府进一步强化英殖民时期所采取的娱乐税、电影院许可证和电影审查制度。1949 年,印度电影票房收入的 60% 被各级政府拿走。但这一时期仍被认为是印度电影的黄金时代。《雨中寄情》(1949)、《流浪者》(1951)、《两亩地》(1953)、《莫卧儿大帝》(1960)等作品许多叙事手法和元素被当代宝莱坞继承。观众最欢迎的是歌舞很多的公式化影片,也有一些具有社会意义的现实主义影片出现。

第二个时期是 20 世纪 70、80 年代。印度政局处于动荡期,经济增长缓慢,社会和宗教矛盾激烈。虽然涌现出《大篷车》(1971)、《奴里》(1979)等影片和传奇巨星阿米达普·巴强,但总的来说这段时间是印度电影的萧条期。

第三个时期是 1991 年至 2000 年。印度电影产业随着国家经济、社会的发展而复兴,出品了一系列优秀影片。以《君心复何似》(1994)、《勇夺芳心》(1995)为代表。印度电影同时也走出国门,打入国际市场,增强国际影响力。印度成为世界上除美国之外仅有的能实现贸易顺差的电影生产国。这个时期印度电影的题材选择仍显保守,爱情、亲情、友情的纠缠是主流。

第四个时期是 2000 年至今。印度经济持续高速增长,全球影响力与日俱增。印度社会开始面临发展与平衡之间的权衡。经济增长后的再分配问题也日益凸显。印度电影的产业化、公司化规模在逐渐发展。2001 年孟买开张了第一家多厅影院,放映业、观众结构随之发生明显变化。美国电影公司如索尼、华纳、迪士尼纷纷进入印度电影市场,参与电影的制作、发行。① 与过去相

---

① 王志毅:《孟买之声:当代宝莱坞电影之旅》,海豚出版社,2016 年,第 26—32 页。

比,当代印度电影主题、风格更加多元化,商业价值和艺术价值在国内国际市场上得到认可。

二、印度现代电影产业

单从产量上看,印度毫无疑问是世界上最大的电影生产国。2005 年以来,印度年产电影数量就一直保持在千部以上,电影语言约 20 种。2016 年更是达到 1 986 部,数量远超中美两国。2017 年印度电影总票房 25 亿美元,约 158 亿人民币,比 2016 年增长 27%。预测到 2020 年,印度电影票房有望达到 37 亿美元。2017 年印度海外电影的票房收入为 3.67 亿美元,比前一年增长近三倍。目前印度电影从业人员约有 300 万。

(一)电影制片业

五大电影基地中宝莱坞为印度电影票房贡献近一半,也是印度电影出口海外市场的主打品牌。因此很多时候"宝莱坞"成了印度电影的代名词。从宝莱坞的产业结构可一窥印度电影产业的整体状况。

总体来说,宝莱坞的制片业十分分散。2011 年 128 家电影公司制作了 135 部电影。其中产量最大的公司只拍摄了 5 部电影。[1] 传统宝莱坞是一个由电影世家组成的亲缘网络群体,大量的宝莱坞明星、导演、制片人都系出影门。制片企业一般是家族公司,拥有人是知名演员或制片人。如 20 世纪 50 年代明星 Raj Capoor 的公司 R. K. Studios,沙鲁克·汗拥有电影公司 Red Chillies Entertainment 等。另有父子两代导演乔普拉引领宝莱坞影坛数十年,巴强父子(阿米达普·巴强和阿布舍克·巴强)、罗斯汉父子(拉克什·罗斯汉和赫里尼克·罗斯汉)、阿米尔·汗父子或同台献技,或父导子演。这种状况缘于在印度电影工作人员的社会地位不高,高阶层的子女不愿进入这个行业工作。社会对电影业充满歧视和偏见。因此电影人内部互助、通婚成为常

---

① Tejaswini Ganti, 2013, Bollywood(2nd edition). pp. 59 - 60, Routledge.

态,十分团结。久而久之演变为家族亲缘网络。宝莱坞电影制片企业一般规模不大,行业分工也不十分严格,演员经常兼导演、制片、编剧等。融资有时很困难,许多影片拍拍停停,制作周期一年半到三年不等。每年只有 10%—15% 的宝莱坞作品能取得票房成功,所以小企业的抗风险能力差。如果两三部作品票房失利,公司就会倒闭。电影制片人为了降低风险,只能依靠明星效应,特别是男明星。如果有号召力的明星不出演,影片可能就不会开拍。明星是印度观众走进电影院的最大动力。

目前有两种专业化制片公司类型。一种是利用积累的人脉,寻找投资,通过提供投资人需要的电影获得融资和发行。这样的制片公司通常声誉很高,他们在继续小规模经营的同时通过一个新的发行和融资公司获得偶尔的大预算电影的融资和发行,以此摆脱对传统的小金融家和发行商的依赖,既减少了发行和融资方面的不确定性,也增加了更好的制片计划(特别是低预算的制片)和剧本投资的可能性。第二种是宝莱坞的老牌电影公司,将其之前获得的巨大收益投资。随着资本注入和相应的专业化管理技能的注入,此类公司开始了宝莱坞前所未有的快速专业化:它建立了自己的海外发行机制,认真筹备后续电影创作,并利用其声誉和社会网络为随后的几个电影雇用顶级范围内的演员、编剧、导演和音乐总监。此类公司因此取得了很高的市场命中率,其收益则再继续进行综合的摄影棚和后期制作设施的投资。这些公司的共同点是,他们都不愿意发行由其他公司制作的影片,因此,他们的一体化链条是建立在自己的产量增长上的。① 总之,宝莱坞电影工业的发展并不属于电影制作的横向一体化,也不同于好莱坞等电影产业一直沿用的纵向一体化结构。绝大多数的宝莱坞电影仍由小的、专业化的制片公司制作。非正式的家族联盟为主的产业集群②是印度电影制片业的写照。

近年来,处于南印度的其他四个电影基地持续发力,制作的南印度电影票房收入增长 12%。在海外市场,南印度电影也正摆脱宝莱坞的阴影。考莱坞

---

① 付筱茵:《印度电影产业经验——大众定位、集群运营、制度支持》,《北京电影学院学报》,2012 年第 5 期。
② 付筱茵:《宝莱坞产业集群中的社会网络》,《当代电影》,2012 年第 12 期,第 119 页。

崇尚创新意识和商业意识,得到年轻观众青睐;托莱坞走新浪潮文艺路线,知识分子是主要的受众群体。这样既避免集群间同质化竞争,又可高度集聚电影优势资源,有利于打造集群品牌提升竞争力。

(二)电影发行业

20世纪30年代,印度电影发行制度已经建立。因历史文化原因,印度分成东、西、南、北、中五大社会区域。每个邦都有自己的官方语言,文字系统和文化趣味都不相同,电影产业相对独立。宝莱坞电影与南印度电影之间的交流并不顺畅。一般宝莱坞电影为了打入南印度,会制作泰米尔语和泰卢固语配音版。而托莱坞和考莱坞为了进入孟买,也会配印地语版本。

目前印度发行业分成5个区域:孟买、德里/北方邦/东旁遮普、中央邦/中印度/拉贾斯坦、南部、东部,下面再分成14个区域。发行商根据收入,把每个区域分成A、B、C三类发行点。A类是收入最高的地区,通常为人口较多的城镇。①

五大发行区域也包括周边国家如尼泊尔、不丹等。传统的电影发行公司只负责一个或分区域的工作。20世纪90年代开始,印度在国际货币基金组织的帮助下开始推动私有化、市场化的新自由主义改革,经济获得高速发展。随着印度经济监管力度的减小,跨国公司和外国投资的增加,印度电影发行业也开始呈现出一些新变化。一些公司已在发行和融资上实现规模效应,如Eros、Universal India、Fox star studios等。这些公司为了制造集群效应和预防盗版,利用营销和发行规模上的优势,一面发行大量的拷贝给电影院,一面开辟电视和录像等新的发行渠道,并大力投资于市场营销以获得出口市场。这代表电影发行和融资的一个新的、横向一体化的且高效的方式,更快地从那些仍在每个区域内独占优势的小规模的独立发行商手里赢得市场份额。② 印度大型电影发行公司或好莱坞公司在印度的分支机构,开始有能力买断电影的全印度

① 王志毅:《孟买之声:当代宝莱坞电影之旅》,海豚出版社,2016年,第40页。
② 付筱茵:《印度电影产业经验——大众定位、集群运营、制度支持》,《北京电影学院学报》,2012年第5期。

发行或全球发行权。如创立于 1977 年的 Eros,被认为是印度领先的电影制作和分销公司之一。Eros International 分销网络覆盖 50 多个国家,电影配音超过 25 种语言。2018 年与中国视频巨头爱奇艺合作,其流媒体业务 Eros Now 将提供印度电影播放许可,中国观众 11 月将可以观看到约 100 部印度电影,2019 年将增至 1 000 部。

在印度,电影制作公司将影片交给发行公司销售,后者支付电影上映费用,如宣传、公关、影院租金等。收入方面,在扣除法发行商的佣金后,剩余票房由制作商和发行商平分。实际上,因技术和经济原因,印度影院的票房收入监测系统不完善,电影制片商的稳定收入来自发行商的购买。因此,电影发行商的规模、喜好对印度电影制作有很大影响。

(三)电影放映业

2016 年,印度电影平均票价为 47 卢比(约 4.7 元),最高票价为 150—250 卢比(约 15—25 元),远低于中国平均票价 33 元。而且多年以来印度政府还限制很多地区的最高票价不得超过 120 卢比(约 12 元)。因此长期以来,占印度总人口相当大比重的中低收入阶层完全有能力走入电影院,看上一整晚载歌载舞的表演。尤其印度天气炎热,花很少的钱享受冷气也是中低收入人群乐意的。这也是传统印度电影时长大多三小时,并且有大段歌舞表演的原因之一。印度是世界上电影观众最多的国家,每天进入电影院的观众达 1 400 万之多。印度人不太爱看电视,收视最高的节目永远是板球赛,综艺节目也人气一般。而他们有观看电影的习惯,一般每周会看两场。

印度的银幕数 2017 年大概有 11 000 块。相对于 13 多亿的人口来说,未来的增长空间巨大。但跟中国基本都是 2K 及以上的数字银幕相比,印度只有两千多块 D - Cinema 银幕,还有大量的 E - Cinema 标准的银幕,以及一些胶片银幕。在观众数量众多的二三线城市和农村地区,尤其是南印度,外墙贴满海报的传统单厅影院仍是主流。2015 年还有约 6 000 座单厅影院。随着城市化建设,多厅电影院在印度城市中大量出现。如今近 70% 的多厅银幕集中在四条院线,它们是 PVR Cinemas(706 块银幕),INOX Leisure Ltd(542 块银幕),

Carnival Cinemas(470 块银幕),93Cinepolis India(215 块银幕)。① 其中 PVR Cinemas 是印度第一大连锁院线,在全球排第七名。在印度第一个引进 4DX 系统。希望 2018 年能在泛印度拥有 1 000 块银幕,拓展二三线市场。INOX 截至 2018 年 11 月拥有 542 块屏幕,并差异化竞争。如影院采用最新的投影带和音频技术;座椅是毛绒微调皮革躺椅,并配有呼叫管家,有名厨美食的选择;为方便购票,观众可以通过其移动应用程序在线预订。

印度电影放映业的发展与政府政策扶持分不开。政府通过减免税支持影院改造。2002 年 3 月,印度政府下调了数码演播设备的基本进口税,从 35%下降到 25%,鼓励电影公司和电影院引进先进的数码放映设备以装备新式影院。为支持新式影院建设,首都新德里市政府宣布从 2002 年开始废除向新型的综合性影剧院所征收的高达 100%的娱乐税,这意味着这些新式影院环境改善,但票价并不会有大幅度提高,仍旧可以保持较高的观影人次。良好的观影环境和先进的数码设备立刻给电影发行公司和电影院带来了较高的收益。

总的来说,印度现代电影产业的制作、融资、发行和放映仍处于数百个小规模的制片公司、发行商、私人金融家和电影院运营商之间的复杂合作中。

(四)电影观众

印度是全世界目前唯一一片好莱坞无法染指的区域,迄今为止本土电影依然占据印度国内每年 95%的票房,而好莱坞的市场份额不到 5%。这与印度电影在本土拥有广泛的、巨大的观影人群是分不开的。据统计,2016 年印度的观影人次达 20.15 亿人次②,是总人口的 3 倍。其中占据印度总人口 70%的中低收入阶层是主流观影群体。

印度长期以来是一个低收入国家,低收入阶层数量庞大。再加上阶级、种姓制度根深蒂固,社会分层明显。如前所述,这一阶层的民众因电影院票价低廉、冷气充足,乐意赴电影院消磨三个小时。为迎合观众喜好,就产生了具有

---

① 谭政:《2015 年印度电影产业观察》,《贵州大学学报艺术版》,2016 年 10 月,第 30 卷第 5 期。
② 谭政:《印度电影产业与创作观察》,《电影评介》,2018 年第 4 期。

印度特色的融动作、喜剧、爱情、歌舞等元素于一体,伴有优美歌舞和华美场景的马萨拉电影(Masala Film,马萨拉本指印度美食中的香料混合物)。印度中下层民众喜欢马萨拉电影中精彩的打斗、易懂的笑料、简单的情节、浪漫的爱情故事,并与电影中的明星一起载歌载舞。因票价便宜,印度观众看电影经常是举家出行。印度电影也像舞台剧或其他艺术表演,设有中场休息,方便观众去洗手间。这些都是印度观影独特的体验。

进入 21 世纪以来,多厅电影院在印度城市大量涌现,环境优雅整洁,内部装潢舒适,并有点餐、VR 休息室等附加服务,票价也有提高。这些特点吸引了更多中产阶级进场观看,电影消费群体有所扩大。

印度电影也一直是非洲、南亚、南美、东欧等广大观众的主要选择。再加上印度在世界各地有大量移民,他们几乎占去"宝莱坞"电影观众总数的55%[1],这样使得印度电影在拥有广阔的国内市场的同时,进军国际市场有良好基础。近年来,海外市场票房收入增加越来越多。宝莱坞传统做法是把版权卖给海外发行商,但很快建立自己的海外发行公司。如 UTV 每年都在美国发行自己制作的宝莱坞电影。[2] 2014 年 12 月 19 日《我的个神啊》同时在印度、英国、北美上映,之后又在中国上映,口碑票房双丰收。它成为印度第一部全球票房超 1 亿美元的电影。该纪录很快被《摔跤吧爸爸》(2016)3.26 亿美元、《神秘巨星》(2017)1.4 亿美元、《巴霍巴利王 2》(2017)2.79 亿美元所打破。中国电影观众成为印度电影的新消费群体。

三、2018 中国引进印度电影的特点解读

印度电影与中国的渊源可以回溯到 1955 年。故事片《流浪者》《暴风雨》《两亩地》是第一批被引进中国的印度电影。之后陆续引进了《旅行者》《章西女皇》《道路之歌》《两头牛的故事》等影片。1962 年随着中印边境问题的升

---

① 付筱茵:《印度电影产业经验——大众定位、集群运营、制度支持》,《北京电影学院学报》,2012 年第 5 期。
② 王志毅:《孟买之声:当代宝莱坞电影之旅》,海豚出版社,2016 年,第 43 页。

级,印度电影开始断档,此后18年没有一部印度电影上映。这种局面直到《流浪者》和《两亩地》在1979年复映才得到改善。《流浪者》这部场景华丽、歌舞精彩的影片,让中国观众再次领略到印度电影的歌舞特色。电影主题曲《拉兹之歌》也风靡全国。印度电影再次回归中国观众的视野。

20世纪80、90年代,大约有30部印度影片出现在中国电影院,除了传统的歌舞片如《大篷车》,还有警匪片、科幻片等各种类型的印度电影。2003年阿米尔·汗的《印度往事》代表了印度歌舞片国际化的风格。但好景不长,在中国,非英语片引进受到好莱坞进口大片的冲击,2003年后中国7年没有在银幕上看到印度电影。

2010年出现转机,沙鲁克·汗的《我的名字叫可汗》取得良好口碑。2011年《三傻大闹宝莱坞》在中国公映,最终取得1398万票房。中国观众再次认识了阿米尔·汗。从2014年开始,印度电影以每年2部的频率出现在中国电影院线,票房也是一部比一部高涨。

2018年全年共有10部印度电影在中国公映,不仅题材类型多元化,而且叙事方式、美学风格、文化品质等方面都呈现出许多新特点。这些影片代表了印度电影的变化趋势。

(一)现实题材涉社会多种问题

2018年中国公映了10部印度影片:《神秘巨星》(7.47亿)、《小萝莉的猴神大叔》(2.85亿)、《起跑线》(2.1亿)、《巴霍巴利王2》(7 683.6万)、《厕所英雄》(9 460.8万)、《苏丹》(3 613.6万)、《嗝嗝老师》(1.49亿)、《老爸102岁》(2 998万)、《印度合伙人》(12月14日上映首日票房超1 000万)、《印度暴徒》(12月28日上映)。爱奇艺等视频平台今年也引进了100多部印度作品,2019年电影库有望扩充到1 000部。10部作品中有7部是现实题材,涉及了女性地位、印巴冲突、宗教、阶级、教育平等、卫生改革等多个印度社会问题。

其实,20世纪40年代的印度就有了不少现实题材的电影,但40年代末印度电影质量下降变成低级庸俗的娱乐工具。直到1955年孟加拉邦导演萨亚吉特·雷伊受意大利新现实主义影响,有意识地借鉴了《偷自行车的人》

(1948)的制作模式与美学特征,拍摄了《大地之歌》,在戛纳获得"人权证书奖",又相继获得印度最佳影片奖和六项国际电影奖。该片有力地扭转了印度电影艺术的方向,现实题材成为印度电影的重要组成部分。21 世纪在新自由主义政治经济主导下,随着印度电影业的对外开放,在国际范围内谋发展,"走出去"成为印度电影发展的核心命题。为了适应国际市场,传统的印度电影模式与制片理念逐步被改良,取而代之的是一种新型样态——新概念印度电影,即"密集的情节转折点、立足于影片整体叙事的歌舞段落、国外取景、采用与好莱坞电影同一水准的先进的电影摄影技术和后期制作技术等等"。① 新概念印度电影往往偏重选择现实主义题材,重点呈现印度社会的热点问题。

近年来,这些现实主义题材影片越来越多取材于真人真事,更具社会价值和感染力。2018 年的《厕所英雄》就改编自真人真事,探讨印度农村家庭普遍没有厕所,妇女必须在野外如厕的现象。女主角嫁给男主角后,发现家中没有厕所,和男主角"闹离婚",还来了一场厕所革命。《印度合伙人(又称护垫侠)》根据印度草根企业家的真实事迹改编。因为卫生巾关税高昂,在 2012 年印度仍有 80%以上的女性在生理期无法使用卫生用品,初中文化程度的主人公拉克希米为了妻子的健康,寻找低成本的卫生巾的生产方法,却被全村人视为变态、疯子;最后他远走大城市德里,最终发明了低成本卫生巾生产机器,并开放专利,为印度全国对于女性经期卫生观念带来变革。2018 年 7 月印度取消卫生巾进口关税。

女性地位和生活状况是印度社会不容回避的问题。长期以来,重男轻女、女性早婚早育、失学家暴、如厕难等传统社会遗留问题在印度十分普遍,再加上印度女性的自我意识逐渐觉醒,女性成为新概念印度电影关注的主题。2018 年《神秘巨星》《厕所英雄》《印度合伙人》三部影片中,"性别平等"这一宏大主题用女童参加社会活动难、女性如厕难、女性生理卫生难三个小切口切入,同时兼顾家庭观念、种姓制度、村落文化、国家税收政策等多个问题,别具匠心。

① 付筱茵:《国际化谋求下的印度新电影现象》,《当代电影》,2018 年第 9 期,第 70 页。

教育不平等是印度这个人口大国的痛点。2009 年《三傻大闹宝莱坞》是对印度僵化教育模式的批判。2018 年 4 月上映的《起跑线》，矛头又直指印度教育资源不公平、社会贫富不均、阶级固化等问题，一句"孩子的比赛，父母的战场"引起了成千上万中国父母的共鸣。再加上跌宕起伏的叙事、娱乐喜剧的表演、温情励志的点缀，三管齐下，票房收获颇丰。《嗝嗝老师》改编自美国2008 年影片《叫我第一名》，同样来自于真人真事。《嗝嗝老师》改编时加入了对本土现实的关照。女主人公奈娜从小患有抽动秽语综合征，被人嘲笑。但经学校校长的鼓励，克服重重困难，取得双硕士学位，并立志成为一名教书育人的好老师。历尽艰辛觅得一份教职。后在教学中因材施教，相信、不放弃学生，终梦想成真。影片叙事节奏紧凑，并贯穿了贫富差距、阶级壁垒、性别歧视、教育资源等问题的讨论，引人深思。

宗教和民族问题的多元及复杂是印度的现实状况。新概念印度电影对于宗教、民族问题的批判尤为尖锐，有的是对宗教信仰本源的思考，如 2014 年《我的个神啊》；有的是对民族纷争的批判，如 2018 获得好评的《小萝莉的猴神大叔》，影片结尾印巴边境成群结队的印巴人民护送走失的巴基斯坦失语小女孩，和两国边防士兵一起打开边境通道，大开方便之门。这是对现实状况辛辣的讽刺。

印度新概念电影除了题材上倾向现实外，美学风格呈现出反"马萨拉"倾向。作为宝莱坞的一大特色，马萨拉电影融音乐、正剧、喜剧、舞蹈、动作为一体，深受印度观众欢迎。但随着印度国内观众群体的变化及印度电影向国际市场拓展的需要，印度电影特别是现实题材影片的音乐歌舞形式越来越现代化。马萨拉电影一般会插入 10 段以上的歌舞，是印度电影区别于其他国家电影的最大特色。音乐和舞蹈是印度文化中极为重要的部分，融于普通百姓的精神生活中。印度电影自诞生之日起，便借用和吸收这股丰富的传统，并加以视觉化的改良。宝莱坞电影中的歌舞是电影文本的重要组成部分，它可以表达文本本身无法阐述的内容。[①] 21 世纪以后，宝莱坞电影中的歌舞比例大幅

---

① Ranjinder Dudrah and Jigna Desai edited, 2008, The Bollywood Reader, p. 150, Open University Press.

下降,甚至有部分电影已经完全没有歌舞。新概念印度电影的歌舞主要以剧情为中心,不仅要使观众赏心悦目,还需要契合、推动剧情发展,以渲染情绪,表现主人公的情感。歌舞场面的拍摄和表现日趋精美,在技术、场面、调度等方面吸收了很多 MTV 的视觉呈现方式,使视觉效果更加精致,为影片增色不少。《神秘巨星》主人公是一位天才少女歌手,因剧情需要,电影中有一段段美妙悠扬的唱歌片段,十分贴切。《厕所英雄》《小萝莉的猴神大叔》将载歌载舞的群舞片段设置在印度传统洒红节和祭祀活动中,安排巧妙也不显得突兀。《嗝嗝老师》以背景音乐片段为主,没有大段群舞场景。这样的变化既展现了印度文化传统,又符合国际电影市场的审美品位。

(二)史诗巨片保持本土特色

2018 年中国公映的唯一一部印度史诗巨片《巴霍巴利王 2》凭借着深厚的历史文化背景、叹为观止的视觉奇观,以及催人泪下的英雄悲歌,在全球斩获179.7 亿卢比票房,并获得 IMDB8.4 的高分,成为印度影史票房冠军。

《巴霍巴利王 2》不是宝莱坞出品,而来自南印度泰卢固语区的"托莱坞"。南印度电影的宗教色彩比较浓厚,神庙题材和印度教符号非常常见。其实,印度电影一直从神话、史诗中汲取养分,第一部故事片就取材于宗教神话故事。从此,史诗片成为印度电影的重要题材类型。开启全球化征程以来,印度的史诗电影更是在大投资、豪华置景、巨星阵容、精尖制作技术的重工业巨片模式下更新这一重要类别。印度史诗巨片具有以下特征:投资巨大、明星阵容、制景豪华、场面浩大、动作性强,大多是关于帝王的古装历史题材,内容无外乎王权纷争、宫闱秘史、列国征战、疆域拓展、宫廷爱情等。[①]《巴霍巴利王》将故事背景设置在虚构的神国宫廷,主人公巴霍巴利是一位神国王子,因宫廷变故流落民间,后几经奇遇,王子复仇成功。

这部奇幻史诗大片之所以取得成功,有几个因素:一、保持印度传统神话传说题材特色,继承传统文化意蕴,用一系列文化符码(服饰、仪式、语言、民俗

① 付筱茵:《国际化谋求下的印度新电影现象》,《当代电影》,2018 年第 9 期,第 72 页。

等）及大段豪华歌舞迎合国内及海外移民市场。同时异域风情也有助于拓展海外市场。二、影片中战争场面浩大、武打场面激烈、宫廷建筑宏伟、服饰华丽，这些类型电影的标准配置有利于国际市场的认可和传播。三、影片视觉效果气势磅礴，后期特效技术一流，适合在大银幕观看，带给观众一场视听盛宴。2018 年年初在印度上映的《印度艳后》也是同类型投资巨大、口碑票房俱佳的史诗巨片。

可见，印度电影一方面积极努力地现代化改造，另一方面保持本土民族特色，提高技术水平。

（三）多类型发展试探市场反应

2018 年年末中国接连上映两部印度喜剧《老爸 102 岁》和《印度暴徒》。同类型的还有 4 月印度上映的黑色幽默喜剧《勒索》，市场反响均不错。此外，2018 全年印度还出品了《德里三人行》，讲述爱情和友情的故事，《巴拉特》围绕政治改革主题，《倾城十月》没有歌舞，用平实的剧情叙述了一个关于陪伴的故事。《失踪谜案》《为爱叛逆 2 之逆战到底》都是寻找失踪女儿的惊悚悬疑片。《袭击》《心甘情愿》中的反腐败情节、间谍故事属政治片范畴。《爱欲故事》是印度电影中少见的以女性为主的爱欲题材，刻画了丰富生动的女性形象。《我兄弟的婚礼》被称为印度版的"小时代"，但相较于《小时代》的浮华，它用四个女孩的故事引出女性婚恋的现实话题。《一代巨星桑杰君》更是难得一见的人物传记片，讲述了娱乐至死的社会生态和桑杰君跌宕起伏的传奇人生。这些影片涵盖了几乎所有主要的电影类型。

事实上，印度电影制片业很早就开始了多类型的探索。出品了惊悚片如《未知死亡》《阿拉洛什谜团》等；动作片如《痛击》《夺命煞星宝莱坞》系列等；科幻片如《宝莱坞机器人之恋》、印度版《钢铁侠》……这些影片有的一炮而红，口碑票房双丰收，有的草草收场，名不见经传。但经过不断尝试，印度电影业一方面和国内观众不断磨合，了解不同年龄、不同阶层观众的需求。另一方面获得不同国家和地区的观众反馈，让海外传播更加顺畅。

在新媒体时代，印度电影业与视频平台合作也愈加紧密。红辣椒、Roy

Kapur 等印度电影公司与 Netflix、亚马逊、Hotstar 等流媒体巨头开展合作，共同开发原创影视作品，已经吸引了众多印度知名导演、演员。2018 年 3 月，亚马逊在印度有超过 20 部原创影视剧正在制作，在其入驻的所有国家中名列前茅。未来的印度影视，前途难以限量。

四、印度电影产业发展总结及对中国电影的启示

印度电影产业取得今天傲人成绩的过程漫长而曲折。同为发展中国家和人口大国，电影业又同时起步，印度与中国有很多相似之处。印度电影产业发展的经验对中国电影有许多可借鉴之处。

（一）保持本土特色，优化组合发展

印度是一个多民族、多宗教、多语言国家。这些没有成为印度电影发展的障碍，反而成为其内容丰富、多层次的助力。印度电影在全球化发展的道路上，立足本土市场，充满文化自信，将印度本土文化巧妙的融入电影内容中，形成独特的文化品牌。《巴霍巴利王》为代表的史诗巨片、《嗝嗝老师》为代表的现实题材片的成功就说明了问题。中国电影在未来发展中也要更具有文化自信，弘扬中华民族优秀传统文化和价值观念。越是民族的，越是世界的。

印度电影制片、发行、放映业的市场集中度不高，未能发挥规模效应。中国电影产业规模化程度比印度略好，两国电影产业都朝着集约化、规模化方向发展。再加上新媒体平台与电影产业的深度合作，两国未来可以互相借力、优化组合。

（二）引发观众共鸣，讲好本国故事

印度电影扎根本土，走向国际的根本原因是讲好故事。印度现实题材影片一般关注社会热点问题，主题或宏大或深刻，切口却很小，选择能引起观众共鸣的凡人小事，通过主人公际遇展现印度人精神风貌，引发社会思考和讨

论。在海外传播过程中,印度电影通过情感认同来达成文化认同,巧妙地处理了文化折扣问题。印度史诗巨片虽有套路之嫌,但故事戏剧结构完整,人物形象丰满,情节细腻有创新和想象力。更不用提印度电影多类型多元化发展的尝试也比较成功。中国电影可以借鉴印度电影讲好本国故事的艺术手法,塑造文化品牌。

(三)政府政策扶持,积极文化输出

印度电影选材时具有传播意识和政治敏感,针对社会缺陷或热点问题积极发声。虽然影片以皆大欢喜的结局为主,不一定与现实情况相符,但能看出印度电影和印度社会讨论问题的诚意。这有助于消除国际社会对印度的隔膜与敌意,也是用文化输出改变国家形象的典型。印度政府很早就意识到电影的重要性,积极扶持电影产业发展。包括建立电影培训机构、建立国家电影开发公司支持制作具有社会效益的电影、为影院建设提供贷款、组织全国电影节、为电影投资、出口及影院建设提供税收优惠等。1992 年以来,印度政府更是放松了对外国电影公司的诸多限制,积极吸引外国资本投入印度电影产业。中国对电影产业的支持力度也是空前的。但如何做好电影这张文化名片,需要倾听电影产业内部的声音,政府从外部条件和国际空间上予以支持,积极推动中华民族优秀文化的输出与传播。

近两年（2017—2018）
台湾电影产业观察

摘 要 台湾电影在经过 2008 年《海角七号》横空出世、全民狂欢，并开启"新台湾电影"时代的元年，2011 年《赛德克·巴莱》的票房巩固并持续升温之后，距今刚好十年时间。在这十年的发展过程中，台湾电影无论是创作还是产业方面，开始趋于冷静与平稳，并形成了新时代的特色：新锐导演崭露头角，资深导演持续发力，合力维护了台湾电影创作的尊严；艺术电影仍在坚持，而商业电影开始成熟，共同建构了台湾电影多元互补的面貌；剧情片仍是商业主流类型，但纪录片在票房上也不甘示弱；注重台湾本地市场，并在两岸新策下也积极开拓内地市场，让台湾电影在产业上更加具有深度和广度。

关键词 台湾电影 好莱坞 亚洲电影 ECFA

尽管近两年台湾众多在往年具有票房号召力的导演如陈玉勋、魏德圣等集体失意，并未取得太过突出的市场表现，破亿（新台币）影片也仅有《红衣小女孩2》《角头2》《花甲男孩转大人》《比悲伤更悲伤的故事》四部，但大量稳健发挥的本地电影创作终究将台湾电影从 2016 年的泥淖中拉了出来。一些包括《血观音》《大佛普拉斯》《谁先爱上他的》《范保德》在内的本地题材影片坚守着台湾电影的艺术品格，在金马奖捍卫着台湾电影的尊严；而《目击者》《引

---

* 黄钟军，浙江师范大学副教授，北京师范大学电影学博士，浙江大学传播学博士后，"映画台湾"运营人，主要研究领域为台湾影视文化及产业。

** 庞盛骁，北京师范大学硕士研究生，台湾师范大学交换生。

爆点》《角头》系列与《红衣小女孩》系列等则逐渐显示出台湾商业电影创作上的突破，在类型开发和 IP 品牌建构方面已日趋成熟。

2017 年是台湾电影票房透明化后第一个完整公开资讯的年份。在这样的情况下，对台湾电影市场的上映总述、年度票房统计可首次以全台为覆盖范围，而不再是以往仅有台北市票房数可供参考的局面。这同样使得全台数据陷入无可类比的局面，但我们仍能在一些比较中捉摸出台湾电影产业的发展轨迹：台湾电影市场的总体容量与潜力已日渐明晰地维持在 100 亿新台币上下，而台湾本地电影的市场表现则从 2016 年的惨淡低谷中艰难复苏，交上了一份尚可的答卷。特别指出的是，截至本文写作终稿时，距离 2018 年结束还有一个月的时间，部分数据尚未能统计，因此涉及 2018 年的统计无法提供精确的数据，只能以 2017 年为主。

一、本地电影比重持续走低

2017 年，共计 649 部电影在台湾上映。其中美国电影上映 170 部，占据总额的 26.2%。美国、日本及法国电影占据前三甲，上映总数过半。台湾本地电影紧随其后，共上映 64 部，占据上映总数的 9.9%。2018 年截至 12 月 9 日，比例大抵相似：上半年台湾本地影片上映不超过 20 部，即便下半年尤其是 10 月、11 月、12 月这三个月数量上涨，但总体来说，比例在全年上映影片中仍不会超过 10%。

表1　2017 年各国（地区）电影在台上映影片数量（单位：部）①

国家	美国	日本	法国	中国台湾	韩国	英国	中国香港	德国	中国大陆	西班牙	加拿大
数量	170	111	67	64	40	35	23	20	13	12	11

众所周知，2016 年台湾公映电影的数量大增。就台北市票房资料统计，

---

① 其他国家或地区在台上映电影数量均低于 10 部。

首轮院线放映过的中外新旧影片总计多达 745 部,其中外语电影共上映 608 部;华语电影共 128 部,其中台湾片占 69 部。在假设台北放映电影总数等同于全台的情况下,2017 年的放映电影总量及台湾本地电影的上映数均略少于去年。总体来说,台湾首轮院线的中外电影放映总量已可稳定于 600 部以上,而在 2016 年以前,该项数据从未超越过 600 部(2014 年 498 部,2015 年 594 部)。

但一个并不利好的数据是,台湾本地电影放映数量占据中外影片放映总数的比例已经连续三年低于 10%(2016 年数据为 9.3%),而此前的 2014 年、2015 的数据均高于 11%(分别为 11.13%和 11.54%)。本地电影产量比重持续走低,似乎预示着台湾电影市场逐渐扩张的利好并不能由台湾本地电影分享。

在观影人次的数据统计上,台湾电影在 2017 年度首度得出明确的全台数据——4 308 万 1 847 人次。而在此之前,每年的台湾电影年鉴均只公布大台北地区的观众数量。在 2015 年该项数据勇攀新高 1 718 万人次的情况下,2016 年的大台北地区观众数量却跌至 1 381 万人次。以往台湾电影以大台北地区票房乘以 2~3 倍的方式来粗略估计全台票房,如若将这个比例挪用至观影人次上相比较,那么 2017 年的全台观影人次已超 2015 年大台北地区数据的 2.5 倍,颇为可圈可点。

二、全台票房达 100.5 亿不及峰值,
本地电影总体稳健走出低谷

在台湾相关机构首度完整公布所有上映电影票房收入的情况下,2017 年全台电影票房收入经确切统计达 100.5 亿元,刚刚破百亿。这个数据在台湾电影历史中已属不错,仅次于历史峰值——票房爆发年 2015 年。但台湾电影市场的容量与潜力似乎已日渐明晰,多年(预估)票房均在 100 亿元上下起伏。据历年台湾电影年鉴,2013 年、2014 年、2015 年的数据分别为 90 亿元、87 亿元、115 亿元。

表 2 2011—2017 台湾电影票房收入表 （单位：新台币/元）

年 份	大台北地区票房收入	全台票房收入
2017	/	100.5 亿
2016	3 417 071 513	/
2015	4 203 771 354	115 亿(预估)
2014	3 939 854 881	87 亿(预估)
2013	3 564 001 248	90 亿(预估)
2012	3 564 001 248	/
2011	3 781 123 778	75 亿(预估)

然而令人唏嘘的是,好莱坞电影继续肆虐霸榜,占据台湾年度电影票房榜前 30 名中的 26 席。美国出品的电影虽然发行数占 26.2%,但 75.5 亿的票房总和占了总票房的四分之三(75.07%)。排行第二的则是发行数占 9.9%的台湾电影,获得的 7.23 亿的票房占了总票房的 7.19%(不足一成)。第三是发行数占 17.1%的日本电影,贡献了 5.11%的票房,其他地方电影的票房则都没有超过 3%。

表 3 2017 年中国台湾本地电影票房排行前十五名

（单位：新台币/元）

序 号	影 片 名 称	导 演	全台票房
1	《红衣小女孩2》	程伟豪	105 729 876
2	《血观音》	杨雅喆	88 619 125
3	《"吃吃"的爱》	蔡康永	85 206 922
4	《大钓哥》	黄朝亮	69 325 684
5	《目击者》	程伟豪	52 415 112
6	《52 赫兹,我爱你》	魏德圣	46 270 614
7	《报告老师! 怪怪怪怪物!》	九把刀	41 724 002
8	《老师,你会不会回来》	陈大璞	38 874 129
9	《健忘村》	陈玉勋	36 615 705

序　号	影片名称	导　演	全台票房
10	《大佛普拉斯》	黄信尧	29 713 066
11	《地图的尽头》	张志勇 李哲光	15 767 240
12	《带我去月球》	谢骏毅	14 671 083
13	《痴情男子汉》	连奕琦	13 969 341
14	《虽然妈妈说我不可以嫁去日本》	谷内田彰久	10 627 068
15	《美力台湾 3D》	曲全立	10 080 649

从单部影片的表现来看,2017 年票房冠军《速度与激情8》(台湾译为《玩命关头8》)的 6.5 亿新台币票房成绩占据了台湾影史第六名,并刷新了台湾影史单日票房纪录(8 278 万元)。2018 年,好莱坞影片《复仇者联盟 3:无线战争》《侏罗纪公园2》在台湾分别拿下 6.4 亿、6.2 亿新台币,仅低于《速度与激情8》。而反观到岛内,2017 年夺得近 1.06 亿票房的台湾本地电影票房冠军《红衣小女孩2》,刚好位列年度票房排行榜第 30 名,并成为唯一一部全台票房破亿的本地影片。而此前的 2015 年、2016 年均各有 2 部本地影片全台票房破亿。相较而言,2018 年情况有所改观。截止到本文完稿的 12 月 10 日,已有三部影片票房突破一亿元新台币,其中上半年颜正国导演的《角头2》超过 1 亿 2千万、根据同名电视剧改编的《花甲男孩转大人》为 1.02 亿,而林孝谦导演的《比悲伤更悲伤的故事》在 11 月 30 日上映九天后,票房突破一亿,甚至有可能超过《角头》,成为年度最为卖座的本地电影。此外,《谁先爱上他的》《人面鱼:红衣小女孩外传》仍在上映中,票房已逐渐逼近亿元大关。

值得一提的是,在好莱坞电影全面攻陷台湾院线的情况下,2017 年仍有部分亚洲电影在台湾地区表现亮眼。韩国奇幻电影《与神同行》早先于 2017 年12 月 22 日便已上映,故纳入 2017 年的票房统计。影片夺得超 5 亿的全台累计票房,占据全年票房排行榜第 2 位,并刷新 2016 年《釜山行》(台湾译为《尸速列车》)。其续集《与神同行2》接续在台创下票房奇迹,2018 年斩获 4.7 亿

表3 2017 年台湾电影累计票房排行榜前十名①

排名	影片名称	全台累计票房 (单位：新台币/元)	累计销售票数 (单位：票)	产地
1	玩命关头8 (速度与激情8)	650 779 458	2 673 906	美国
2	与神同行	513 215 667 (截至 2018 年 8 月 12 日)	2 201 439	韩国
3	金牌特务：机密对决 (王牌特工2：黄金圈)	334 119 380	1 407 119	美国
4	神力女超人 (神奇女侠)	333 171 557	1 405 577	美国
5	雷神索尔3：诸神黄昏 (雷神3：诸神黄昏)	315 081 464	1 335 107	美国
6	蜘蛛人：返校日 (蜘蛛侠：英雄归来)	295 264 979	1 254 472	美国
7	神鬼传奇 (新木乃伊)	286 709 130	1 204 446	美国
8	金刚：骷髅岛	256 562 230	1 078 442	美国
9	美女与野兽	251 334 708	1 082 643	美国
10	恶灵古堡：最终章 (生化危机：终章)	247 789 829	1 009 919	美国

的好成绩。此外,印度体育片《摔跤吧！爸爸》(台湾译为《我和我的冠军女儿》)夺得 1.67 亿票房,荣登印度电影在台票房冠军宝座;少见地表现作弊题材的泰国剧情片《天才枪手》(台湾译为《模犯生》)夺得 1.48 亿票房,成为首部在台破亿的泰国电影,这样的成绩甚至超过其在泰国国内的票房。此外,2018 年日本小成本影片《摄影机不要停》(台湾译为《一尸到底》)也取得了超过 5 千万的票房成绩。印度、泰国两部在类型上具有开拓意义的亚洲电影票

---

① 维基百科"2017 年台湾电影列表"词条根据台湾相关网站公布数据统计得出,载 https：//zh. wikipedia. org/wiki/2017%E5%B9%B4%E5%8F%B0%E7%81%A3%E9%9B%BB%E5%BD% B1%E5%88%97%E8%A1%A8。(如果影片大陆译名不一致,则以括号形式在台译名称后给出)

房成绩均超过了台湾本地电影票房冠军影片《红衣小女孩2》《角头2》。在近年来屡有亚洲各地电影在台湾风生水起、刷新票房纪录的情况下,台湾电影的位置显得愈发尴尬。同处亚洲,为何邻居们的电影在台湾的电影市场予取予求?

唯一令人欣慰的是,近两年台湾本地影片的总体表现尚为稳健,大台北地区本地电影票房排行榜前十全部破千万,全台票房共5部破五千万。与之相比,2016年台湾电影大台北地区票房排行榜前十名中共有6部挣扎在500万线下,实属惨烈。可见台湾电影已从惨淡的低谷中抬起头来。在一众票房成绩出色的台湾电影中,《红衣小女孩2》《报告老师!怪怪怪怪物!》《人面鱼:红衣小女孩外传》《粽邪》等惊悚片的表现着实亮眼,《角头2》《目击者》《引爆点》《玩徒》等动作片、《比悲伤更悲伤的故事》等爱情片、《切小金家的旅馆》等喜剧片以及根据热门剧集改编的《花甲男孩转大人》也日益成为台湾电影工业中的票房保证。在台北电影节、金马奖上斩获奖项的艺术片不再于市场中无人问津,《幸福路上》《血观音》《大佛普拉斯》《谁先爱上他的》均因为奖项的殊荣增加了卖座程度,实属难能可贵。而陈玉勋、魏德圣、黄朝亮、九把刀等一众已在台湾电影市场证明过自己票房号召力的台湾中青年导演似乎在近两年集体失手,无一制造票房爆款,但纵使表现平平,他们也构成了台湾本地电影市场艰难复苏的中坚力量。

三、票房资讯系统首度全年使用

曾几何时,在台湾出版的《2016台湾电影年鉴》中还这样写道:"至2016年8月底为止,因为产业界的部分特殊原因,整个台湾电影市场迄今仍未有全台的票房数字公布,故一切有关台湾电影票房的统计和分析,基本上都以台北市首轮院线公映的影片及其票房统计数字为基础。至于台北市以外地区的电影票房收入,通常以台北市的1至2倍之间计算,若是文艺性较浓的影片,中南部票房收入会跟台北市的收入持平,约1至1.2倍;动作片及本地性强的影片,中南部票房收入则计以台北市的1.3至1.5倍,台湾电影或可高至 2 倍不等。"①现在,不论"产业界的部分特殊原因"到底为何②,也不论究竟该以怎样的比例去估算大台北以外地区的票房,全台电影票房资讯从不向大众公开的历史都已经不复存在了。

2016 年 11 月起,台湾"电影票房资讯系统"首度投入使用,台湾"电影中心"以每月一次的频率公开销售金额、销售票数(观影人次)、上映院数、上映日期、申请人、出品人等资讯。2017 年 10 月起,更新的频率变为每周一次。于是,2017 年成为台湾电影票房透明化后第一个完整公开资讯的年份。

这样的局面首先得益于 2016 年台湾对于电影的有关规定。无论此规定在落实过程中如何举步维艰,但如今电影票房透明化的实现基础均来自台湾地区有关规定第 13 条第 1 项:"电影映演业应在新修条文施行日起一年内建置电脑票房统计系统,并提供票房统计相关资料——文化部正式公告映演业者应提供之电影票房内容、格式及期间等细部制度,并指定"财团法人电影中心"负责对外提供文化部所取得之资讯。"③于是,台湾电影票房资讯依赖两种方式得以公开:映演业者之票房资讯提供方式与"电影中心"票房资讯之公告方式。在前一方式中,映演业者必须将当日票房资讯的映演业统编、资料统计日期、中文及原文片名、上映日期、票券销售额、票券销售数、累积票券销售额、累积票券销售数等信息在次一工作日的 14 点前提供给官方。在后一方式中,台湾"财团法人电影中心"则向会员(依台湾文化事务主管部门核发的"电影片分级证明(准演执照)"所载具名制作、出品、发行、导演的"法人"或"自然人"具有申请会员的资格)和一般大众分别公布不同透明度与查询便利度的票房资讯。前者可获取实时票房,即某影片单日、累计销售票数与金额及每日之各县市票房、各地区戏院票房、上映日期、销售票数、销售金额、票数变动率、市占率等信息;而出于"适度保障电影业者营业秘密"的目的,后者只能以每周、每月为时限,在台湾"财团法人电影中心"网站上以下载 PDF 的方式获取销售

---

① 参见梁良:《2015 年台湾中外电影市场及票房分析》,引自《2016 台湾电影年鉴》,第 38 页。
② 关于台湾电影票房统计的困局,参见《2016 年中国台湾电影产业与创作》,载《亚洲电影蓝皮书 2017》,中国电影出版社,第 3 章。
③ 参见台湾文化事务主管部门 105 年 12 月 15 日文影字第 10520459201 号函。

金额、销售票数(观影人次)、上映院数、上映日期、申请人、出品人等信息。[①]可见,纵使台湾电影票房资讯系统已迈出巨大的一步,其透明程度、查询便利度仍与中国大陆有较大差距。一般的台湾大众获取电影票房资讯仍极为被动,无法主动查询某影片的实时票房,要在浩如烟海的 PDF 列表中自主统计相关数据则更是不便。综上,台湾电影票房资讯的透明化仍有很大的提升空间。

然而当 2017 年成为全台数据得到统计的第一年后,我们便首次可以确切地比较台湾电影票房的台北数据与全台数据,由此反观不同类型电影在台湾不同地区的受众差异及台湾电影市场的布局特点,并愈加发现票房资讯公开的重大意义。往年只能从大台北地区票房数据总结全年市场表现的情况将不复存在。以数据支撑电影产业的确切分析,为电影市场的良心发展保驾护航,此举的意义实则能在台湾电影史上都写下极其重要的一笔。我们甚至可以通过该数据,来比较 2017 年台湾本地电影在大台北地区与全台的票房,众多涉及台湾各地区电影市场差异的信息浮出水面:

(一)电影票房榜单出现差异,证明以往的台北电影票房排行榜并不能代表全台。2017 年度,台湾本地电影的台北票房冠军《血观音》在全台数据中被《红衣小女孩2》超越,作为文艺片上映、在台北票房榜单占据第五的《大佛普拉斯》则在全台榜单中夸张地滑落至第十。这充分说明文艺气息浓厚、受金马奖青睐的影片在台湾中南部地区并不那么受欢迎,《健忘村》的命运亦是相似。与之相反,猪哥亮生前最后一部本地喜剧、2017 年春节档影片《大钓哥》在台北榜单中只排第九,最后的全台票房却险超 7 000 万,排名升至第四。

(二)台湾中南部票房与台北票房的比例不定,以比例估算全台票房的方式注定破产。首先,自台湾中南部电影院线普及、影院大量开张及其观众观影热情被近年大卖本地喜剧激发起来后,台湾中南部票房与台北票房的比例毕竟会在客观上加大。而在具体影片上,一些"约定俗成"的比例也正在失效。如《红衣小女孩2》《报告老师!怪怪怪怪物!》《老师,你会不会回来》《"吃吃"

---

① 陈昱岚:《电影票房资讯揭露制度的回顾与展望》,《2017 台湾电影年鉴》,第 133—134 页。

的爱》等类型特色突出、大众接受度高的影片,其台湾中南部票房与台北票房的比例均超过 2 倍,煽情意味浓厚的《老师,你会不会回来》更是高达 2.56 倍。《血观音》《大佛普拉斯》两部金马得意的电影则无此效果,上述比例在这两部影片上分别为 1.17 与 0.83,题材略显奇情的《血观音》稍好,底层意识强烈、艺术气息更浓的《大佛普拉斯》的整个中南部票房则索性比台北票房还低。最为夸张的是,本地化特征明显的贺岁喜剧《大钓哥》的中南部票房接近台北票房的 5 倍。而在猪哥亮因病去世的情况下,此类喜剧的未来创作也蒙上了一层阴影。总之,《2017 台湾电影年鉴》中的简单一句"台湾电影(中南部与台北票房比例)或可高至 2 倍不等"肯定无法概括出如今台湾电影市场的地区差异。在观众口味与市场创作瞬息万变的情况下,台湾电影票房资讯的公开正如同一场众望所归的及时雨。

四、档期作用相对弱化,奖项助力电影票房增长。

2017 年的春节档,魏德圣执导的爱情歌舞片《52 赫兹,我爱你》、黄朝亮执导的猪哥亮"大系列"本地喜剧《大钓哥》、陈玉勋执导的两岸合拍奇幻片《健忘村》一同加入战局。三位导演皆在台湾电影市场证明过自己的票房号召力,此番上阵却都表现平平。三部影片的台北票房总额与 2016 年遭遇滑铁卢的春节档几无二致,虽未如《人生按个赞》《神厨》那般差,却也没有诞生出《人尾鲈鳗2》那样的全台破亿影片。21 世纪的第二个十年中,台湾电影每年春节档必出一部破亿影片的美梦宣告终结。最终,同日上映的《生化危机:终章》(台湾翻译为《恶灵古堡:最终章》)虽只占据全年电影票房排行榜的第十,但依旧超过三部本地电影的全台票房总和。一方面,台湾本地电影越来越难在春节档与同档期的好莱坞电影抗衡;另一方面,这一档期本身的票房创收能力似乎也在弱化——2016 年的春节档冠军《死侍》还揽下 4.2 亿的全台票房,名列当年票房排行榜第二位。除春节档外,台湾本地电影在其他档期本就没有拥有绝对优势。在往年暑期档也易出破亿影片的情况下,2017 年的本地电影票房冠军《红衣小女孩2》似乎也与暑期档没有太大关联——该片是在暑期的尾巴

8月25日上映的。一般说来,全台电影院与美商的签约机制让美商电影占尽先机,不论寒暑假、中秋、春节,强档早已被占据,口碑普通、制作不佳的片子也必须如期上映并迟迟不下映,而台湾本地电影却往往一周定生死,陷入早早被抽片的困境。这其中虽与台湾本地电影的质量相关联,但这样的签约机制也无法逃脱关系。

在档期作用几乎无法助力台湾本地电影票房成绩的情况下,2017年本地电影中的《血观音》却成为奖项助力票房的一个范本。《血观音》在2017年第54届金马奖颁奖前一天的11月24日上映,夺得最佳剧情片、最佳女主角后金马效应显现,票房直线上升、台北地区票房跃居全年第一,全台票房最终近9 000万元。这或许与影片本身的政治奇情色彩相关,其接近一半的票房也诞生在与金马奖零距离的台北地区,但在金马获奖的文艺片中,它的成绩已经名列前茅。上一部既能斩获金马奖重要奖项,又能在票房上取得佳绩的影片则要追溯到2011年的魏德圣导演作品《赛德克·巴莱》。2011年之后,不论得奖与否,代表台湾文艺之光出战金马奖的本土文艺片每每失落于市场:2013年的《郊游》从未正式上映,2016年《一路顺风》《再见瓦城》的台北票房甚至未过400万;而纵使是2015年夺得戛纳金棕榈,后又揽获金马最佳剧情片、最佳导演两项大奖的《刺客聂隐娘》,其全台票房也不过3 800万元。台湾影史那些奖项市场双丰收、名导创作的大制作影片,如《卧虎藏龙》《色戒》《赛德克·巴莱》等,自不必依靠档期作用;而如同《血观音》一般并不拥有十足把握的文艺片,抓住金马奖的神奇效益似乎将是一个可靠的策略。值得一提的是,《血观音》在该届金马奖上最大的本地对手《大佛普拉斯》早在10月13日便已上映,斩获金马奖最佳新导演、最佳摄影等奖项后亦增加了近600万票房。它们带来的欣喜信号是,台湾文艺电影凭借口碑和奖项的加持一样可以获得观众的青睐。

虽然2018年春节档的档期作用相对明显一些,唯二的两部影片《角头2》《花甲男孩转大人》都借助天时地利人和取得了很好的票房成绩。但必须明确的是,这两部影片的胜利实际上是IP的胜利:《角头2》是黑帮片《角头》成功的延续,而《花甲男孩转大人》则是同名剧集在台湾获得空前成功之后赶制的大电影版,破亿的成绩实际上还是需要归功于电视剧。倒是由徐誉庭、许智彦联合导演的《谁先爱上他的》,在第 20 届台北电影节摘得最佳剧情长片、最佳男演员、最佳女演员等多项大奖后,在台湾引发强烈的话题,并让该热度一直延烧到 11 月初上映之时。当中又因 8 项入围金马 55 影展,并最终拿下最佳女演员、最佳剪辑、最佳原创音乐三项大奖,使得影片的知名度和影响力持续升温。再加上影片所讨论的议题与当前台湾社会如火如荼的婚姻平权运动相互对应,因此,影片上映一个月来已取得超过 6 千万新台币的票房成绩。

五、ECFA"七年之痒"之后,两岸影视交流与合作陷困局

两岸影视交流与合作渊源已久。早在 1984 年,《搭错车》在福建厦门、泉州等地"登陆",成为首部在大陆上映的台湾影片。之后几年,京沪穗等地的观众又得以欣赏到台湾导演的作品《家在台北》《彩云飞》《汪洋中的一条船》及《源》。1990 年在大陆上映的台湾电影《妈妈再爱我一次》各地发行拷贝达 389 个,票房超两亿元,以它为代表的一批影片也成为一代大陆观众的难忘记忆。20 世纪八九十年代,大陆对两岸影视合作的政策管理较为宽松。同样在 1990 年,白景瑞执导的《嫁到宫里的男人》便曾在大陆拍摄,大陆女演员斯琴高娃更是参演电影。1992 年台湾正式开放赴大陆合作拍片的政策后,汤臣、年代等台湾电影公司整合香港资源进军大陆,与大陆合拍了《霸王别姬》《大红灯笼高高挂》《风月》等多部影片,初步实现了华语电影的大融合。

进入 21 世纪,在经历陈水扁执政的遇冷期后,两岸影视交流与合作在 2008 年后逐渐升温,两岸合拍片数量在 2008 年后大量增长。2010 年海峡两岸经济合作架构协议(ECFA)的颁布成为两岸影视交流与合作的一味良药。协议规定从 2011 年 1 月 1 日起,经大陆主管部门审查通过后,台湾影片可不受进口配额限制在大陆发行放映。2011 年 7 月,台湾电影《鸡排英雄》率先在北京和福州两地上映,成为首部受益 ECFA 而"登陆"上映的台湾影片。2012 年,国家广电总局电影局颁布《关于加强海峡两岸电影合作管理的现行办法》,

将 ECFA 中有关电影的条例具体化。据统计,ECFA 签订之前,每年在大陆上映的台湾影片不足十部。ECFA 之后,每年在大陆上映的台湾本地电影与合拍影片多达十多部。2010—2015 年间,共有 48 部两岸合拍片发行上映。《那些年,我们一起追的女孩》《love 爱》《赛德克·巴莱》《甜蜜杀机》《我的少女时代》等电影均在大陆市场有着不错的反响。

然而 ECFA 历经"七年之痒"之后,不论大陆主投资台湾主创作还是台湾主投资大陆主创作,两岸合拍片在两岸电影市场似乎都愈来愈乏力。没有像《卧虎藏龙》《赤壁》一样区域意识模糊、制作极为庞大、代表"泛中华"意识形态特色的大片加入战局,近两年的两岸合拍片创作正面临新的困境,着实乏善可陈。以 2017 年为例,为数不多的几步合拍片各自陷入困局。两岸合拍、于大年初一在两岸同步上映的荒诞喜剧片《健忘村》本为"春节档第三首选",临上映却忽然遭遇万达退出出品方,排片也随之降至冰点,最终以 1 600 万人民币的票房草草收场,这样的成绩即使加上台湾票房收入也不可能收回 6 000 万人民币的成本。在这其中,涉及导演陈玉勋政治色彩的舆论风波影响不可忽略,本是万达通力支持、台湾主导创作并将两岸口味妥善协调的一部力作便由此折戟,极为可惜。可见日渐微妙的两岸局势已深深影响影视合作,这将在一定时间内左右着两岸影视人的创作。由台湾导演张荣吉执导、大陆出品的《夏天 19 岁的肖像》,也因为非电影因素搁置一年换角重拍;该片于 2017 年在大陆上映,票房惨败。张艾嘉执导的亲情题材影片《相爱相亲》虽为两岸合拍片,其实已经完全使用了大陆的故事背景、大陆的制作及演员班底。该片文艺气息浓厚,口碑颇为出色,却并不具备在大陆电影市场爆红的潜质;在台湾地区,它也因为较浓厚的大陆味而无法获得台湾观众的青睐,全台 515 万的票房成绩无甚可取之处,似乎与其在金马奖上的失意相呼应。《毕业旅行笑翻天》则因为低劣的制作水准、尴尬浮夸的剧情与表演而完全沦为两岸电影市场上的炮灰。只有蔡康永跨界执导拍摄的《"吃吃"的爱》表现尚可,凭借着"康熙来了"的 IP 及两岸广大的粉丝群体在两岸分别获得 2 750 万人民币、8 521 万新台币的票房。在引进片方面,《52 赫兹,我爱你》《以爱为名》《小猫巴克里》《有 5 个姐姐的我注定单身了》等影片都迎来不同程度在大陆的水土不服,多是影院一日游，票房也十分不佳。曾创作出《海角七号》《赛德克·巴莱》的台湾名导魏德圣，此番凭借爱情歌舞片《52 赫兹，我爱你》只在大陆拿下了 137 万人民币的票房成绩，颇为尴尬。《我的少女时代》后两年，引进片再也无法复刻达当年台湾青春片的奇迹。但最为吊诡的是，除台湾知名主创主导创作的《52 赫兹，我爱你》《"吃吃"的爱》及《健忘村》，合拍片越来越陷入两岸均不卖座的境地。在合拍形势愈发复杂多变的情况下，ECFA 无疑迎来自身的"七年之痒"，两岸电影交流与合作的成效成疑。

更需明确的是，两岸影视的交流与合作从未平等或互通有无过。自 2013 年以来，在"纯大陆影片"仅有 10 部可通过抽签方式在台上映的严苛政策下，大陆影片与台湾观众见面的机会一如既往地少之又少，2017 年在台上映的陆片数量仅为 13 部。即使 2014 年后政策放松，只要陆片获得戛纳、威尼斯、柏林、奥斯卡影展竞赛单元奖项，或夺得金马奖最佳剧情片、最佳导演奖，便可不受"每年 10 部"的限制在台上映，例如已故青年导演胡波的《大象席地而坐》摘得金马 55 的最佳影片，就可以不受配额限制，但这样的片子本身寥寥，无济于优秀陆片难以与台湾观众见面的困局。每年抽签的名单公布出来，都在两岸电影界一片哗然，台湾影人也多次在公开场合呼吁台湾文化部门修改相关的政策，这样的配额不只关乎两岸影视经济，更涉及动辄得咎的两岸关系，似乎已是政治问题了。与之相反的是，拥有庞大体量、雄厚资本与市场的大陆电影则越来越包容开放。

2018 年 3 月，国务院台湾事务办公室、国家发展和改革委员会发布《关于促进两岸经济文化交流合作的若干措施》，俗称"大陆 31 条惠台政策"，其中包括：台湾人士参与大陆影视制作以及大陆有关机构引进台湾影视剧不受数量限制；放宽两岸合拍电影、电视剧在主创人员比例、大陆元素、投资比例等方面的限制；取消收取两岸电影合拍立项申报费用；缩短两岸电视剧合拍立项阶段故事梗概的审批时限等。一系列对台湾影视从业人员利好的实际措施出现，地方省市配套的政策也陆续出台，将给两岸影视交流与合作带来怎样的变化？我们拭目以待。

香港电影节产业生态观察与研究

戚苗苗*

摘　要　在电影产业全球化的语境下,香港的电影节作为一个窗口,不仅为本地电影产业提供新鲜血液,也为华语电影提供了与国际接轨的交流机会,更是以亚洲为立足点去探索和发掘非商业主流圈的电影市场的活力;在为人熟知的香港国际电影节之外,香港的电影节产业还存在着主题更为鲜明,艺术性更为强烈的其他电影节;在注重商业性的同时,也对社会的敏感议题、边缘人群有所关注;讲究传承与创新,以培养参展人群和观影人群为任务。本文通过对 2018 年一年间在香港举办的各色电影节的研究,来探讨香港本土的电影节生态圈,解析华语电影如何借香港电影节的平台走出去,并关注两地电影节之间的合作与交流,为未来电影节生态圈的发展提供借鉴。

关键词　电影节　华语电影　香港电影

当提到香港的电影节,人们第一个想起的便是香港国际电影节(Hong Kong International Film Festival,以下简称 HKIFF),这个以展映为主、没有跻身于国际 A 类的电影节,在华语地区所获得的关注,尤其是电影市场方面,要优于上海、东京和釜山等电影节,它早在 1977 年便成功举办了首届国际性的电影节,是亚洲首个承担起国际电影交流平台的地区。

---

* 戚苗苗,香港城市大学博士生。主要研究方向:女性电影研究、女性编剧研究、香港电影研究。编剧,电影作品《果园之恋》曾获 2017 年浙江省网络电影大赛最佳编剧奖。主要作品:动画片《中国熊猫》(联合编剧)。影评人,影评《春娇与志明》曾获 2012 年香港影评协会"影评有度"评委推荐奖。自媒体运营者。

一、多元化的香港电影节

（一）香港电影节的历史概略

1977 年的首届香港国际电影节,是由香港政府主导的一次文娱活动,旨在丰富本地观众的电影体验,而非专业竞赛性质的电影盛会。当时的电影节获得的经费只有十一万港币,香港大会堂是唯一放映地点,整个组委会只有三个正式员工、三个义工、两个翻译,参展的 37 部长片和 7 部短片,没有节目介绍,只有放映时间表,门票统一定价为 5 元。出乎预料的是,面对如此贫乏的资源,电影展映活动大获成功,门票四天即售罄,期间举办的波洛里尼电影回顾展、"电影与观众"讲座、"制片与发行的关系"讲座,也获得观众及电影从业人员的热烈参与,约 1 万 6 千发烧友参加了此次电影节。①

由于第一届电影节的成功举办,香港国际电影节自 1978 年开始逐渐发展成为享誉国际的模范电影节,并在第二届电影节上开启了回顾展映环节,同步出版的《粤语电影回顾展》特刊,为香港本土及亚洲电影梳理了产业历史,也给多年来做出贡献的电影人正名,正式确立了自己在本土电影行业中的文化价值和艺术价值。随着电影资源的扩充,第三届香港国际电影节上已经正式被划分为国际、亚洲和香港三个部分。我们熟知的香港电影节的举办展期是从第四届开始,被定为每年的三、四月复活节期间的。

2018 年,第四十二届香港国际电影节在 18 天的展映期中,来自 60 个国家和地区的 237 部电影参与了盛会。在"星光盛宴""火鸟大奖""大师与作者""华语电影""世界电影""纪录片""五光十色""焦点"这八个环节中 196 部电影举行了公开放映,其中 63 部为世界、国际或亚洲首映,388 场次的放映中,92 场售罄,吸引了 7 万人的观影,此外还有 6 万电影业界人士参与了展会。130 名从业人员出席了与观众的见面活动,介绍和推广他们的作品,来自 19 个城

---

① 陈柏生:《陈柏生回顾香港国际电影 32 周年——影像香江》,新浪网,http://ent. sina. com. cn/m/2008－03－03/ba1934354. shtml。

市的 153 名媒体工作者，参与了电影节的报道和宣传。放映场地增至 10 个。①

（二）香港电影节的丰富性

然而，当我们将眼光放眼整个香港的电影节生态圈，在星光璀璨的香港国际电影之外，2018 年，香港的电影圈被形形色色的电影节包围，你方唱罢我登场，从未断档过。包括香港国际电影节在内的 27 个电影节，从 1 月开始一直持续到 12 月，香港环保电影展甚至直接打出以"年"为展映周期。超过半数的电影节展映周期都在两周左右，参展影评的多少与展映周期的长短并无正相关关系。与香港国际电影节相比，其余 26 个电影节规模要小很多，但各自都对受众人群有清晰而明确的针对性，在这些电影节里，独立电影成为主要群体，纪录片的比例占到 50%（见图 1）

Number	Chinese Name	English Name	Date From	Date To	Days	Amount of Films	Amount of Country
1	香港独立电影节	Hong Kong Independent Film Festival	15-Jan-18	30-Jan-18	16	14	7
2	无国界医生电影节	Medecines Sans Frontieres Film Festival	25-Jan-18	28-Jan-18	4	6	5
3	光影艺术季	MOViE MOViE: Life is Art. Part 1	26-Jan-18	11-Feb-18	17	12	8
4	欧洲电影节	European Union Film Festival	1-Mar-18	18-Mar-18	18	16	13
5	独立短片及影像媒体节（短片）	ifva festival	6-Mar-18	20-Mar-18	15	88	10
6	香港国际电影节	Hong Kong International Film Festival	19-Mar-18	5-Apr-18	18	237	60
7	香港荷兰电影节	Dutch Film Festival	16-Apr-18	22-Apr-18	7	5	1
8	香港萨兰托国际电影节	Hong Kong Salento Internatioanl Film Festival	8-May-18	13-May-18	6	6	5
9	香港国际聋人电影节（短片）	Hong Kong International Deaf Film Festival	11-May-18	13-May-18	3	6	4
10	慈善难民电影节	Charity Fefugee Film Festival	7-Jun-18	20-Jun-18	14	4	3
11	中国-欧洲女性影展	China-Euro Women Film Festival	21-Jun-18	26-Jun-18	6	6	2
12	香港儿童国际电影节	Hong Kong Kids Internatioanl fIlm Festival	28-Jul-18	5-Aug-18	9	10	9
13	电影节发烧友夏日国际电影节	Cine Fan Summer International Film Festival	18-Aug-18	28-Aug-18	11	36	15
14	盛夏艺术祭	MOViE MOViE: Life is Art. Part 2	24-Aug-18	30-Sep-18	37	20	9
15	女影香港	Reel Women Hong Kong	1-Sep-18	9-Sep-18	9	7	6
16	熊猫国际电影节（短片）	InD Panda International Film Festival	7-Sep-18	13-Oct-18	37	52	18
17	香港同志影展	Hong Kong Lesbian & Gay Film Festival	8-Sep-18	22-Sep-18	15	28	17
18	辛丹斯电影节；香港	Sundance Film Festival; Hong Kong	20-Sep-18	1-Oct-18	12	12	1
19	人权纪录片电影节	Human Rights Documentary Film Festival	26-Sep-18	13-Oct-18	18	7	6
20	香港意大利电影周	Cine Italiano	13-Sep-18	23-Sep-18	11	8	1
21	华语纪录片节	Chinese Documentary Festival	1-Oct-18	11-Nov-18	42	24	9
22	香港社会运动电影节	Hong Kong Social Movement Film Festival	17-Oct-18	1-Dec-18	46	6	6
23	香港亚洲电影节	Hong Kong Asian Film Festival	6-Nov-18	25-Nov-18	20	72	15
24	全球大学生电影节	Global University Students Film Festival	7-Nov-18	9-Nov-18	3	No Data	
25	香港法国电影节	French Cineponorama	21-Nov-18	11-Dec-18	21	41	1
26	香港西班牙电影节	Spanish Film Festival	No Data				1
27	香港环保电影展	Hong Kong Eco Cine Festival	Year Around				

图 1

在香港的电影节以非竞赛类为主，小众电影能够以此获得特定的观众群体，电影人也能在此获得更加深入的行业交流机会。香港电影节的多元化主要来自三个方面：电影节主题多样、电影人背景广博、参展电影语种丰富。对

---

① 数据来源于香港国际电影节协会年报。

边缘群体、非主流观影群体的关注尤为偏重,同时也十分强调电影本身的科教性和艺术性,在文化的保存和推广方面,照顾到了小语种和电影产业并不发达的地区。

其中"中国—欧洲女性影展""女影香港"呼应了近年来电影产业女性主义崛起的风潮,关注了女性声音和女性观点,在电影商业化的背景下,给女性电影作品留下表达的窗口。"中国—欧洲女性影展"实际上只有法国和中国内地的电影参与展映,6部参展电影均为女导演主刀的剧情片,它们呈现了女性从孩童时期到成熟时光,所遭遇的来自男权社会的压力与迷茫,一方面需要为自己的欲望奋斗,一方面又不得不屈从于生存的窘迫。而"女影香港"则大胆了很多,直接从女性的反抗题材入手,其中的性自由话题不仅是女性欲望的体现,也是香港社会在"同性恋"议题热议下的对性解放需求的体现。

同样作为被边缘化的群体,关于酷儿群体的电影节在香港的电影节中,占有两个席位:以短片为征集对象的熊猫国际电影节和以长片为征集对象的香港同志影展。值得一提的是,参展的28部电影来自17个国家和地区,除了热门的亚洲电影产地与欧洲电影产地之外,还出现了巴西、以色列、菲律宾、哥伦比亚等一些"电影小国",这些国家的电影一直以来被排除在主流电影圈之外,被认为缺少商业价值,如今,通过特定主题的电影节,他们的风貌得以呈现。

人权纪录片电影节和香港社会运动电影节展映的均为纪录片,将参展地区不同阶层的生活真实反映,例如女性和来自下层阶层的人群,让这些人用平凡的生活去折射社会的现实。在参展的国家里,我们还能发现,除了发达国家之外,叙利亚和印度尼西亚——在这两方面一直被西方诟病的发展中国家,也有份参展,叙利亚的《孤城最后的人》(Last Man in Aleppo)和印度尼西亚的《这也是我们的场境》(Ini Scene Kami Juga)两部电影更为直接地提出自己的见解,借由电影,更为直白地与西方价值观进行博弈。

除此之外,无国界医生电影节、香港国际聋人电影节、慈善难民电影节、香港儿童国际电影节的出现,则更多地背负了社会责任。无国界医生电影节和慈善难民电影节一方面采用纪录片聚焦到因国际争端所造成的贫弱之地的人民,暴露战争的残酷和大国的失责,另一方面则跟随救助人员深入伤痕之地,记录人与人的互助与关爱，牢记人性的光辉。参与香港国际聋人电影节和香港儿童国际电影节的电影 75% 为剧情片，它们不仅是服务于这两个人群，更是对电影日趋商业化的反思，面对院线放映较少被覆盖的少儿群体和残疾人群体，这两大电影节能够为它们开辟一块小舞台，选择的电影多为引导性的题材。

（三）香港电影节的商业价值与艺术价值

每当提到电影节，众人都会在商业性与艺术性的平衡性上，众口难调。电影节通常是选片人主导展映，而选片人更愿意把自己称为策展人，他们对展映电影的理解并非是一种娱乐消费品，而是将电影当成艺术品去对待的。

在这 27 个电影中，由 MOIVE MOIVE 主办的一年两季的 Life is Art 电影节，则主打的就是艺术。总共 32 部电影均为"纪实电影"，它们主要是为了记录和传承其他艺术形式而拍摄的：有关于人物的传记电影，有关于绘画的溯源电影，有关于音乐的介绍电影，有关于戏曲的发掘电影，有关于舞剧的实况电影等，也有具有实验性质的电影诗歌。这两个电影节所面对的观众群体已不仅仅是传统的电影观众，而是将其他艺术形式的欣赏者也纳入光影之中，打通了艺术形式之间的壁垒，让不同的艺术有了新的交流方式。

Chinese Name	English Name	Date From	To	Days	Amount of Films	Amount of Country	Type			
光影艺术季	MOViE MOViE: Life is Art. Part 1	26-Jan-18	11-Feb-18	17	12	5	Documentary			
		片单								
Number	Chinese Name	English Name	Length Min	Genres	Director Name			Gender	Region	Lauguage
1	弦响夏酒拿	Buena Viasta Social Club: Adios	111	D	Lucy Walker			Female	UK	Mix
2	David Hockney带你油泳池	emy of Arts: A Bigger Picture 2012 & 82 Po	85	D	Phil Grabsky			Male	UK	English
3	导尽我梦想: 李察连利加	Richard Linklater: Dream is Destiny	90	D	Louis Black, Karen Bernstein			M & F	USA	English
4	古巴花旦	Havana Divas	91	D	Louisa. Wei 魏时煜			Female	HK	Mix
5	黑天鹅王子	Dancer	85	D	Steven Cantor			Male	USA	Mix
6	时光之旅	Voyage of Time	89	D	Terrence Malick			Male	USA	English
7	拟音	A Foley Artist	101	D	王婉柔			Female	Taiwan	Mix
8	Dries Van Noten: 花样年华	Dries	90	D	Rainer Holzemer			Male	Germany	Mix
9	英国国家美术馆: 达文西	Leonardo, from the National Gallery	87	D	Phil Grabsky			Male	UK	English
10	泰特斯	Titus Andronicus	203	D	Blanche McIntyre			Female	UK	English
11	守护者	The Helper	106	D	Joanna Bowers			Female	UK	English
12	真国民: 我卫我城	Citizen Jane: Battle for the City	92	D	Matt Tyrnauer			Male	USA	English

图 2

在港举办的电影节不仅有以先锋电影为主要内容的，也有将票房和口碑双收的经典电影重映的。在香港国际电影节创立以来，就有"回顾"展环节。90 年代初，香港国际电影节更是为数不多的独立电影的展映点。在 2018 年的电影节中，由香港国际电影节衍生而来的电影节发烧友夏日国际电影节，就承

Chinese Name	English Name	Date From	Date To	Days	Amount of Films	Amount of Country	Type		
盛夏艺术祭	MOViE MOViE: Life is Art. Part 2	24-Aug-18	30-Sep-18	37	20	9	Feature & Documentary		

片单

Number	Chinese Name	English Name	Length Min	Genres	Director Name	Gender	Region	Lauguage
1	云妮侯斯顿：永恒的天后	Whitney	120	D	Kevin Macdonald	Male	USA	English
2		Eric Clapton: Life in 12 Bars	135	D	Eric Clapton	Male	UK	English
3	点止草间弥生	Kusama: Infinity	80	D	Heather Lenz	Female	UK	English
4		Westwood: Punk, Icon, Activist	83	D	Lorna Tucker	Female	UK	English
5	仁多玛	Ritoma	57	D	杨紫烨	Female	HK	Mix
6	油脂	Grease	110	Musical	Randal Kleiser	Male	USA	English
7	锦田正义：摇滚写真馆	Sukita	115	D	Hiromi Aihara	Female	Japan	Japanese
8	RENZO PIANO — 建筑诗人	Renzo Piano, An Architect For Santander	80	D	Carlos Saura	Male	Spain	Spanish
9	BJARKE INGELS — 建筑大时代	Big Time: Historien Om Bjarke Ingels	93	D	Kaspar Astrup Schröder	Male	Denmark	Danish
10	梵高带你游麦田	Vincent Van Gogh: A New Way Of Seeing	96	Biography	David Bickerstaff	Male	UK	English
11	荷里活配乐王	Score: A Film Music Documentary	93	D	Matt Schrader	Male	USA	English
12	卡拉丝：爱与乐交缠	Maria By Callas	113	D	Tom Volf	Male	France	French
13	巴黎歌剧院	L'Opéra	110	D	Jean-Stéphane Bron	Male	France	French
14	馆食照坤	Theater Of Life	93	D	Peter Svatek	Male	Canada	English
15	一个人的收藏	My Dear Art	106	D	徐皓轩	Male	Taiwan	Chinese
16	梁祝的继承者们		205	D	林奕华	Male	HK	Cantonese
17	红娘的异想世界之在西厢		214	D	林奕华	Male	HK	Cantonese
18	岸上渔歌	Ballad on the Shore	113	D	马智恒	Male	HK	Cantonese
19	紫钗记		213	D			HK	Cantonese
20	凸凹独行 — 活版新时代	Pressing On: The Letterpress Film	99	D	Erin Beckloff, Andrew P. Quinn	Male	USA	English

图3

担了"回顾"的重任。实际上这个电影节是全年无休运作的,以每两个月为单位,做主题展映,入选影片的背景均为各大影展获奖电影或者是当年口碑极佳,但却未能在香港院线上映电影。在 8 月的时候,夏日国际电影节,则会更加细致地划分电影主题,在回顾的基础上引进本年度的新作。从影片数量上看,新作和怀旧作品的比例是五五开。为了与香港国际电影节的选片做区分,夏日国际电影节的电影大多来自文化特点突出的小国,这些电影未能获得资本的青睐,因而显现出更为鲜明的本土特性。

香港国际电影节作为香港最大的电影节,它在商业价值上受到的肯定是毋庸置疑的。2005 年以前,香港国际电影节均由政府部门及法定机构主办,电影节本身并不需要承担票房压力,只需在选片上多下功夫,把握好文化价值,关注电影的艺术性,这也是香港国际电影节自诞生之初就能以品质优异、内容丰富而立足的原因。2003 年,出于市场化的考虑,香港国际电影节第一次引入了商业赞助的模式,并与香港电影金像奖、亚洲电影投资会联合举办。2004年,香港国际电影节协会正式公司化,成为独立的非牟利团体。从第三十一届开始,香港国际电影节也包括了"亚洲电影大奖""香港国际电影节"和"香港亚洲电影投资会"三个项目。

此后,香港国际电影节的商业化之路越走越宽,除了电影制片公司之外,近年来,金融风投公司也进入电影产业分一杯羹,使得电影已经脱离了一个纯粹的文化产物,它甚至可以成为一种金融投资标的,以资本的方式运营。今年在国内获得满堂彩的《我不是药神》，就是亚洲电影投资会 2016 年时的项目。而亚洲电影投资会的深度合作对象包括电影节（荷兰 Cinemart）、电影播放平台（中国的爱奇艺）、大制片公司（美国的福斯国际制作）、发行商（意大利的 New Cinema Network），相当于是从产销提供了一条龙服务。

二、香港的电影节对香港电影工业的助力

（一）香港本土电影在香港各大电影节的表现

在 27 个电影节之中，有 13 个长片电影节，是能够看到香港电影的身影的，从这些电影节参与的国家和地区数量上来看，能参与其中的电影已经是属于"香港代表作"。（图 4）

Number	Chinese Name	English Name	Date From	Date To	Days	Amount of Films	Amount of Country	Chinese Film Mainland Amount	Hong Kong Amount	Taiwan Amount	Macao Amount
1	香港独立电影节	Hong Kong Independent Film Festival	15-Jan-18	30-Jan-18	16	14	7	0	3	1	2
2	光影艺术季	MOViE MOViE: Life is Art. Part 1	26-Jan-18	11-Feb-18	17	12	5	0	1	1	0
3	香港萨兰托国际电影节	ong Kong Salento Internationl Film Festival	8-May-18	13-May-18	6	6	5	0	0	1	0
4	中国-欧洲女性影展	China-Euro Women Film Festival	21-Jun-18	26-Jun-18	6	6	2	4	0	0	0
5	香港儿童国际电影节	Hong Kong Kids International fIlm Festival	28-Jul-18	5-Aug-18	9	10	9	0	1	1	0
6	电影节发烧友夏日国际电影节	Cine Fan Summer International Film Festival	18-Aug-18	28-Aug-18	11	36	15	3	0	0	0
7	盛夏艺术祭	MOViE MOViE: Life is Art. Part 2	24-Aug-18	30-Aug-18	37	20	9	0	5	1	0
8	女影香港	Reel Women Hong Kong	1-Sep-18	9-Sep-18	9	7	6	0	2	1	0
9	香港同志影展	Hong Kong Lesbian & Gay Film Festival	8-Sep-18	22-Sep-18	15	28	17	0	2	1	0
10	华语纪录片节	Chinese Doucumentary Festival	1-Oct-18	11-Nov-18	42	24	9	4	5	0	0
11	香港亚洲电影节	Hong Kong Asian Film Festival	6-Nov-18	25-Nov-18	20	72	15	16	5	9	2
12	全球大学生电影节	Global University Students Film Festival	7-Nov-18	9-Nov-18	3	无正式片单					
1	香港国际电影节	Hong Kong International Film Festival	19-Mar-18	5-Apr-18	18	237	60				
1	独立短片及影像媒体节（短片）	ifva festival	3-Mar-18	20-Mar-18	15						
2	香港国际聋人电影节（短片）	Hong Kong Internationl Deaf Film Festival	11-May-18	13-May-18	6						
3	熊猫国际电影节（短片）	InD Panda Internatioanl Film Festival	7-Sep-18	13-Oct-18	37						
1	山一国际女性电影节·香港站	The One International Women Film Festival									

图 4

在主题方面，参展的香港电影并没有主打香港主流商业片的旗号，反而转去思考较为深层次的社会问题。这些社会问题是日常可见、可接触到的，电影的讨论涉及了伦理道德和法治人情等各个层面。

香港电影产业一直以来都是一个较为势利的角色，因此很少数的纪录片能够获得在院线上映的机会。虽然 2012 年之后，涌现出一批优秀的纪录长片，得以争取到不少的院线支持，但总体来看，排片的时间仍属于放映的冷门场次。例如晚上 9 点之后的场次和早上 12 点前的场次，以及工作日的下午时段。此外，本土电影的排片期也一直被挤压，因此很多香港电影人转而向电影

节寻求展映机会,在有限的放映时间里,尽可能多地利用电影节的平台打响名号。去年香港本土电影黑马《一念无明》就是通过多伦多国际电影节的平台,成功打响名号,杀回香港院线。你很难想象这样一部从比赛(香港首部剧情电影计划)中获奖,由香港特区政府(香港电影发展局发展基金)出资拍摄的小成本电影,在没有电影节的平台收集口碑的情况下,如何能够与商业运作的电影抢夺院线排片,起码在宣发方面,就已经是以卵击石。《一念无明》作为"香港首部剧情电影计划"首部电影,它在口碑和票房上的双赢,引起了香港本地电影和香港本地电影新人的关注,它的模式也成为新一代香港电影较为有效的运作模式。

(二)电影节对小众电影的扶持和对新电影人的培育

在与商业片抗衡之际,独立电影输的并不是质量,而是接受评价和面对观众的机会。除了商业化运作较浓的香港国际电影节和香港亚洲电影节之外,有香港电影参加的 11 个长片电影节,均对独立电影十分友好,内容为先,口碑至上,票房是后话。因为香港康乐及文化事务局、香港艺术发展局、电影发展局、创意香港等政府部门或机构,均有份参与电影节的赞助,这些电影节的放映产地便不再限制于非正式的放映场所,观众可以走进规范的电影院去看这些小众电影。除此之外,香港的几大院线:百老汇、MCL、MOVIE MOVIE、UA,也愿意在商业性之外进行考量,与电影节合作,提供放映场地,并实现票房分账,这对于电影节、电影人、电影院三方来说,是三赢局面。

无国界医生电影节等这几个电影节从选片主题和角度来看,也绝非出于商业性考量。它们参展电影少,但参展的电影都来自于不同的国家或地区,高额的场地租赁费用,花哨的商业运作模式,使这些电影几乎放弃了院线上映的选择,此外,院线放映对电影的技术规格也有要求,这是一些小众电影在拍摄初期并未考虑到的。所以除了电影节之外,他们恐怕没有其他机会可以让观众看到。

香港电影产业多年来一直在强调复兴香港电影,而这种复兴看起来略有一些萎靡不振,抛开国际大市场不谈,在全部都是华语电影参加的华语纪录片节中,短片组共有四部台湾地区、一部中国大陆及一部香港作品入围,长片组有四部台湾地区及两部中国大陆作品入围；只是从这个电影节的节目单中，会奇怪香港是否输得如此彻底？不尽然。华语纪录片节要求"香港首映"，因此很多本地的纪录片如果在香港国际电影节或者其他电影节、放映场所公开放映过，就不符合参赛资格。许多内地和台湾地区的纪录片，则利用这个电影节来香港做首映，把它看成是一个重要的放映机会。不过电影节开辟了"香港作品选"展映环节，放映的长片是来自于香港本土资深电影人陈安琪、江琼珠、罗展凤的作品，虽然有"纪录片大师班"的短片作品集锦，展现年轻导演的努力，但总体来讲，还是体现了香港电影青黄不接的一种状态。因此，在非展映期，华语纪录片节开创的"纪录片大师班"教授电影摄制技术，它不仅能够培养新生代电影人，也为电影节展映输送足够的片源。在电影节的片单之外，我们却能看到另外一种蓬勃之象，自 2012 年之后，已经有五十多部香港纪录片在各个影院放映。杨紫烨的《争气》、黄肇邦的《伴生》等纪录片还都有了不俗的票房成绩，并在国际奖项上有所斩获。有学者认为这可以视作是新一轮的香港纪录片浪潮。

在大部分的香港的电影节中，基本上为非竞赛类的，只做展映，不设比赛。但香港国际电影节这个非竞赛类电影节，在走到第二十三个年头的时候，开启了评奖环节，这使得香港国际电影节向着专业的电影圈盛会又迈进了一步。无论是由全球专业影评人及电影传媒人组成的国际影评人协会颁发的"国际影评人联盟奖"，还是电影节主竞赛环节"火鸟大奖"，均以鼓励和表彰新晋电影人，探索和发掘电影新的可能性为目的。香港亚洲电影投资会为新导演和新编剧特设新人基金，每年会选择 20—25 个电影项目进行扶植培育。所谓的新人是指之前没有片长为六十分钟或以上的剧情长片或纪录片作品在任何国家或地区做商业放映过的导演和编剧。

独立短片及影像媒体节创立之初是为推动本地影像与动画力量的发展，培育本土影视人才，为他们提供技术指导和宣传平台，因此可参与的人仅限于拥有香港永久居民身份证的香港公民，其定向扶持的意向尤为明显。根据参与人的年龄、作品的内容，展映分为公开组、青少年组、动画组、媒体艺术组，后来，这个电影节对新人的推广扶持扩大到了全亚洲的范围，到了 2018 年，"亚洲新力量组"的入围作品，已经涵盖了俄罗斯、黎巴嫩等地。

（三）对文化的保护与推广

香港的电影节秉持的宗旨不外乎两个,发掘电影新创意和重温电影旧成就。最直接的就是各种香港电影及香港电影人的主题回顾展环节在各大电影节中的存在。

除了对香港现实社会问题进行反应之外,在文化传承方面,香港的电影节很注重对本土文化历史的梳理和挖掘。在光影艺术祭和盛夏艺术祭同时选择了2部关于粤剧的作品,一部是追寻粤剧海外发展历史的《古巴花旦》,一部是经典粤剧的纪实重印的《紫钗记》。这种有意识的选片,不仅靠近香港历史,同时也让观众牢记经典作品。通过电影节的平台,有更多的媒体人关注到古旧的文化,通过媒体的报道,将这些信息传达到更多的地区和国家,一方面是保护流逝的文明,一方面也起到应有的宣传责任。

还有一部分的文化推广任务则表现在以国家或地区为命名的电影节上。香港荷兰电影节、香港法国电影节、香港西班牙电影节、香港意大利电影周、辛丹斯电影节,让香港观众在短时间内集中地观看某一国家或地区的电影,了解其电影产业的硕果。这些电影节都是该国家或地区的文化部门组织的,目的也多为宣传该国家的文化产业,并借机会向外进行文化输出。

（四）对电影产业的革新和市场的推动

电影节光放电影,那就只成了观众的狂欢,它无法提供更专业的产业技术升级和知识普及,因此,电影节会举办座谈会,邀请业内人士分享。其内容涉猎电影的历史概略、电影的主题流转、电影的技术发展,以及关于电影创作理念的讨论。其中,关于电影创作里面的讨论是最多的,几乎所有的大师班都以此为起点,吸引电影创作爱好者。唯独独立短片及影像媒体节的大师座谈以及香港亚洲电影投资会的技术研讨座谈会,是以影响技术发展为主要内容的。

为了获得更大的群众市场,香港的电影节在宣传途径上充分利用网络平台。27个电影节均拥有自己的facebook账号,这些账号不仅仅承担发布信息的重任,还需要维护与观众的良好互动。每个电影节除了电影展映之外,还设有观众见面会。电影主创与观众在映后会的交流,是活跃电影市场的重大方式,这个时候,电影观众不仅仅只是被动接受信息传递,他们可以借由这个机会提出自己的看法与见解,加深与电影的联系,这种联系有利于电影的二次宣发。香港本土电影有参加的这 11 个电影节,无一例外均设有此环节,并且有主创亲临的电影场次均获售罄。

全球电影票价高涨即是电影产业蓬勃发展的一个印证,同时又为观众带来不少的压力,当电影节扎堆出现的时候,很多观众会因为票价而放弃观影。于是香港的所有电影节均为学生推出折扣票价,吸引年轻人进场,而香港国际电影节、香港亚洲电影节、电影发烧友夏日国际电影节则为资深影迷推出发烧友套票,套票类别可分为折扣卡和一张套票看遍所有场次的选择。除此之外,电影节还与其他艺术团体、艺术节等合作,推出联票折扣,互相吸引转化消费者群体。这种票价上的优惠力度,很大程度地让观众愿意买单。(见图 5 与图 6)①

赞助会员及会员	
门票优惠	折扣
电影节发烧友 (HKIFF Cine Fan)节目各场正价门票	八折
其他由香港国际电影节协会及其合作伙伴合办之电影节目门票*	八折
Cine Fan夏日国际电影节各场正价门票	八折
香港国际电影节各场正价门票	九折
学生会员(只限本地全日制学生申请)	
门票优惠	折扣
电影节发烧友 (HKIFF Cine Fan)节目门票 (只限学生会员优惠,不设其他学生优惠票)	七折
其他由香港国际电影节协会及其合作伙伴合办之电影节目门票*	七折
Cine Fan夏日国际电影节各场正价门票	八折
香港国际电影节各场正价门票	九折
*香港国际电影节协会及其合作伙伴保留最终决定权暂停或取消所有会员优惠。	

图 5

---

① 图 5 与图 6 均来源于电影节发烧友官方网站,http://cinefan.com.hk/zh-hant/privilege-scheme/。

更多优惠*

合作伙伴	优惠
香港中乐团	香港中乐团第42及43乐季指定音乐会门票可享9折优惠，优惠折扣受条款及细则约束，详细请按此查阅。
Pacific Coffee Company Ltd.	购买任何18/25手调饮品，可享免费升级优惠（由即日至2019年12月31日止）
艺穗会	购买艺穗会节目门票及于艺穗会内食肆享用美食及餐饮可享九折优惠（由即日至2019年12月31日止）
香港管弦乐团	香港管弦乐团2018/19乐季音乐会*正价门票可享有9折优惠。适用于城市售票处之售票柜台购票，并顺示出电影节发烧友会员证(包括赞助会员，会员及学生会员) 或提供会员号码（*不适用于某些指定音乐会）优惠折扣受条款及细则约束，详细请按此查阅。
香港舞蹈团	香港舞蹈团节目正价门票九折优惠（至2019年12月31日止）。除特别注明外，不设每场购票数量限制。
HMV	凭Cine Fan电影发烧友会员卡或电影票尾于HMV门市消费，购买正价货品可享9折优惠。优惠折扣受条款及细则约束，详细请按此查阅。
城市当代舞蹈团	购买城市当代舞蹈团节目门票可享9折优惠（由即日至2019年12月31日止）
进念	所有由进念，二十面体演出之门票（2019年度）享有9折优惠，优惠折扣受条款及细则约束，详细请按此查阅。

*如遇有任何争议，香港国际电影节协会及其合作伙伴保留最终决定权。

赞助会员更享有额外优惠
- 获赠第43届香港国际电影节VIP通行证乙张
- 凭证可观看电影发烧友(HKIFF Cine Fan)节目所有场次(会员必须于各场次开映前十五分钟与场地职员联络并出示有效之电影节发烧友(HKIFF Cine Fan)卡作出核实)
- 持证人可优先入座，并可携同一位持票人士同时进场
- 有机会获邀出席电影节协会所举办之电影人聚餐会、酒会及其他联谊活动

图6

香港国际电影节作为一个非盈利团体，它的营收模式中还有一项叫作"支持电影节"的方式，开放给个人、企业、基金会以捐助，凡捐款港币一百元以上均可享受扣税优惠。这在很大程度上将一个纯商业行为与社会基础建设服务挂钩了。参与电影节的方式，将不局限于一般的商业合作，普通百姓亦可以纳税人的资格去督促电影生态的发展。

三、华语电影在香港电影节中的呈现

（一）华语电影的出口方式

通常认为的华语电影出口，主要有两种形式：合拍片与电影节。前者，是商业大片最愿意选择的方式，内地的电影可以透过这样的方式借船出海，在改革开放初期，这恐怕是内地电影产业扩大宣传和发行的唯一方式。而在当时，

只要打上中港合拍片的旗号,票房和口碑均能获得保证。像 1981 年的《少林寺》,到 1992 年的《霸王别姬》,甚至是 2018 年的《红海行动》,都是合拍片中的翘楚。

90 年代开始,香港国际电影节作为为数不多的独立电影放映点,则成为华语独立电影最热门的宣传地。然而华语电影与香港国际电影节的爱恨纠葛,却也经历了一段浮沉。早在 1982 年第六届香港国际电影节之时,中国内地便由官方组团和选片来香港参加,参展影片《伤逝》与《知音》并未引起关注。① 而 1985 年参加第九届香港国际电影节的《黄土地》,到了香港却引起极大凡响,"在 4 月 12 日晚上九点半,高山剧院放映后,陈张两位与观众谈了一小时,到过了午夜才不得不散场,其后公映票房亦接近 130 万。"② 可以说,这个电影是在香港的电影节上博得好名声之后,才获得电影圈的正视,成为第五代导演的传奇。

"从地缘位置和政治因素的角度来看,香港国际电影节现在正是亚洲最重要的影展,它不仅是第一线可以看到各地中国电影的前哨。"这句话来自台湾地区资深电影人焦雄屏。③ 而这个前哨作用是在 1987 年才开启的。侯孝贤的《恋恋风尘》与杨德昌的《恐怖分子》代表台湾地区的电影,出现在当年的香港国际电影节上,与来自内地的《大阅兵》《一个和八个》《黑炮事件》《错位》一起被展映,堪称是两岸电影界最直接的一次对话,也是首次,海峡两岸暨香港的电影同时出现在一个场合。1990 年,香港国际电影节特意安排,用中港合作的《古今大战秦俑情》做开幕,港台合作的《客途秋恨》做闭幕。

后来跑来香港国际电影节的电影,逐渐脱离了"官方性质",中国许多独立电影选择的是自筹资金,拍自己想拍的电影,远走海外各大电影节,先获奖,再

---

① 这里有个歧义。《2017 年上海电影产业发展报告》一书中马然的《策展中国——香港国际电影节与上海国际电影节的比较研究》中,认为中国内地电影首次亮相于香港国际电影节的是 1981 年,由政府选送的《归心似箭》与《瞧着一家子》;但在陈柏生的回忆录中则认为是 1982 年的《伤势》与《知音》。

② 陈柏生:《陈柏生回顾香港国际电影 32 周年——影像香江》,新浪网,http://ent.sina.com.cn/m/2008-03-03/ba1934354.shtml。

③ 陈柏生:《陈柏生回顾香港国际电影 32 周年——影像香江》,新浪网,http://ent.sina.com.cn/m/2008-03-03/ba1934354.shtml。

解决上映问题。1998 年,在香港回归之后的第一届香港国际电影节,选映了王小帅的《极度寒冷》和贾樟柯的《小武》,虽然它们是内地电影,但却是以地下电影的身份参加的。

在今看来,香港的电影节的这种跳板作用,先站到香港被人看见,然后再走出世界,或者被人捧回内地,对独立电影,尤其是关注中国内地社会底层声音的纪录片来说,已经不能满足这些电影人。以纪录片为主的香港独立电影节没有任何中国内地电影的身影;华语纪录片节,国产纪录片仅占 17%;关注边缘人群的女影香港和香港同志影展,中国内地电影同样缺席。27 个香港的电影节中,内地电影仅参与了其中的 5 个长片电影节和 3 个短片电影节。

不过,如今的小成本国产剧情片或文艺电影却继承了内地独立电影原先的模式,将香港作为赢得先声的第一步。中国——欧洲女性影展,则似乎像是在香港特地为内地女性电影人举办的盛会。这个小影展一共仅放映 6 部剧情片电影,内地电影占了 4 部,这 4 部参展电影实际上为商业片,在内地院线上映之时,获得的票房并不尽如人意,且引起的讨论,两极分化明显。最重要的是,在内地放映之时,从未有人认为它们属于女性电影。而当它们被同时放到这样一个影展上之后,它们所受到的关注就更具有文化研究的含义了。

Chinese Name		English Name	Date		Days	Amount of Films	Amount of Country	Type		
			From	To						
中国-欧洲女性影展		China-Euro Women Film Festival	21-Jun-18	26-Jun-18	6	6	2	Feature		
片单										
Number	Chinese Name	English Name	Length Min	Genres		Director		Region	Lauguage	
						Name	Gender			
1		Kiss And Cry	87	Musical		Chloé Mahieu, Lila Pinell	Female	France	French	
2		Raging Rose	80	Drama		Julia Kowalski	Female	France	French	
3	黑处有什么	What's In The Darkness	105	Crime		王一淳	Female	China	Chinese	
4	一句顶一万句	Someone To Talk To	110	Drama		刘雨霖	Female	China	Chinese	
5	云水	Impermanence	95	Drama		曾赠	Female	China	Chinese	
6	无问西东	Forever Young	138	Drama		李芳芳	Female	China	Chinese	

图 7

相比较之下,年轻的电影从业者,对香港电影节的看重程度是相当严肃对待的。无论是全球大学生电影节还是独立短片及影像媒体节,所参与的电影人,都将香港作为各自事业的海外起点。在香港参加的影展,一方面给他们提供了学习的机会,另一方面可以较为纯粹地接受业内人士的专业评价。

(二)两地电影节的合作与交流

今年的香港亚洲电影节有一项创举,即与内地山一国际女性影展合作举办"中国第四五六代女导演作品展",将内地的电影展引入香港。这种合作模式,在香港的电影节中,并非首次,2014 年,辛丹斯电影节与香港星影汇合作,直接将在美国影展中的精选电影直送香港,把香港作为辛丹斯电影节的一个海外站,推动两地独立电影文化,为观众提供更为直接的交流方式。

除了山一国际女性电影展所带来的 5 部由女导演拍摄的剧情片外,参与今年香港亚洲电影节的内地电影还有 5 部纪录片和 5 部剧情片,都并非商业"爆款",反而是文艺得让商业市场难有凡响。结果在香港展映之时一票难求,《你好,之华》与《江湖儿女》因为在香港亚洲电影节上博得影评人和媒体人的好评,甚至在内地的社交网站上掀起"究竟是普通观众没看懂还是专业人士假装看懂了"①的热烈讨论。

此次山一国际女性影展香港站的模式较为传统,选择了展映加座谈的方式。开幕当天,香港城市大学的教授魏时煜给观众主讲了"中国女性力量座谈会",为香港的观众和影人梳理了内地的女性电影史。此后连续一周放映了《红衣少女》《血色清晨》《红颜》《画魂》;除《画魂》外,其他三部电影未曾在香港上映过,且带有内地独特的方言文化。

而在四川成都举办的山一国际女性影展在今年仅是第二届,但它所走的模式,与香港国际电影节及亚洲电影投资会是一致的,一边办展映,一边做电影项目创投,这种模式似乎已经成为两地电影节的通用模式;除此之外,山一国际女性影展还将影评人笼络进来,举办华语电影影评写作大赛,这个大赛面向全社会公开征集稿件,相当于是将一部分影迷转化为影展的参与者,他们的角色已经不仅仅是观众了。初赛前 5 名的优胜者,将有机会与影展一起跑全国范围的展映活动,复赛前 3 名的优胜者,将受邀参加影展的电影人之夜酒会,与业内嘉宾会面,参加全球巡展。可惜的是,这个设想并未实现。在国内,

---

① 来自于豆瓣电影对《你好,之华》一片的评论,以及豆瓣八组对该片的讨论。

由于自媒体时代的到来,影评人逐渐转化为有粉丝、有流量的舆论领袖,他们对电影的评价,从最初的专业分析,转变为有宣发性质的观后感分享。而这部分人,可被视为是电影产业商业运作的一部分,对于艺术性要求较高、商业性较低的电影节的参与感是较弱的。

山一国际女性影展的原意是为普通的观众提供了一次晋升为电影专业人士的机会,这种做法实际上是在培养新的生态圈,而这种模式,在香港是从未被使用的,甚至是相反的。香港国际电影节恰恰是在电影爱好者团体"火鸟电影会"与"第一放映室"协力下开启了序幕,前者于 1977 年与另一个电影艺术爱好者组织"卫影会"联合举办了"实验电影展七七",第二年后,正式更名为"香港独立短片影展"。① 在 70 年代末开始,香港的影评人大多围绕在《电影双周刊》杂志周围,时任总编且为会鸟电影会主席的陈柏生曾是香港国际电影节第一届的筹备委员,在《电影双周刊》创刊之后,他就基本上与香港国际电影节脱离了关系,退出电影节的退出评审行列。

此后影评人与电影节的关系十分松散,影评人对于电影节展映电影的评论,大多是自发且滞后的,并没有如山一国际女性影展一般,由电影节培养影评人。香港拥有两个正式的影评协会,一个叫作香港电影评论学会,它于 1995 年成立,是国际影评人联盟成员,还有一个叫香港影评人协会,该学会是由影评人自发组织成立的。它们与香港本地各大电影节并无直接的关系,但香港电影评论学会每年颁发的"香港电影评论学会大奖"和推荐电影,均会成为本地电影的风向标。

本次的山一国际女性影展作为内地第一个走到香港来搞活动的电影节,所放映的电影并非是当年新片,但它的意义远大于将内地的好电影带到香港。它代表内地的官方影展首次与香港的电影节有了突破性的合作,以前只是内地电影走出来,现在连内地的电影节也走出来了。

---

① 朱耀伟:《香港研究方法》,中华书局 2016 年版,181 页。

图书在版编目(CIP)数据

上海文化发展系列蓝皮书.2019/荣跃明主编.—
上海：上海书店出版社,2019.5
ISBN 978－7－5458－1807－9

Ⅰ.①上… Ⅱ.①荣… Ⅲ.①文化事业－研究报告－
上海－2019 Ⅳ.①G127.51

中国版本图书馆 CIP 数据核字(2019)第 083958 号

责任编辑 王 郡
封面设计 汪 昊

上海文化发展系列蓝皮书.2019
主 编 荣跃明

出 版 上海书店出版社
    (200001 上海福建中路 193 号)
发 行 上海人民出版社发行中心
印 刷 苏州市越洋印刷有限公司
开 本 710×1000 1/16
印 张 120.25
版 次 2019 年 5 月第 1 版
印 次 2019 年 5 月第 1 次印刷
ISBN 978－7－5458－1807－9/G·146
定 价 980.00 元